ライブラリ 経済学への招待 ───── 9

産業組織論への招待

西村 淳一・山内 勇
JUNICHI NISHIMURA・ISAMU YAMAUCHI

新世社

はしがき

　産業組織論は学術的あるいは政策的な見地からもその重要性を増してきている。それは日本，ひいては世界的にみても，市場集中度が高まり，一部の大企業による市場の寡占化が進んできている傾向を反映している。産業組織論は，ミクロ経済学の基礎理論をベースに，不完全競争（競争の欠如）を主な分析対象としている。さまざまな市場や産業における寡占化の傾向が，今後の市場競争にどのような影響や歪みをもたらし，また経済成長やイノベーションにどのように作用するかを考えるうえで，産業組織論の分析枠組みは有益なものとなるだろう。

　本書のタイトルは『産業組織論への招待』である。全体で序章＋15章（ミクロ経済学の基礎知識の復習を除けば14章）の構成となっており，各章では市場構造，市場行動，市場成果についてさまざまなトピックを取り上げている。いずれの章でも，読者が経済学の抽象性を感じずに，産業組織論のポイントを理解し，興味を持って学修を進められるような分かりやすい内容を目指している。そのため，各章では基礎知識を説明しつつ，データ，実証分析そして事例を文中またはコラムにて紹介し，思考力を養うための練習問題を用意している。扱う内容は，できるだけ現実に起きている事象を理解するうえで役立つように配慮している。そのため，産業組織論に関する書籍は今日多く出版されているが，産業組織論を初めて学ぶ読者にこそまず本書を読んで頂きたい。

　本書が主な対象とする読者は大学の学部生に限らず，経営の実務や政策の現場に携わっている方も含まれる。実務家にとっても，経済社会の基本的な背景知識を理解することは有益であり，経済学，そして産業組織論はさまざまな経済事象における関連性（因果関係）を，共通の枠組みで理解するための道標を与えてくれる。経済学が想定するモデルではさまざまな要素を捨象し，単純化したモデルから，一つ一つの要素を加えて（あるいは仮定条件を緩和して）いくことで，事象間の因果関係をより明確に理解することができる。なお，経済学が想定するのは代表的な意思決定主体（個人や企業など）であり，特定の個人や企業を対象としたものではなく平均的な全体像である。そのため，本書で学ぶ知識がそのまま実務に

転用できるものではない。しかし，得られた知識を実務家が直面する固有の環境要因と組み合わせて考えることで，目指すべき望ましい方針への示唆を得ることができるだろう。そして，その方針と現状を比較して生じる差を，改善すべき課題として認識することができるはずである。

　本書は筆者らがこれまで担当してきた産業組織論に関係する授業内容を包括的に盛り込み，さらにデータや分析例を取り入れることで内容の充実を図っている。読者が産業組織論のトピックを学び，その知識を生かして，経済社会の諸問題を理解し，自ら考察できるようになることを願っている。

　本書をとりまとめることができたのは，これまでの講義の経験や学生とのやり取りの賜物である。そのため，講義において，筆者らの問いかけに応えてくれた学生の皆さんに感謝したい。また，本書の構成や読みやすさに適宜，的確な助言をくれた新世社の御園生晴彦・菅野翔太両氏に感謝したい。本書が読みやすいものなっているとすれば，その貴重な助言のおかげである。本書の執筆では筆者ら2名で相互に内容の確認を行っているが，もしまだ不十分な誤りがあるとすれば，それは筆者らの能力不足によるものである。

2024年10月

西村淳一・山内　勇

目　次

序　章　産業組織論とは　　1

0.1　経済学と産業組織論 ……………………………………………………… 1
0.2　産業組織論の分析枠組み ………………………………………………… 3
0.3　本書の構成 ………………………………………………………………… 6

第Ⅰ部　ミクロ基礎理論と市場構造

第1章　産業分析のための基本概念　　10

1.1　企業の利潤最大化条件 …………………………………………………… 11
1.2　需　要 ……………………………………………………………………… 16
1.3　供　給 ……………………………………………………………………… 21
1.4　市場均衡と総余剰 ………………………………………………………… 24
　　コラム1　経済学の良し悪しの判断基準は効率性 …………………… 25
　　練習問題　27

第2章　市場構造の基礎：完全競争と独占　　29

2.1　市場構造の基礎と類型 …………………………………………………… 30
　　コラム1　競争政策における仮想的独占テスト（スニップ・テスト） … 33
2.2　完全競争 …………………………………………………………………… 35
2.3　独　占 ……………………………………………………………………… 36

iii

2.4　完全競争と独占の均衡比較 ……………………………… 42
　練習問題　43

第3章　寡占市場における競争　　45

3.1　寡占市場の基本 …………………………………………… 46
3.2　ゲーム理論の基礎 ………………………………………… 46
3.3　クールノー・モデル ……………………………………… 48
3.4　ベルトラン・モデル ……………………………………… 54
　コラム1　競争モデルと実証分析への応用 ………………… 58
　補論　寡占モデルの均衡と製品差別化の影響 …………… 59
　練習問題　64

第4章　新規参入　　66

4.1　参入と市場への影響 ……………………………………… 67
4.2　参入の定義と動機 ………………………………………… 68
4.3　参入の経済効果 …………………………………………… 69
　コラム1　日本における起業の状況とその意義 …………… 76
　練習問題　79

第5章　市場の構造，行動，そして成果　　80

5.1　市場構造の規定要因と市場支配力 ……………………… 81
5.2　市場集中度と市場支配力 ………………………………… 82
5.3　市場構造，行動，そして成果 …………………………… 86
　コラム1　日本における市場集中度データ ………………… 88
　補論　市場集中度と市場支配力 …………………………… 91
　練習問題　93

iv

第Ⅱ部　企業戦略

第6章　価格差別　96

6.1　価格差別の条件 …………………………………………… 97

6.2　価格差別の種類と基本特性 …………………………… 99

6.3　第一種価格差別 ………………………………………… 100

6.4　第三種価格差別 ………………………………………… 101

6.5　第二種価格差別 ………………………………………… 104

コラム1　さまざまな価格戦略 ………………………… 110

練習問題　112

第7章　イノベーション戦略　113

7.1　均衡とイノベーション ………………………………… 114

7.2　イノベーションの種類 ………………………………… 117

7.3　イノベーションに関するミクロ経済学的分析枠組み …… 120

7.4　プロセス・イノベーションと費用関数 ……………… 122

7.5　プロセス・イノベーションと生産性 ………………… 125

7.6　知識生産関数 …………………………………………… 129

コラム1　情報財としての知識 ………………………… 130

7.7　イノベーションの担い手 ……………………………… 131

練習問題　134

第8章　製品戦略　135

8.1　製品差別化と需要の価格弾力性 ……………………… 136

8.2　製品多様化 ……………………………………………… 138

8.3　製品差別化 ……………………………………………… 141

8.4　製品特性と市場シェア ………………………………… 144

目　次　　v

8.5　ポジショニングの決定要因 ……………………………… 148

練習問題　149

第9章　広告・流通戦略　150

9.1　財の品質に関する情報の非対称性 ……………………… 151

9.2　最適広告支出 ……………………………………………… 152

9.3　ブランドの構築 …………………………………………… 155

コラム1　広告の効果に関する実証研究 …………………… 159

9.4　流通チャネル ……………………………………………… 160

9.5　プラットフォームビジネスと両面市場 ………………… 163

練習問題　167

第10章　企業の境界・組織のガバナンス　168

10.1　組織の存在意義・企業の境界 …………………………… 169

10.2　取引費用と最適組織規模 ………………………………… 170

10.3　ホールドアップ問題への対応 …………………………… 171

10.4　企業組織と所有構造 ……………………………………… 173

10.5　所有と経営の分離とガバナンス ………………………… 175

コラム1　リスクプレミアム ………………………………… 178

10.6　株主による規律付けと債権者による規律付け ………… 179

10.7　取締役会の構成 …………………………………………… 181

補論　インセンティブ設計とリスク負担 ………………… 182

コラム2　下請け関係を通じたガバナンス ………………… 185

練習問題　185

第11章　企業成長　186

11.1　企業成長の方向と手段 …………………………………… 187

11.2	多角的成長	188
11.3	垂直的成長	190
11.4	水平的成長	194
11.5	国際的成長	197
	コラム1　企業成長の効果	200
11.6	企業成長の決定要因	202

練習問題　204

第12章　競争優位のための戦略的行動　206

12.1	競争優位とは	207
12.2	参入障壁と競争優位	208
12.3	サンクコストとコミットメント戦略	210
12.4	逐次決定ゲーム	211
12.5	コミットメントの価値	214
	コラム1　コンビニの出店と戦略的行動がもたらす効果	216
12.6	先行者の優位性	218
12.7	ライバルのコストを引き上げる戦略	219
12.8	戦略的行動と競争のルール	220
	補論　シュタッケルベルグ・モデル	221

練習問題　224

第Ⅲ部　政策制度

第13章　規制とその改革　226

13.1	規制の意義	227
13.2	費用逓減産業と自然独占	229
13.3	公正報酬率規制	232

目　次　vii

コラム1　電力・ガス事業における公正報酬率の測定 ·················· 234

13.4　インセンティブ規制 ··· 235

13.5　規制改革の流れと価格規制の代替策 ······················ 237

コラム2　規制改革の経緯とその効果 ·································· 239

練習問題　240

第14章　産業政策，競争政策　　241

14.1　産業政策 ··· 242

14.2　競争政策 ··· 249

コラム1　巨大IT企業への規制強化 ································· 258

練習問題　259

第15章　イノベーション政策　　260

15.1　イノベーション政策の目的 ··································· 261

15.2　科学技術イノベーション政策の変遷 ····················· 262

15.3　我が国の科学技術予算 ··· 267

15.4　研究開発費の動向と支援 ····································· 269

15.5　ナショナル・イノベーションシステム ·················· 272

15.6　イノベーション創出のための知的財産制度 ············· 274

コラム1　イノベーションの測定指標 ······························· 277

練習問題　280

■索　引　281

＊各章末の練習問題の略解は，新世社HP（https://www.saiensu.co.jp）に掲載
している（本書掲載ページ「サポート情報」欄参照）。

viii

序章

産業組織論とは

- ■0.1　経済学と産業組織論
- ■0.2　産業組織論の分析枠組み
- ■0.3　本書の構成

　本書では産業組織論における主要なトピックについて学んでいく。この序章では，産業組織論の目的と，本書で学ぶ概要をまとめている。産業組織論は経済学の一分野であり，その目的は経済学の目的に沿ったものとなっている。そのため，産業組織論の目的を説明する前に，経済学のそもそもの目的について簡潔にまとめよう。

【Key Point】
- ●経済学は，限られた経営資源を効率的に配分し，高い成果を創出することを探求する学問である。
- ●産業組織論では，主に供給側の視点から市場構造や市場行動を分析して，創出される市場効果が効率的であるかどうかを検証する。
- ●産業組織論においては，市場構造（S）・市場行動（C）・市場成果（P）の因果関係を分析するSCPパラダイムという分析枠組みが採られ，発展してきた。
- ●産業組織論は，ミクロ経済理論の実証研究と公共政策の課題に取り組む，現実志向の強い学問分野である。

0.1　経済学と産業組織論

●経済学の目的

　経済学は，ミクロ・マクロ経済，労働，環境，社会保障，金融など，さまざまな分野にまたがっているが，その主たる目的は共通している。それは，限られた経営資源を効率的に配分し高い成果を創出すること，である。

もう少し具体化していこう。まず、意思決定となる主体は個人、組織、企業、国、世界などであり、さまざまな経済主体の経営資源を考える。それぞれの主体によって所有する経営資源とその程度も異なってくるが、典型的にはヒト、モノ、カネ、情報、そして時間が重要な経営資源といえる。これらは無限に存在するものではなく限られたものである。

経済学でいう効率的な配分とは、無駄のない配分である。そのような配分をパレート効率的といい、誰かの満足度を犠牲にしなければ、他の誰かの満足度を高めることができない状態をさす。それら経営資源の効率的な配分の結果、最も高い成果を創出していく。この成果とは、経済主体によって異なってくるだろう。例えば、個人であれば効用（喜び）、余剰（お得感）、満足度などが該当する。組織や企業であれば、生産性、売上、利益などである。

以上の観点から、経済学とは「選択」を学ぶ学問といわれる。その意味において、個人は日々、常に経済学的な問題に直面しているといえるだろう。例えば、朝起きて、今日一日における限られた体力、資金、時間という資源をどのように配分し、自らの高い満足度を得るかという思考が経済学的な問題である。

経済学は社会科学の一分野である。科学というのは因果関係の解明を重視する。先に述べた、いかに限られた経営資源を配分すれば最も高い成果を得られるのか、というのはまさに原因と結果の関係性を示している。そのような目的を達成する選択肢を選ぶには、事象の因果関係を解き明かすような科学的思考が必要である。そこでは、観察されるデータの傾向から推論によって一定の結論を導くような帰納的思考とともに、経済主体の行動や意思に、ある仮定を設定したうえで、事象の原因と結果の関連性についてのメカニズムを解き明かすような演繹的思考が重要である。そのような思考のうえで、得られた仮説をデータと、統計学や計量経済学の手法をもって検証していく。個人や組織の思惑が入り乱れる経済学では、実験室でさまざまな経済理論に関する実験を行うことは困難である。しかし、経済学は因果関係の解明をとりわけ重視することから社会科学の女王と称されている[1]。

●産業組織論の目的

産業組織論は経済学の一分野である以上、経済学に沿った目的と内容になって

---

[1] 経済学的な思考法をより詳細に説明した参考書として岩田規久男（2011）『経済学的思考のすすめ』筑摩書房がある。

いる。すなわち，産業組織論は，市場構造や市場行動を分析し，それにより創出される市場成果が効率的であるかを検証することを目的としている。

ここで市場構造とは，競争市場，寡占市場，独占市場のようにさまざまな類型が存在し，売り手や買い手の数，参入障壁や製品差別化の程度などによって規定される。市場行動とは，売り手や買い手がどのような行動をとるかを意味するが，産業組織論では主に供給側の視点を重視することから，企業の経営戦略や組織マネジメントを考える。そして市場成果とは，社会的に（市場参加者全体から）みて，その市場がどのような成果を挙げているかを意味する。本書では特に余剰という概念に注目して市場成果をみていく。

このように，産業組織論では，企業や組織という供給側の経済主体を主に対象として，ある市場構造のもと，限られた経営資源を効率的に配分し，いかにして高い成果を創出していくかを考える学問である。そのうえで，もし効率的でなければどのような政策・制度あるいは資源の再配分が必要かを考えていく。

0.2　産業組織論の分析枠組み

● SCPパラダイムと因果関係

産業組織論は市場構造，市場行動，そして市場成果の因果関係を論じる学問である。このような因果関係を明確にしていくため，伝統的なSCPパラダイムという分析枠組みが提案されてきた[2]。ここでSはStructure（市場構造），CはConduct（市場行動），PはPerformance（市場成果）を表し，S⇒C⇒Pという単方向の因果関係を想定している。図0.1ではそのような関係を示し，ここでは市場構造，市場行動，市場成果のそれぞれの要素も幾つか併せて例示している。

因果関係を明らかにすることは経済社会の事象を理解するうえで重要である。例えば，市場構造を起点と考え，参入障壁が高い市場構造のもとでは，企業は独占的な市場行動（例えば高価格）をとるかもしれない。その結果，市場成果として，企業の利潤は高くなるものの，高価格ゆえに購入することができない消費者が市場で多くなり，社会全体の効率性は小さくなってしまう。

他方で，市場行動としてより効率的な経営（質の高い製品を供給したり，低費

---

[2]　産業組織論の分析枠組みとその発展の詳細は第5章も参照されたい。

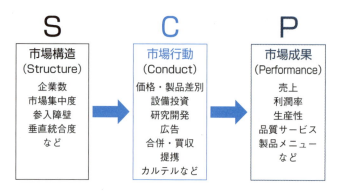

図0.1 伝統的なSCPパラダイム

用で生産が可能であったりなど）を行う企業がいる場合，その企業の市場成果である利潤や生産性は高くなる。結果として，競争に敗れた非効率的な企業は市場から退出するため，市場構造が変化する（より独占的な市場になる）かもしれない。これらの状況では，独占的な市場構造で企業の市場成果は高いという観察される事象は共通であるものの，どこを起点とするかで，その評価や介入の仕方も異なってくる。前者であれば，参入障壁を撤廃するような政策的な介入を行うことで，市場競争は活発化し，市場成果は改善されていく。後者であれば，企業の自発的な経営努力の賜物であるため，政府がむやみに介入してしまうと市場競争を歪めてしまう。

このように考えると，典型的な単方向の線形モデルは経済社会のさまざまな事象の因果関係を単純化しすぎたものであり，そのパラダイムをより発展させる必要が生じる。図0.2は市場構造，市場行動，市場成果の間の相互依存関係を考慮しつつ，さらに政府の役割や需要供給要因を組み込んでいる。このパラダイムのもとでは，単純な線形関係のみではなく，さまざまな要素のフィードバックを考慮しつつ，複雑な因果関係を解き明かすことが目的とされる。

例えば，市場集中度が上昇すれば，企業の市場成果は高くなるのか[3]。あるいは企業の市場成果が高くなった結果，市場集中度が上昇したのか。企業が多角化や合併をすれば，企業の市場成果は高くなるのか。あるいは企業の市場成果が高く

---

[3] 市場集中度とは，市場全体がどの程度少数の企業で占められているのかを示す指標である。第5章で説明するように，市場に存在する企業数やそれら企業の規模分布，市場占有率（市場シェア）によって測定される。

図0.2 SCPパラダイムの発展

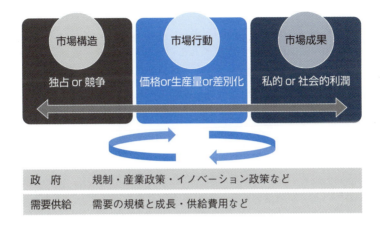

なった結果，企業は多角化や合併に取り組みやすくなったのか。政府の知的財産制度が整備されることで，企業は研究開発投資に積極的に取り組むのか。あるいは企業の研究開発が活発化することで，市場化に向けた知的財産制度が整備されていくのか。これらの事象の因果関係を捉えていくうえでも，他のさまざまな要素を同時に考慮していかなければならない。因果関係を明らかにすることは難しいが，このようなSCPパラダイムは因果関係を考えていくうえで有益な分析枠組みを提供してくれる。

産業組織論の4つの問い　カブラルは産業組織論における4つの問いを簡潔にまとめている[4]。それは以下の通りである。

(1) Is there market power?（市場支配力があるのか）
(2) How do firms acquire and maintain market power?（企業がどのように市場支配力を獲得し維持するのか）
(3) What are the implications of market power?（市場支配力がもたらす含意とは何か）
(4) Is there a role for public policy regarding market power?（市場支配力に関して公共政策の役割はあるのだろうか）

いずれの問いにおいても市場支配力（マーケットパワー）という用語が含まれて

---

[4] Cabral, L. (2017) *Introduction to Industrial Organization, second edition*, MIT Press.

おり，これが産業組織論における最重要といえるキーワードになっている。市場支配力とは，超過利潤を得る（限界費用を上回る価格設定をする）ことができる能力と解釈できる[5]。

これらの4つの問いはSCPパラダイムと対応したものである。「市場支配力があるのか」，「企業がどのように市場支配力を獲得し維持するのか」，「市場支配力がもたらす含意とは何か」というのは市場構造，市場行動，そして市場成果の相互依存関係に注目している。「市場支配力に関して公共政策の役割はあるのだろうか」というのはSCPパラダイムにおける政府の役割に言及している。

産業組織論とミクロ経済学　以上のように，新しい産業組織論では，諸産業における需要供給要因をベースに，市場構造や企業の市場行動，さらには政府の役割を考慮しつつ，その結果としての市場成果を理解することに重点を置く。しかし，これはまさにミクロ経済学の理論に他ならない。その意味において，産業組織論という学問はあくまでミクロ経済学の派生であり，厳密には存在しないともいえる[6]。ただし，産業組織論は純粋なミクロ経済学と異なり，完全競争市場をベンチマーク（参照基準）としつつも不完全競争市場を主な分析対象とし，理論の実証研究と公共政策の問題に立ち入る，より政策志向な応用ミクロ経済学の一分野として発展してきた。ミクロ経済理論をベースに，その理論をデータと，統計や計量手法を用いて実証的に検証していくという点でより現実志向の強い学問といえるだろう。

0.3　本書の構成

本書は産業組織論で学ぶ幅広い内容を紹介し，基礎的な理解を深めることを目標としている。そのうえで，市場構造，市場行動，市場成果と政府の役割に関するさまざまな経済事象について，自らその経済的帰結を考察できるようになることを願って書かれている。そのため，本書は「ミクロ基礎理論と市場構造」（第1章〜5章），「企業戦略」（第6章〜12章），「政策制度」（第13章〜15章）という3部構成になっており，それぞれの章の中で市場成果との関係も議論している。

---

[5]　市場支配力の概念の詳細については第2章を参照されたい。

[6]　産業組織論とミクロ経済学の関係については，例えばStigler, G.J.（1968）*The Organization of Industry*, Richard D. Irwin, Inc. が参考になる。

さらに，基礎理論の説明だけではなく，その手助けのため，理論に即したデータ例やケース例などの実例を各章の中で，あるいはコラムなどでも紹介し，各章末に付した練習問題によって自ら考える力を付けるように配慮している。

　本章の構成とその概要は以下の通りである。

　第Ⅰ部　　第Ⅰ部はミクロ基礎理論と市場構造である。第1章では産業分析のための基本概念（ミクロ基礎理論）の復習とし，特に企業の収入と費用の概念から利潤最大化条件を説明し，市場成果への理解を深めるために，需要と供給，そしてそれらの市場均衡と余剰という概念を振り返る。

　第2章と第3章は基本的な市場構造を学ぶ。第2章では市場構造の基礎と類型を述べたうえで，完全競争と独占という両極端な市場構造を説明する。これらの市場構造は以降のさまざまな市場均衡における余剰分析を行う際のベンチマークとして機能する。第3章ではより現実的な市場構造である寡占市場を学ぶ。ゲーム理論の基本的な考え方を説明したうえで，クールノー・モデルとベルトラン・モデルの基本とその発展を述べる。第4章では市場構造に大きな影響を与える新規参入を取り上げる。参入はさまざまな経済効果をもたらすが，その内容についても説明していく。

　第Ⅰ部最後の第5章では市場構造の規定要因についてまとめ，市場支配力，そして市場成果との相互依存関係について，伝統的あるいは新しい産業組織論の考え方に触れて述べていく。その際，市場行動（企業戦略）の重要性を指摘していく。

　第Ⅱ部　　第Ⅱ部は企業戦略である。第6章では代表的な価格戦略である価格差別について説明していく。価格差別の条件，そして価格差別がもたらす経済効果についても触れていく。第7章はイノベーション戦略をまとめる。イノベーションの類型やその経済学的意味について考え，企業戦略におけるイノベーションの重要性を指摘する。第8章は製品戦略を取り上げる。製品差別化と多様化がもたらす経済効果や，製品ポジショニングを説明し，企業の戦略的な参入阻止行動にも触れる。第9章では広告・流通戦略をみていく。これらは製品戦略と同様に非価格競争の重要な形態と認識されるが，広告やブランド構築がもたらす経済効果，さらには流通チャネルの基礎と近年注目されるプラットフォーム型ビジネスにも言及していく。

　第10章では企業という組織構造のガバナンスについて考える。企業の存在意義やその最適規模を取引費用理論などの経済学的知見から考え，組織運営におけ

⓪　産業組織論とは　　**7**

るコーポレートガバナンスとインセンティブ設計の重要性を指摘していく。第11章では企業成長の手段と方向についてまとめていく。企業は既存事業の競争のみならず，将来の成長に向けて多角化，垂直統合，水平統合，国際化などのさまざまな成長戦略に取り組んでいる。それらの成長がもたらす経済効果をまとめる。

　第Ⅱ部最後の第12章は競争優位のための戦略的行動を説明する。これまで説明してきた企業戦略を概略し，そのうえで戦略的参入障壁の形成やコミットメント戦略など，企業の戦略的行動がもたらす価値について述べる。

　第Ⅲ部　企業の戦略は市場競争におけるルールに基づいて行われなければならない。そのため，最後の第Ⅲ部は市場競争に関わる政策制度に焦点をあてる。第13章では規制とその改革について説明する。政府による市場への公的介入の意義とさまざまな規制のタイプをまとめ，直接規制とインセンティブ規制について特に解説していく。規制改革の流れをみるとともに，規制がもたらす経済効果や価格規制以外の代替策もみていく。第14章では産業政策と競争政策を取り上げる。それぞれの政策の目的を踏まえて，どのような政策的手段・対応があるかを概観していく。そのうえで，それぞれの政策の歴史的経緯も述べる。

　最後の第15章はイノベーション政策について説明する。イノベーション政策の目的と歴史的経緯をまとめ，政策の手段や知的財産制度の意義，そしてナショナル・イノベーションシステムの考え方についてまとめる。

　以上のように本書はさまざまなトピックを取り上げ，それらの基礎理解を深めることを目標とする[7]。このような章の内容と構成からみても，産業組織論が市場構造，市場行動，市場成果，そして政府の役割における相互依存関係に注目し，それらの事象間に存在する因果関係に注目していることが分かるだろう。また，そのような事象間の関係から，より社会的に望ましい企業の戦略や政策制度を導くという，現実的かつ政策志向の強い学問であることも理解されるだろう。読者がこれらのトピックを学び，その知識を生かして，経済社会の諸問題を理解し，自ら考察できるようになることを願っている。

---

[7]　実際，産業組織という用語は，マーシャルによれば，企業内の組織，一産業内における企業間の関係，産業間の関係，および企業と国家の関係を含むとされている（Marshall, A.（1898）*Principles of Economics, Fourth Edition*, Macmillan and Co.）。このような広い概念から，産業組織論で取り扱う内容も幅広いものとなっている。

第Ⅰ部

ミクロ基礎理論と市場構造

第1章　産業分析のための基本概念

第2章　市場構造の基礎
　　　　：完全競争と独占

第3章　寡占市場における競争

第4章　新規参入

第5章　市場の構造，行動，
　　　　そして成果

第1章

産業分析のための基本概念

- ■1.1 企業の利潤最大化条件
- ■1.2 需要
- ■1.3 供給
- ■1.4 市場均衡と総余剰

コラム1 経済学の良し悪しの判断基準は効率性

　本章では，産業組織論を学ぶうえで必要となる基本概念，特に企業の利潤最大化，需要と供給，そして市場均衡について学ぶ。企業の利潤最大化では収入と費用の概念を説明する。経済学では「限界」という用語が多用されるが，その概念についても述べる。需要と供給について学び，市場における効率的な均衡と余剰の概念を理解することで，次章以降の学びにつなげる。

【Key Point】
- ●企業の利潤最大化条件は限界収入（生産量を1単位増やした時の収入の変化分）と限界費用（生産量を1単位増やした時の総費用の変化分）が等しくなることである。
- ●需要曲線（供給曲線）の高さは限界効用（限界費用）であり，需要曲線（供給曲線）と価格で囲まれる領域は消費者余剰（生産者余剰）となり，需要曲線（供給曲線）の傾きの程度は需要（供給）の価格弾力性を反映する。
- ●企業の生産量の意思決定は限界費用に影響を受け，市場への参入または市場からの退出は平均費用に依存する。
- ●需要曲線（限界効用曲線）と供給曲線（限界費用曲線）の交わる生産量のもと，生産に要する費用が最小化されることで総余剰（消費者余剰と生産者余剰の合計）は最大化される。

1.1 企業の利潤最大化条件

　産業組織論では生産活動を行う企業に主に関心がある。企業は営利を目的とした経済主体（自己の目的を最大限に達成するように生産活動を行う意思決定主体）であり，企業の行動を考えるということは，利潤最大化行動について考えていくということである。本書では利潤最大化を目的とした主体として企業を捉えていく[1]。企業の利潤は以下の式で定義される[2]。

> 利潤＝収入（売上）－費用

上式から，企業の利潤最大化条件を求めるには，その構成要素である収入と費用について，より詳しくみていく必要がある。

●収　入

　まずは収入について考えていこう。話を簡単にするため，企業は1種類の財・サービス[3]（以下，財と記す）を生産していると仮定し，その販売において在庫は生じない（生産した財はすべて売買される）とする。この時，収入（Revenue）はその製品の価格（Price）と生産量（Quantity）の積で表す。

$$R = P \times Q \tag{1}$$

　収入を最大化するには，価格上昇かつ生産量増加が望ましいが，価格と生産量の間には通常，トレードオフ関係がある。例えば，価格を上げれば（下げれば），購入したい人は減っていく（増えていく）ため生産量は減少（増加）する。本節では生産量に応じて価格が決まるとし，以下の一次関数を考える[4]。

---

[1]　ただし，現実のすべての企業行動が利潤最大化によって説明できるわけではない。企業は利潤を度外視した社会的責任や環境に配慮した投資も活発に行っている。また，利潤よりも生産量の拡大による市場占有率（市場シェア）の獲得を優先した行動もありうる。しかし，企業は概して営利を目的とした経済主体であり，多くの行動は利潤最大化に基づいている。

[2]　簡略化のため，税金，利子，減価償却費など，会計上のその他要素は省略する。

[3]　一般的に，財は衣服，食料，家電製品などの有形な商品であり，サービスは教育，医療などの取引後にモノが残らない無形の商品を意味する。

[4]　価格と生産量のトレードオフ関係があることは完全競争市場であることを想定していない。第2章で説明するが，完全競争市場では生産量の変化に対して価格は一定となるためである。

1　産業分析のための基本概念　　**11**

$$P(Q) = a - bQ \tag{2}$$

ここで a と b は価格と生産量の関係を表すパラメータ（ともに正の値）である。式における傾きがマイナスなのは，生産量を増加したら（生産したものすべて販売するため）価格を下げなければいけないためである。例えば $a = 100$, $b = 20$, $Q = 2$ とした場合，価格は60となる。(2)式を(1)式に代入すると，

$$R = P(Q) \times Q = aQ - bQ^2 \tag{3}$$

となり，収入を生産量の関数として表せる。(3)式を Q で微分すると（d は微分の記号とする），

$$\frac{dR}{dQ} = a - 2bQ \tag{4}$$

となる。dQ は生産量の微小な変化分，dR はそれに対する収入の微小な変化分を表す。(4)式のように，収入を生産量で微分したものを限界収入という。経済学でしばしば用いられる「限界」という用語は「1単位増やした」という意味である。すなわち，限界収入とは生産量を1単位（という微小な変化分だけ）増やした時の，収入の微小な変化分を意味する[5]。価格と生産量の関係がわかれば，企業は限界収入を計算し，生産量の増減によってどの程度の収入を得られるか予測できる。

●さまざまな費用

次に費用を考えよう。経済学ではさまざまな費用の概念がある。ここでは総費用，固定費用，可変費用，限界費用，平均費用，機会費用，埋没費用について学んでいこう。

総費用／固定費用／可変費用　総費用はすべての費用の合計で，固定費用と可変費用に分けられる。固定費用とは生産量に関係なく，生産において固定的にかかる費用総額である。可変費用とは生産量に応じて変化する費用総額といわれる。固定費用の典型例は工場設備費や土地取得費であり，可変費用の例は生産に

---

[5] 経済学では収入と生産量の関係のように，「○を1単位増やした時の×の変化」をみる際に，「×を○で微分する」という作業を行う。

図1.1 総費用曲線，限界費用曲線と平均費用曲線の関係

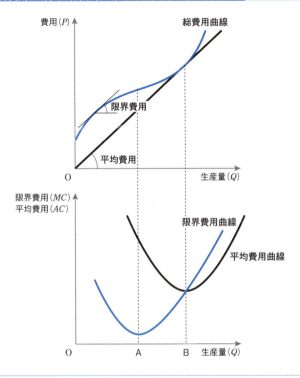

要する原材料，電力やエネルギーの費用である[6]。

限界費用 (3)式では収入を生産量の関数として限界収入を求めた。同様に，総費用を生産量の関数として限界費用を求めることができる。**限界費用**とは生産量を1単位増やした時に，総費用が変化する程度（増分）を意味する。

総費用，限界費用と平均費用の概念を図で理解することは有益である。図1.1は典型的な逆S字型の総費用曲線から描かれる限界費用曲線と平均費用曲線を示している。まず，限界費用は総費用を生産量で微分したものであり，総費用曲線に接する接線の傾き（費用の増分）の大きさである。限界費用（接線の傾きの大きさ）は生産量の増加にしたがって，当初は費用の増分が徐々に減少（逓減）し

---

[6] ただし，固定費用と可変費用の区別は明確ではない。生産量に応じて費用が変化するかどうかは，観測期間に依存するからである。例えば，長期的な視野からみれば，生産量が増減することによって工場設備費や土地取得費も増減する。短期的には固定費用と考えられていた費用が長期的には可変費用になる。長期的な視野に立てば，固定費用はゼロへと近づくだろう。

ている。しかし，生産量Aをさかいに，生産量の増加にしたがって，費用の増分は徐々に増加（逓増）している。

このような限界費用の概念は，例えば家族で飲食店を営んでいる状況を想定すると理解しやすい。規模が相対的に小さい（生産量が少ない）飲食店では，家族で料理，受付，会計などの作業を分業（手分け）して取り組む。生産量の増加にともない，それぞれの作業の熟練度が上がり，より効率的にこなすことが可能になる。その結果，生産量の増加による費用の増分（限界費用）は逓減していく。しかし，規模が拡大し，ある水準（生産量A）を超えると，生産に必要な安価な内部資源を使い尽くしてしまい，家族経営だけでは困難になる。その場合，外部（市場[7]）からアルバイトを雇ったり，新たな取引先から材料を調達したりするなど，従来よりも高い費用で外部資源を利用する必要が生じる。また，規模の拡大によって，組織の調整にかかる費用（例えば，異なる部門間のやりとりなど）を増大させるような弊害も生じうる。その結果，生産量の増加による費用の増分（限界費用）は逓増していく。

平均費用／規模の経済　　平均費用は生産量1単位あたりの費用であり，図1.1では原点Oから総費用曲線に交わる線を引いた時の傾きである。その傾き（平均費用）は生産量の増加にしたがって，当初は減少していくが，生産量Bをさかいに増加する。生産量の増加にともなって平均費用が減少していくことを規模の経済があるという。規模の経済が生じる主な要因は，生産量の拡大による固定費用の分散（コスト・スプレッディング）である。例えば，生産に要する機械設備を100万円で購入し1個だけ生産する場合，1個あたりの固定費用は100万円である。しかし，100個生産すれば1個あたりの固定費用は1万円になる。平均費用は生産量の増加にともない，固定費用が分散されていくことで減少する。

しかし，規模が拡大し，ある水準（生産量B）を超えると平均費用は増加へと転じる。生産量の増加によって，平均費用が増加していくことを規模の不経済があるという。長期的にみて新たに固定設備の購入が必要になる場合や，組織のマネジメント上の非効率（情報伝達の不備，モニタリングの不備，歩留まりの低下など）が発生する場合，規模の不経済の影響が強くなる。図1.1から，生産量Bの水準で限界費用曲線と平均費用曲線は交わる。この交わる点で平均費用は最小

---

[7]　経済学における「市場」とは，豊洲市場やメルカリなどのフリーマーケットのような特定の場所というよりむしろ，ある財の売り手と買い手が自発的に交換を行うための抽象的な概念として用いられる。1つの財ごとに市場が定義される。

14

値となっており，これを生産における最小効率規模（または最小最適規模）という[8]。

機会費用／埋没費用　　**機会費用**とはある選択を選んだ結果，他の最も良い用途を利用する機会を失ったことで得られなくなる利潤を意味する。例えば，新規の機械設備に100万円投資した場合を考える。もしその100万円を機械設備ではなく，他の最も良い投資による運用で毎年5％の利回りが期待されるならば，複利計算のもとで毎年5万円以上を得る機会を失う。これが100万円を機械設備に投じることの機会費用になる。企業は毎年5万円以上得るよりも，機械設備への投資を行う方がより高い利潤を得られると考えたために，この投資を行ったと考えられる。機会費用は経済主体の意思決定において考慮されるべき費用概念といえる[9]。

埋没費用（**サンクコスト**）とは後から回収が不可能な費用を意味する。例えば，ある事業を実施する際に要した広告宣伝費や事業所の賃料などが埋没費用になる。これらは既に支払い済みであり，事業を継続しようが中止しようが取り戻すことができない費用である。よって，事業の継続可否の意思決定において考慮すべきではない費用概念といえる。しかし，多額の費用をかけたのだから，多少赤字が続いて（将来性が見込めなくて）も事業を継続する，というように意思決定を歪めてしまうかもしれない。将来性が見込めないのであれば，いずれにせよ回収不可能な費用なので，当該事業から撤退することが最適であろう。

●利潤最大化行動

これまでに利潤を構成する収入と費用をみてきた。ここでは企業が利潤を最大化するために，どのような原理に基づいて意思決定を行うのか考えていく。利潤は収入から費用を引いた差額なので，利潤の変化は生産量の増減によって生じる収入の増減と費用の増減の差によって決まる。生産量を1単位変化させた時の収入の増減は限界収入，費用の増減は限界費用であるため，以下の式で定義される。

---

[8]　図1.1のようなU字型の曲線以外に，限界費用と平均費用の典型的な形状として，水平（一定）あるいは右下がりの曲線として描かれることが多い。例えば，総費用関数が生産量の一次式で表現されるような線形費用関数（例えば，$C = a - bQ$）の場合，限界費用は一定となり，平均費用は右下がりの曲線になる（もし固定費用がゼロの場合は平均費用も一定で限界費用と等しくなる）。このような線形費用関数は計算も容易であり，第2章以降で用いられる。

[9]　経済学では機会費用を考慮するため，会計学上の費用より大きくなる。収入から費用を引いた利潤は会計上の利益より小さくなるので，利潤と利益を区別している。

1　産業分析のための基本概念　　**15**

生産量を１単位変化させた時の利潤の変化＝限界収入－限界費用

　限界収入が限界費用を上回る場合，企業は生産量を１単位増やすことで，追加的に得られる収入が追加的に支払う費用を上回るので利潤も増加する。一方で，限界費用が限界収入を上回る場合，企業は生産量を１単位増加すると，追加的に支払う費用が得られる収入を上回るので利潤は減少する。合理的な企業は利潤が最大化されているもとで生産を行うはずであり，利潤の変化はゼロと等しくなる。この時，企業は限界収入と限界費用が等しくなるように生産量を決定している。つまり，利潤最大化条件とは限界収入と限界費用が等しくなることである[10]。

1.2　需　要

　需要とは財の価格が与えられた時に，消費者がその財を購入する度合いを意味する。そして，需要曲線とは財の価格と消費者がその財を購入する数量の関係を示した曲線である。需要曲線がどのように描かれ，また，需要曲線がどのような意味をもつのか考えていこう。

●需要曲線

　需要曲線について，個人の需要曲線と市場全体の需要曲線を区別して考える。今，おにぎりの市場ではSさんとTさんという２人の消費者がいるとしよう。おにぎりの市場価格は１個100円とする。Sさんにとってのおにぎりの金銭的価値は，１個目に対して150円，２個目に120円，３個目に90円，４個目以降は０円とする。Tさんにとっては，１個目に対して120円，２個目に90円，３個目に０円とする。２人の好みは異なるので，おにぎりを追加的に１個購入することで得られる価値も異なる。また，おにぎりの購入数が増えるにしたがって，追加的に得られる価値も減少していく（空腹度は徐々に減るので，追加的に消費することの満足度も減少する）。この時，SさんとTさんの需要曲線は図1.2のように描かれる。SさんとTさんはおにぎりに対する価値が市場価格100円を上回る限り購入

---

[10]　利潤最大化条件については，利潤関数を定義して生産量で微分することでも求めることができる。利潤関数を $\pi(Q) = P(Q) \times Q - C(Q)$ として，利潤を最大化するような Q を微分することで求める。

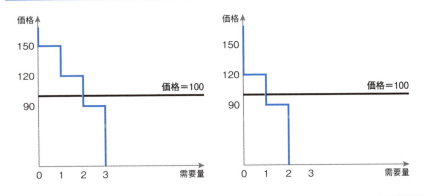

図1.2 個人の需要曲線（Sさんは左，Tさんは右の図）

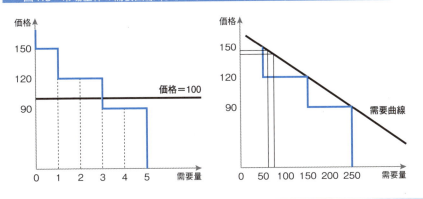

図1.3 市場全体の需要曲線（SさんとTさんの合計は左，一般化は右の図）

するので，Sさんはおにぎりを2個，Tさんは1個購入する。

　市場には2人だけいるので，市場全体の需要曲線は両者の需要曲線を足し合わせて描かれる（図1.3の左）。この時，おにぎりの総需要は3個となる。

　今，市場には2人しかいないため，需要曲線は階段状の右下がりの線で描写されている。実際にはおにぎりを購入する消費者は多く存在し，その消費も飛躍的に増加する。しかも，それぞれの消費者が考える，おにぎりを追加的に1個購入することの価値は異なっており，例えば，150円と120円の間の1円刻みでの価格差によっても購入数は増減していく。このような，市場に多くの消費者が存在する場合の一般化した需要曲線を描いたのが図1.3の右図である。微小な価格変化でも需要量は変化するため，市場全体の需要曲線は右下がりの滑らかな曲線

1 産業分析のための基本概念　17

（図中では簡略化のため直線）へといきつくだろう[11]。

●需要曲線から得られる特徴

限界効用　需要曲線にはさまざまな概念が込められている。まず，需要曲線の高さに注目しよう。需要曲線の高さは消費者の限界効用を表している。限界効用とは財を1単位追加的に消費することから得られる効用（喜び）の増分である。ここでの効用はその程度を数値や金額によって測定可能なもの（基数的効用）とし，限界効用は限界支払意思額（財を1単位追加的に消費するのに追加的に最大限支払ってもよいと思う価格）に等しい[12]。例えば，Sさんは1個目のおにぎりを購入することに対して150円の価値を見出していた。この150円はおにぎりが0個から追加的に1個増えることに対するSさんの効用の増分といえる。あるいは，1個目のおにぎりを購入するのにSさんは最大限150円支払ってもよいと考えられる。このように，需要曲線の高さは限界効用を表すため，需要曲線は限界効用曲線ともいう[13]。

消費者余剰　次に，需要曲線には消費者の余剰という概念が含まれている。余剰とはいわば企業にとっての利潤のことであり，消費者が財を購入することで得られるお得感（儲け）である。例えば，Sさんは1個目のおにぎりを消費することで得られる効用が150円であった。一方で，おにぎりを1個購入するのにSさんは100円支払う。よって，1個目のおにぎりを消費することで得られる余剰は50円となる。Sさんは実際にはおにぎりを2個購入し，2個目を消費することで得られる効用は120円であるため，20円の余剰が発生する。結果として，Sさんは70円の余剰を得られる。図1.4の一般的な市場全体の需要曲線でみた場合，消費者余剰は需要曲線と市場価格で囲まれる部分となる。消費者余剰はある財の市場において，消費者が財を購入し，どれだけの儲けを得ているかを示している。

消費者余剰の概念を理解すれば，消費者にとっての余剰最大化条件も導かれる。消費者余剰は財を消費することで得られる効用から，財の価格を差し引いた残り

---

[11]　通常，代替効果（価格が相対的に上がった財から下がった財への代替）と所得効果（価格上昇による実質所得の減少ゆえに引き起こされる需要量の減少）によって，需要曲線は右下がりの曲線となる。

[12]　消費者が財を購入するための条件は限界効用が追加的支払額以上となることであり，最大の追加的支払額は限界効用に一致する。よって，限界支払意思額は限界効用を金銭換算したものといえる。

[13]　限界効用の特徴として，同じ財の消費量が増えるにしたがって，限界効用は減少する傾向がある（Sさんの例でいえば，1個目の限界効用は150円，2個目は120円，3個目は90円であった）。これを限界効用逓減の法則という。

図1.4 市場全体の消費者余剰

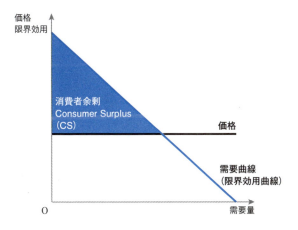

として定義される。よって，以下の式が成立する。

> 消費量を1単位変化させた時の消費者余剰の変化
> ＝限界効用−財の価格

限界効用が財の価格を上回っている限り，余剰は増加するので消費量も増加する。すなわち，限界効用と財の価格が等しい（消費者余剰の変化がゼロの）場合，消費者余剰は最大化される。この条件を満たすように，合理的な消費者は財の消費量を決めている。

需要の価格弾力性　　最後に，需要の価格弾力性と需要曲線の関係についてみていこう。**需要の価格弾力性**とは価格の変化率（％）に対する需要の変化率（％）である。例えば，ある財の価格が1％上昇した時に需要量が3％減少する，という関係を表現する時に用いる。需要の価格弾力性 ε は以下の式で定義される。

$$\varepsilon = -\frac{dQ/Q}{dP/P} = -\frac{dQ}{dP} \times \frac{P}{Q} \tag{5}$$

ここで，P は価格，Q は需要量である。dP は価格の微小な変化分，dQ は需要量の微小な変化分を表す。通常，需要の価格弾力性は負の値となる（価格が上昇すれば需要量は減少する）ため，便宜上，正の値となるようにマイナスの符号を付ける。例えば，先の例から以下のように数値を代入できる。

[1]　産業分析のための基本概念

図1.5 需要の価格弾力性と需要曲線の関係

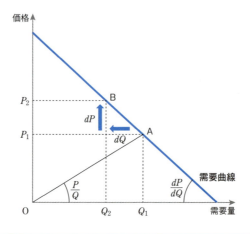

$$\varepsilon = -\frac{-3/100}{1/100} = 3$$

ここでは，ある財の価格が1%上昇する（元の価格が100円で101円になった場合の変化分ΔPは1円）と，その財への需要量が3%減少する（元の需要量が100個で97個になった場合の変化分ΔQは−3個）ので，需要の価格弾力性は3となる。

　企業にとって需要曲線を知ることは経営方針を立てる際に有益だろう。しかし，現実に我々がある財の需要曲線を求めようとすると，価格と需要量に関する多くのデータを集める必要がある。企業にとっては同じ財なのに，極端な価格差を付けて需要量の変化をみることは現実的ではない。そこで，価格をわずかに変化させることで，需要がどのぐらい変化するかを見極めることができる。これはまさに，企業が需要の価格弾力性を探る行為に他ならない。企業は需要の価格弾力性を測定することで，価格の変化と需要の価格弾力性を組み合わせて，収入がどの程度変化するかを予測できる（利潤最大化へのヒントを得られる）からである（練習問題参照）。

　需要の価格弾力性は需要曲線の形状と密接に関係している。図1.5はある財の需要曲線において，当初の価格がP_1，その時の需要量がQ_1であり，価格がP_2へと上昇した場合の需要量がQ_2であることを示している。この時，（5）式の右辺にあ

るdQ/dPは需要曲線の傾きの逆数である。また，P/Qは原点0から需要曲線に交わる線を引いた時の傾きとなる。よって，需要曲線の傾きが小さいほど，その逆数で構成される需要の価格弾力性は大きくなる。さらに，需要曲線上の左上にいくほど，需要の価格弾力性も大きくなる。

1.3　供　給

供給とは財の価格が与えられた時に，企業（供給者）がその財を生産する度合いを意味する。供給曲線とは財の価格と企業がその財を生産する数量の関係を示した曲線である。供給曲線がどのように描かれ，また，供給曲線がどのような意味を持つのか考えていこう。

●供給曲線

供給曲線についても，個別企業の供給曲線と市場全体の供給曲線を区別して考えると分かりやすい。おにぎりを生産するU社とV社が存在するとしよう。U社はおにぎりの価格が90円未満だと1個も生産しないが，90円の時に1個目を生産し，120円の時に2個目を生産し，150円の時に3個目を生産するような経営判断を行う。企業は高価格であるほど，得られる収入も多くなると期待するので生産量を増やす。V社は70円未満であれば0個，70円の時に1個目を生産し，90円の時に2個目を生産し，120円の時に3個目を生産し，150円の時に4個目を生産する。それぞれの企業の生産費用は異なるため，価格に対する追加的な生産量もU社とV社で異なる。この時，個別企業の供給曲線は図1.6で描かれる。おにぎりの市場価格は100円であり，U社はおにぎりを1個，V社は2個生産する。

市場全体の供給曲線は両社の供給曲線を足し合わせて描かれる曲線であり，それは図1.7の左図のように描かれる。おにぎりの総生産量は供給曲線と市場価格が交わる3個となる。需要曲線と同様に，現実にはおにぎりを生産する企業は2社だけとは限らず，多くの企業が生産している。図1.7の左図で描かれる2社合計の供給曲線は階段状の右上がりの線で描写されるが，企業が増えるにしたがって，おにぎりの総生産量は飛躍的に増加する。また，それぞれの企業の生産費用は異なるため，おにぎりを追加的に1個生産するのに要する価格水準も異なる。市場に多くの企業が存在する場合の一般化した供給曲線を描いたのが図1.7の右

1　産業分析のための基本概念　**21**

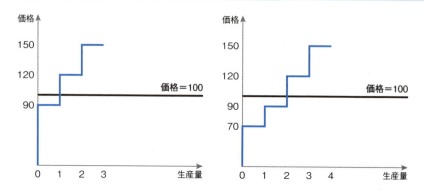

図1.6 個別の供給曲線（U社は左，V社は右の図）

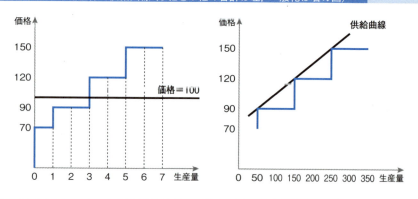

図1.7 市場全体の供給曲線（U社とV社の合計は左，一般化は右の図）

図である。市場全体の供給曲線は右上がりの滑らかな曲線（図中では簡略化のため直線）になるだろう。

● 供給曲線から得られる特徴

限界費用　供給曲線にもさまざまな概念が込められている。まず，供給曲線の高さは限界費用を表す。先ほどのU社の場合で考えてみよう。U社はおにぎりが90円未満では採算がとれないため1個も生産しない。90円から120円未満の場合はどうだろうか。U社は1個追加的に生産している。これは1個の追加的な生産から得られる収入（限界収入）が，追加的な生産に要する総費用の増分（限界費用）を上回っているために生産をしていると考えられる。よって，この時の

図1.8 市場全体の生産者余剰

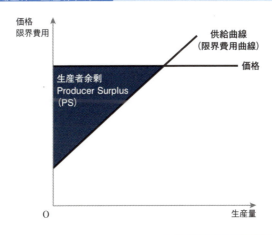

限界費用は90円となる。同様に，おにぎりが120円から150円未満の場合には，追加で2個目を生産することで得られる限界収入が，その限界費用である120円を上回っているため，2個目を生産する。これは供給曲線の高さが限界費用を示しており，供給曲線は限界費用曲線ともいえる[14]。すなわち，企業の生産量を決定づけるのは限界費用である。

生産者余剰　供給曲線にも生産者の余剰という概念がある。この余剰は企業の収入から費用を差し引いた残りであり儲けを意味する。U社であれば，1個目のおにぎりの生産に要する限界費用は90円で，実際の市場価格が100円であるため，その儲けは10円となる。V社の場合では1個目の限界費用は70円，2個目は90円で，市場価格は100円であるため，V社の儲けは40円となる。供給曲線（または限界費用曲線）の下側の面積は，生産量を微小に増加させた時の総費用の増分の合計を示している。固定費用がゼロである場合，この面積が総費用となるため，市場価格と供給曲線で囲まれる面積が生産者余剰となる。図1.8では，一般的な市場全体の供給曲線における生産者余剰を描いている。生産者余剰はある財の市場において，生産者が財の生産をすることで，どれだけの儲けを得ているかを示している。

---

[14] ただし，企業が市場に参入している（生産活動を行っている）という前提で供給曲線と限界費用曲線は等しい。

[1]　産業分析のための基本概念　　**23**

供給の価格弾力性　　最後に，供給の価格弾力性と供給曲線の関係についても述べておこう。供給の価格弾力性とは，価格の変化率（％）に対する生産量（供給量）の変化率（％）である。例えば，ある財の価格が1％上昇した時に，生産量が3％上昇する，という関係を表現する時に用いる。

供給の価格弾力性と供給曲線の関係は，需要の価格弾力性で説明した議論が当てはまる。すなわち，dQ/dPは供給曲線の傾きの逆数である。また，P/Qは原点Oから供給曲線に交わる線を引いた時の傾きである。よって，供給曲線の傾きが小さいほど，その逆数で構成される供給の価格弾力性は大きくなる。さらに，供給曲線上の左下にいくほど，供給の価格弾力性も大きくなる。

1.4　市場均衡と総余剰

これまで需要曲線と供給曲線を別々にみてきたが，この節では両曲線が交わる市場均衡について考えよう。市場均衡の成果を評価するには総余剰（または社会的余剰）の概念を用いる。総余剰とは経済厚生の測定基準である効率性（利用可能な資源を無駄なく用いているかどうか）を反映した概念で，消費者余剰と生産者余剰の合計として定義する。総余剰が最大化される，すなわち市場における取引が最も効率的になされるのはどのような状況であろうか。

図1.9の左図は，ある財の市場における需要曲線（限界効用曲線）と供給曲線（限界費用曲線）を描いている。図のA点の生産量は総余剰を最大化する生産量といえるだろうか。A点では需要曲線の高さは供給曲線の高さを上回っている。需要曲線の高さは消費者が追加的な1単位の消費から得られる効用の増分であり，供給曲線の高さは追加的な1単位の生産に要する総費用の増分であるので，限界効用（いわば，消費者の財の評価）が限界費用（財の生産費用）を上回る限り生産量は増やすことが社会的に望ましい。一方で，需要曲線の高さが供給曲線の高さを下回る場合，生産量を減らすべきである。総余剰を最大化する条件の一つは，限界効用と限界費用が等しくなる（両曲線が交わる）ような生産量の水準で市場均衡が達成されることである。総余剰が最大化されたもとでの消費者余剰と生産者余剰を描いたのが図1.9の右図である。この時の価格P^*を均衡価格，生産量Q^*を均衡生産量という。

さらに，生産量が同一水準であれば，その生産に要する費用が最小化されてい

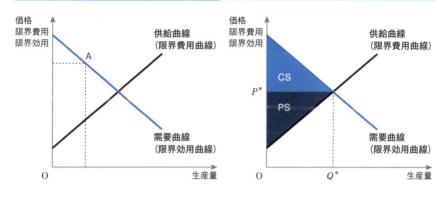

図1.9 市場均衡と総余剰の最大化

るほど効率的といえる。例えば，費用が最小化されているということは，平均費用が最小になる水準（最小効率規模）を意味し，生産者が規模の経済を最大限発揮している状況も含まれる。すなわち，ある生産水準のもとで，費用が最小化されていることが総余剰を最大化する条件の一つになっている。

コラム１　経済学の良し悪しの判断基準は効率性

　この本を読んでいる方は経済学に少なからず関心がある方が多いだろう。いうまでもないが，経済学は数多くの学問の中の一つである。学問を学ぶということは，その学問特有の分析手法や考え方を習得することであり，ひいてはその学問の価値基準を身に付けることと考えることもできる。

　例えば，近年では経済成長にともなって所得の二極化が進展しているといわれるが，それが社会にとって良いことか悪いことかを考えたりする時に，一つの価値基準を提供してくれるのが学問である。しかし，そもそも良いか悪いかという判断は人によって違うのではないかと思われるかもしれない。実際その通りである。しかし，注意してほしいのは，学問ごとに良し悪しの価値基準があるということである。この章で述べたように，経済学では効率性で良し悪しを判断する。企業の儲け（生産者余剰）と消費者のお得感（消費者余剰）の合計が大きくなれば良いことだし，小さくなれば悪いことである。非常にシンプルな基準で，非常に多くの問題に対して良し悪しの判断ができるのである。

　それでは経済成長にともない所得格差が拡大するという問題について，単純化して２人の消費者のケースで考えてみよう。今，図1.10のように，経済が成長する前まで

1　産業分析のための基本概念　　25

図1.10 経済成長と所得格差

　200万円の収入を得ていたAさんと1000万円の収入を得ていたBさんがおり，2極化の進展によってAさんの収入が100万円に減少する一方で，Bさんの収入は2000万円に増えたとする。単純にそれぞれの収入を消費者余剰と考えると，経済成長によって消費者余剰の合計は増えているので，余剰という価値基準に照らせば，この経済成長は「良い」ことだと判断できる。

　しかし当然のことながら，このような二極化については，格差が拡大していることや，結果が不平等であることなどを理由に「悪い」ことだと判断する人もいるだろう。これは価値基準が異なるために意見が異なっているのである。例えば，法学は個人の尊重を非常に重視する学問であり，その観点からいえば，Aさんの状況が悪化していることを問題視するかもしれない。また，格差があること自体を社会の問題と考える立場からは，格差が拡大している点を非難するかもしれない。

　しかし，仮に二極化することが「悪い」ことだとしても，経済が成長し生み出される価値の総額が増えていくこと自体は，経済学的には「良い」ことである。なぜなら，価値の総額が増えてさえいれば，それをうまく分配することで，必ず全員を前より「良い」状態に持っていくことが可能だからである（なお，総額が増えない中での再分配は，必ず誰かの儲けを減らすことになる）。

　図の例でいえば，Bさんから10%（200万円）の所得税をとってAさんに補助金として支給すれば，Aさんの収入は300万円，Bさんの収入は1700万円となる。この状態は二極化が進む前の状態（Aさんが200万円，Bさんが1000万円）に比べて，どちらも儲けが増えている。したがって，経済成長を優先して考えるというのは間違いではない。もちろん再分配の際に大きなコストがかかったり，課税される対象のインセンティブを大きく損なったりすることがあると，社会全体でみたときの儲けはその分少なくなる。したがって，再分配を効率的に行える仕組みを考えていくことが非常に重要となり，そこでも経済学の分析手法が役に立つ。

◆ 練習問題

問1.1 生産量に依存して決まる総費用関数が以下の式で与えられている。固定費用，可変費用，限界費用，平均費用をそれぞれ求めなさい。

$$C(Q) = 10 + 10Q + 2Q^2$$

問1.2 あなたは以前から興味を持っていたアイドルのコンサートチケットを無料で友人から譲り受けた。しかし，そのコンサートと同日の夜に大好きな俳優のディナーショーがあり，どちらに行くか決めなければいけない。ディナーショーのチケットの価格は4000円であるが，あなたはディナーショーをみることで得られる価値（効用または最大支払意思額）を5000円と判断している。チケットの転売は不可能で，交通費など他の費用は一切かからないとする。この時，アイドルのコンサートに行くことの機会費用はいくらか。

問1.3 あなたはCD製造工場の経営を営んでいる。現在，CDを週に1000枚製造し，その製造に要する工場設備維持のため週に100万円支払っている。その工場設備では1時間に25枚のCDを製造可能とする。また，工場設備を稼働するには1人の労働者が必要である。労働者は，月曜から金曜の平日に時給1000円で最大40時間勤務（1日8時間勤務）し，土曜日には時給1100円で8時間追加勤務できる。繁忙期には，日曜に時給1300円払えば，さらに8時間追加で勤務も可能である。以下の問いに答えなさい。

① 1週間における固定費用，可変費用，平均費用，限界費用を求めなさい。

② これまでに取引先は，このCDを何枚であろうが，週末に1枚あたり1200円で購入してきた。CD1枚1200円で売れる場合，現在の製造枚数1000枚よりも多く製造すべきか。

③ 取引先は今週の半ばに，このCDを1枚あたり1020円で購入する方針に急に切り替えたと連絡してきた。他に取引先はいないし，既に工場設備維持費の100万円は支払ってしまった。このCDの製造を今週継続すべきか。

問1.4 需要の価格弾力性と収入には以下の関係式が導かれる。

$$R = P \times Q(P)$$

$$\frac{\partial R}{\partial P} = Q + P\frac{\partial Q}{\partial P} = Q + Q\frac{P}{Q}\frac{\partial Q}{\partial P} = Q(1 - \varepsilon)$$

$$Q = \frac{R}{P} \text{ なので } \frac{\partial R}{\partial P} = \frac{R}{P}(1 - \varepsilon)$$

すなわち，$\dfrac{\partial R}{R} = \dfrac{\partial P}{P}(1 - \varepsilon)$

これは収入の変化率＝価格の変化率×（1－需要の価格弾力性）を意味する。この式を

1 産業分析のための基本概念 **27**

用いて以下の問いに答えなさい。
① たばこの需要の価格弾力性が0.5とする。たばこの価格が10%上昇した時に，企業の収入はどの程度変化するだろうか。
② 高級車の需要の価格弾力性が1.9とする。高級車の価格が10%上昇した時に，企業の収入はどの程度変化するだろうか。

問1.5　ある企業の総費用関数を$C(Q)=5+10Q+4Q^2$とする。今，価格は生産量に影響を受けない一定の値とする。この時，以下の問いに答えなさい。
① 価格を90とする場合の，この企業の利潤を最大化する生産量を求めなさい。
② 一定の価格をPとして，まったく同じ費用構造をもつ企業が市場にもう1社存在した場合の，市場全体の供給関数を求めなさい。

問1.6　市場均衡について，以下の図に示すような生産量の水準である場合，総余剰が最大化されている場合と比べて，どの程度の非効率が発生しているか。図で示しなさい。
① 市場均衡点がA点

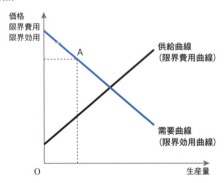

② 市場均衡点がC点

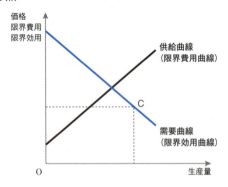

第2章
市場構造の基礎：完全競争と独占

- ■2.1 市場構造の基礎と類型
- コラム1 競争政策における仮想的独占テスト（スニップ・テスト）
- ■2.2 完全競争
- ■2.3 独占
- ■2.4 完全競争と独占の均衡比較

　本章では，市場構造の基礎と類型について学ぶ。まず，市場を需要と供給の交差価格弾力性の概念を用いて画定し，売り手と買い手の数から市場構造の類型をまとめる。次に，市場均衡のベンチマークとなる完全競争市場と独占市場について説明する。これらの市場における総余剰や企業の行動（価格と生産量）について考え，短期的（静学的）あるいは長期的（動学的）視野からみた，それぞれの市場における帰結についても学ぶ。

【Key Point】
- ●市場の画定では，需要と供給の交差価格弾力性から代替的な関係にある財を同一市場とみなして定義する。
- ●完全競争市場の均衡では，限界効用と限界費用が等しい水準で生産が行われ，生産に要する費用も最小化されているため，総余剰は最大化される。
- ●独占が生じるのは参入障壁があるからであり，参入障壁の程度は費用優位性，需要規模，政府の直接規制に主に依存する。
- ●独占均衡ではその高い市場支配力ゆえに，完全競争均衡と比べて過小生産と高価格となり短期的（静学的）には総余剰は小さいが，長期的（動学的）には独占均衡が望ましい場合も考えられる。

2.1　市場構造の基礎と類型

　本章から第5章では市場構造（Structure）について学んでいく。一口に市場構造といってもその特性は多様で，さまざまな構造のもとで得られる市場均衡と経済的帰結も異なる。本節では市場構造の基礎的な概念を確認し，またその類型について説明していく。

　市場構造の分析では分析対象となる市場がどのような構造をもっているかに関心がある。その際，3つの視点に主に注目していく。第一に，市場をどのように定義するか。第二に，その市場には売り手と買い手がどれだけ存在するか。第三に，その市場における参入障壁や製品差別化があるか。このような視点からみて，さまざまな特性を持つ市場において，その市場均衡とその均衡のもとで達成される市場成果（Performance）がどのように変化するかを考えていく。以下，本節では市場の定義と類型（売り手と買い手の存在）について学ぶ。参入障壁については独占市場と併せてみていく[1]。

●市場の画定

　市場の画定問題　　市場構造を考えるには，まず市場そのものを定義しなければならない。例えば，カメラに関する市場を考えてみよう。カメラといえば読者は何を思い浮かべるだろうか。世代によって異なるかもしれないが，筆者の場合，デジタルカメラがまず思い浮かぶ。しかし，若い世代ではスマートフォンのカメラがその手軽さから多用されているかもしれない。一方で，より画質や機能性にこだわる方は一眼レフカメラを思い浮かべたかもしれない。スマートフォンはカメラ機能をメインとしているわけではないが，そのカメラは物や人を写し記録に残すという意味で，デジタルカメラや一眼レフカメラと同じ市場にあるといえる。その場合，デジタルカメラの価格が上昇すれば，その購入を控え，スマートフォンのカメラを利用する人が増えるだろう。

　次に，住宅市場も考えてみよう。関東近辺で働いている人は，もし東京の住宅価格が上昇すれば，千葉，埼玉，神奈川の住宅を志向する人は増えるが，関東圏外の住宅を志向する人は少ないはずである。市場を考えるには財の価格だけでは

---

[1]　参入の市場成果への影響については第4章，製品差別化の影響については第3章と第8章で説明していく。

なく，地理的範囲にも注意が必要である。このように，どこまでを同じ市場に属する財と判断するかは代替財の存在を考慮する，やっかいな問題である。これを「市場の画定」問題という。

交差価格弾力性　経済学では市場の画定に際し，需要または供給の交差価格弾力性に注目する。まず，消費者からみた需要の交差価格弾力性とは，ある財の価格変化率（％）に対する他の財の需要量変化率（％）である。例えば，財Aの価格が1％上昇した時に，財Bの需要量が3％増加するような関係であり，以下の式で表せる。

$$需要の交差価格弾力性＝\frac{\partial Q^{\mathrm{B}}/Q^{\mathrm{B}}}{\partial P^{\mathrm{A}}/P^{\mathrm{A}}}$$

Pは価格，Qは需要量である。∂Pは価格の微小な変化分，∂Qは需要量の微小な変化分を表す（∂は偏微分の記号である[2]）。財Aの価格が1％上昇する（例えば元の価格が100円で101円になった場合の変化分ΔP^{A}は1円）と，財Bの需要量が3％増加する（元の需要量が100個で103個になった場合の変化分ΔQ^{B}は3個）時，需要の交差価格弾力性は3となる。

　需要の交差価格弾力性は3通りの解釈ができる。まず，需要の交差価格弾力性が正の値をとる場合，財Aと財Bは代替財の関係にある。例えば，バターとマーガリン，牛肉と豚肉のような財が当てはまる。次に，負の値をとる場合，財Aと財Bは補完財の関係にある。ゲーム機とゲームソフト，パンとジャムのような財が考えられる。最後に，ゼロと等しい場合，財Aと財Bは独立財の関係にある。ボールペンと牛肉，男性用靴と女性用靴のような財があるだろう。

　次に，生産者からみた供給の交差価格弾力性は，ある財の価格変化率（％）に対する他の財の供給量変化率（％）として定義される。例えば，財Aの価格が1％上昇した時に，財Bの供給量が3％減少するような関係をいう。この供給の交差価格弾力性も3通りの解釈ができる。まず，供給の交差価格弾力性が正の値をとる場合，財Aと財Bは補完財（副産物）の関係にある。例えば，食パンの需要が増えたので，その価格が上昇し，食パンの生産量が増加するとともに，その副産物としてパンの耳も増える。次に，負の値をとる場合，財Aと財Bは代替財の関

---

[2]　Q^{B}は財Bの価格だけでなく財Aの価格P^{A}にも依存しており，複数の変数の関数になっていることから偏微分の記号を使っている。

係にある。例えば，右手用の野球グローブの需要が増えたので，その価格が上昇し，左手用の野球グローブの生産を減らして右手用の生産にスイッチする。右手用と左手用の野球グローブに関する需要の交差価格弾力性はゼロに等しいが，生産者にとっては右手用と左手用いずれにせよ，野球グローブの生産に必要となる設備などの要素，またその生産費用は大きく変わらないだろう。最後に，ゼロと等しい場合，財Ａと財Ｂは独立財の関係にある。先に述べたボールペンと牛肉のような財が考えられる。

　代 替 財　　理論的には財Ａと財Ｂが消費者または生産者からみて，代替財の関係（需要の交差価格弾力性が正の値または供給の交差価格弾力性が負の値）にある場合，財Ａと財Ｂは同一市場にあるといえる。例えば，バターとマーガリンが同じ市場にある場合，ある企業がバターの値上げをしようにも，消費者がマーガリンの購入に切り替えてしまうので，その企業は実質的にはバターの値上げができない（需要の交差価格弾力性が正の値）。または，ある企業がバターの値上げをしようにも，ライバル企業がマーガリンからバターへと生産を切り替えることで，バターの供給量が増加し，その企業は実質的にバターの値上げができない（供給の交差価格弾力性が負の値）。このように代替財の関係にある2つの財は同じ市場にあるものとして画定される。

　測定上の問題　　しかし，実際上，需要と供給の交差価格弾力性をすべての財について測定することは困難である。また，測定できたとしても，交差価格弾力性の数値の大小を議論するのは主観的にならざるを得ない。そのため，多くの実証分析では日本の政府統計に沿った分類（例えば日本標準産業分類）に従って，産業分野，業種分野，技術分野などを区分けして分析に用いている[3]。しかし，これらの分類は必ずしも経済学的意味での市場の画定と合致しない。例えば，日本標準産業分類の細分類ではバターは乳製品製造業であるが，マーガリンは食用油脂加工業として分類される（ただし，両者は中分類の食料品製造業に含まれるため，粗くみれば同じ産業に属する）。

---

[3]　公正取引委員会は競争政策を実施する現場において，交差価格弾力性の考えを念頭に置きつつ，仮想的独占テスト（またはスニップ・テスト）といわれる手法を用いて市場の画定を行っている。これについてはコラム1を参照。

コラム 1　競争政策における仮想的独占テスト（スニップ・テスト）

　市場の画定において，競争政策の現場で標準的に用いられるのが仮想的独占テストである。これは「小幅であるが実質的かつ一時的ではない価格引き上げ」（Small but Significant and Non-transitory Increase in Price，略してSSNIP，スニップ）という概念を用いて実施される。このテストの目的は，特定の市場の範囲を画定するために，消費者にとってどの財までが代替可能であるかを判断することである。

　ある企業が提供する財の価格を一定程度（例えば5～10％程度）引き上げた際に，消費者がどのように反応するかを分析する。消費者が価格引き上げに対して他の財に消費を切り替える場合，価格を引き上げた財と切り替えられた財は代替関係にあり，消費者が類似製品と認識していることを表しているため，同一の市場で競争している財と考える。こうした分析をさらに別の財についても繰り返していき，消費の切り替えが起こる財とあまり起こらない財を見極めることで，同一市場の範囲を画定させる。

　例えば，ある企業Aが炭酸飲料「コーカ」を販売しているとする。企業Aがコーカの価格を10％引き上げた時に，消費者が他の企業が販売する炭酸飲料「ヘプシ」や「サイター」に切り替える場合，企業Aは価格を引き上げたにもかかわらず，利潤は減少するだろう。よって，これらコーカ，ヘプシ，サイターは同じ市場に属することになる。次に，企業Aがコーカ，ヘプシ，サイターを販売している時に，これらの価格を10％引き上げるとする。この時，消費者は値上がりしてもコーカ，ヘプシ，サイターを購入し，他の企業が販売する「炭酸水」には代替が起こらなければ，これらの飲料と炭酸水は別の市場の財ということになる（コーカ，ヘプシ，サイターを購入する消費者は減るかもしれないが，価格上昇による効果が大きいので利潤はプラスとなる）。

　このように，製品を加えるにつれて，当初は利潤への効果がマイナスであるが，徐々に代替性の低い製品が加わるにつれて利潤への効果がプラスになる時に，その効果がマイナスにとどまる製品群を一つの市場としてみなす。これを仮想的独占テストあるいはスニップ・テストによる市場画定という。需要の交差価格弾力性がわかる場合にはその大小を論じるが，線引きの方法としてこのようなテストが用いられる。

●市場構造の類型

　以降では市場の画定がなされたもとで，その市場に存在する売り手と買い手の数から市場構造の類型を概観していく。表2.1は売り手と買い手の数を1，少数，多数と分けて，それぞれに対応する市場構造を示している。

　産業組織論でよく取り上げられる市場構造として，売り手独占，売り手寡占，独占的競争，完全競争がある。売り手独占市場とは売り手企業が1社であり，買

表2.1　売り手と買い手の数からみた市場構造の類型

売り手の数 買い手の数	1	少数	多数	
1	双方独占	−	買い手独占	
少数	−	双方寡占	買い手寡占	
多数	売り手 独占	売り手 寡占	製品差別化あり	独占的競争
			製品差別化なし	完全競争

い手となる消費者が多数存在する市場である。実際には，売り手独占に完全に当てはまる現実の市場を見つけるのは困難であるが，売り手独占の弊害やその時の総余剰を考えることは，さまざまな市場均衡との比較検討を行う際に有用である。売り手寡占市場とは売り手企業が少数であり，買い手となる消費者が多数存在するような市場である（特に，売り手企業が2社の場合を複占市場という）。このような市場は現実に多く存在しており，不完全競争市場として産業組織論でも分析の焦点になりやすい。この市場構造は第3章で詳細に取り上げる。独占的競争市場とは売り手企業が多数で，買い手となる消費者も多数存在し，さらに販売されている製品は差別化がされている市場である。この市場は第4章で新規参入と併せて議論していく。そして，完全競争市場とは売り手企業が多数で，買い手となる消費者も多数存在し，さらに販売されている製品は同質という市場である。完全競争市場も，該当する現実の市場を見つけるのは困難であるが，その市場における総余剰の最大化をベンチマークとして，さまざまな市場均衡と比較分析を行うのに有用な概念となる[4]。

---

[4] 　本書では詳細を取り上げないが，その他の市場構造についても以下にまとめる。まず，双方独占市場とは売り手が1者で，買い手も1者となる市場である。例えば，軍需産業における兵器の製造企業と買い手となる防衛省が該当するかもしれない。これはゲーム論の考えが応用され，交渉によって均衡が決まる。双方寡占市場とは売り手が少数で，買い手も少数となる市場である。これは企業間の市場取引で起こりやすく，少数の部品供給企業と少数の組み立て加工企業のような関係が該当する。買い手独占市場とは売り手が多数で，買い手が1者となる市場で，売り手独占市場とは対となる市場である。例えば，官公庁や地方自治体による公共調達事業が該当するだろう。最後に，買い手寡占市場とは売り手が多数で，買い手が少数となる市場で，売り手寡占市場とは対となる。例えば，労働市場のように多くの労働者とその買い手となる企業との関係を考える時に利用できる。なお，売り手の数が少数（あるいは1者）で，買い手の数が1者（あるいは少数）のような市場はほとんどみられないため，あまり分析の対象とならない。

本章では，さまざまな市場均衡を考えていくうえで有用となる完全競争市場と売り手独占市場（以下，独占市場）について学んでいく。完全競争市場における均衡時の価格や生産量とその結果としての総余剰や，独占市場における参入障壁と均衡時の価格や生産量と総余剰についてみていくことで，第3章以降の理解を深めていく。

2.2 完全競争

●完全競争市場の特性

完全競争市場では主に4つの前提がある。第一に，市場には非常に多く（無数）の売り手企業が存在し，個々の企業の生産量は市場価格に何ら影響を及ぼさない。企業数が少ない場合，各企業の生産量の変化は市場価格へと影響するだろう。しかし，無数の企業が存在する場合には，個別企業の生産量の変化は市場全体の生産量にとって微々たるものであり，その変化は市場価格に影響を与えない。企業は市場で決まっている価格を受け入れることから，この状況をプライス・テイカー（価格受容者）という。

第二に，市場で供給される財はすべて同質である。製品差別化が可能であれば，企業は（ライバル企業より高い価格をつけるような）価格を操作する能力が生まれる。しかし，完全競争ではそのような製品差別化が存在しない。

第三に，市場への参入，そして市場からの退出には費用がかからずに自由に行える。通常，市場に参入するには初期投資が必要だが，市場から退出する際にその費用をすべて回収できれば，参入退出は自由に行える（参入に失敗しても退出して費用を回収すればよい）。しかし，実際は，参入費用の一部はサンクコストとなる（例えば，機械設備では一部は摩耗し，購入時と同じ金額で売れる保証はない）。

第四に，市場の売り手と買い手は完全情報を持っている。消費者は財の存在，品質，価格などの情報をすべて把握し，一方で，生産者も消費者の嗜好や予算などをすべて把握している状況である。消費者は財に関する探索費用（例えば，価格や品質などを調べる費用）がかからず，生産者には市場調査費用（どの程度の潜在的消費者がいるか調べる費用）がかからないことを意味する。

2 市場構造の基礎：完全競争と独占 **35**

●完全競争市場における市場均衡と総余剰

　実際には，これらの前提条件をすべて満たすような完全競争市場は存在しないだろう。しかし，完全競争市場はその条件ゆえに，短期的（静学的）視野でみれば，消費者余剰と生産者余剰の合計である総余剰を最大化する，最も効率的な市場となる。その最大化された総余剰をベンチマークとして，さまざまな市場構造における総余剰と比較する際に有用な概念となる。

　なぜ，完全競争市場では総余剰が最大化されるのであろうか。第1章の1.4節を思い出してほしい。総余剰が最大化される条件は，第一に限界効用と限界費用が等しくなる（需要と供給が交わる）ような生産量の水準で市場均衡が達成されることで，第二にその生産量のもとで生産に要する費用が最小化されていることであった。完全競争市場ではこれらの条件が満たされる。

　まず，完全競争市場では企業はプライス・テイカーであり，同質財での競争が行われているため，価格は限界費用に等しくなる。企業の利潤最大化条件は限界収入と限界費用が等しくなることだが，完全競争市場ではプライス・テイカーゆえに価格は一定であり，限界収入は価格と等しくなるからである。次に，完全競争市場では消費者は完全情報を持っているため，消費者の余剰最大化行動によって限界効用と価格が等しくなる。すなわち，完全競争市場では限界効用＝価格＝限界費用が成立する。さらに，完全競争市場では企業の参入退出は自由であり，もし価格が平均費用よりも高い（低い）ならば，潜在的な参入企業は利潤が見込める（見込めない）と判断し参入（退出）する。その結果，均衡では価格と平均費用が等しい水準に落ち着く。よって，限界費用＝価格＝平均費用が成立する。1.1節でもみたように，限界費用と平均費用が等しい水準（最小効率規模）で費用は最小化されている。以上から，完全競争市場では総余剰が最大化されている。

2.3　独　占

　独占市場では売り手企業が1社（独占企業）で，買い手となる消費者が多数存在する市場を想定している。独占企業は強力な市場支配力（マーケットパワー）を発揮することで，最も高い利潤を得ることができる。しかし，その高い市場支配力ゆえに，その市場均衡には非効率性も生じる。そのような独占はなぜ生じるのだろうか。以降では，独占が生じる要因である参入障壁について考え，その後，

独占企業の行動と市場均衡についてみていく。

●参入障壁

　独占が生じるのは，その市場に参入するにあたり障壁があるからである。参入障壁は市場構造を規定する重要な一つの要因である。産業組織論におけるシカゴ学派の代表的存在であるスティグラーによれば，参入障壁とは，新規にその産業に参入しようとする企業は負うが，既存企業は負わない費用が存在すること，と定義される[5]。参入障壁は大きく3つの要素に影響される。

　第一の要素は費用優位性である。費用優位性とは，何らかの理由で既存企業が新規参入企業よりも絶対的に低い費用で生産可能であることを意味する。例えば，生産に必要な工場や機械設備の導入など，必要資本量が膨大であるほど費用優位性は明確になる。既存企業は既に生産に必要となる費用を支払っているが，新規参入企業にとっては重い費用負担となるからである。さらに，中間投入財，製品の流通網や販売網の排他的所有も既存企業に費用優位性をもたらす。技術や知識が重要な産業では，特許権のような知的財産権を既存企業が排他的に持つことで，新規参入企業は費用面で不利になる。これらの既存企業が所有する資源や能力は，その獲得のために既存企業が既に費用を支払っており，サンクコストに他ならない。サンクコストをともなう投資が費用優位性を生み，結果として参入障壁が形成されるだろう。

　第二は需要規模の大きさである。市場の需要規模が小さくなると，需要曲線は左にシフトするため，均衡価格は低下する。この状況では，より厳しい価格競争が繰り広げられるため，その価格競争を勝ち抜けるだけの効率的な生産が可能な企業しか新規参入することはできない。概して，経済が成長過程にあり，国民の所得が増加することで需要規模が拡大しているような地域では多くの新規参入が見込まれ，一方で，経済が停滞している地域では新規参入が見込めないことになる。新規参入が見込めないことで独占（あるいは特定企業の市場占有率の増加）が生じやすくなる。

　最後は政府による参入規制である。政府は，ある市場への新規参入を直接規制する場合がある。特に，電気，ガス，水道，通信のような公益事業の性質を持っ

---

[5] ジョージ J. スティグラーの『産業組織論』（神谷傳造・余語将尊訳，東洋経済新報社，1975年）の定義による。

ている場合に政府の関与は強くなる。生活に関わる財では，広く国民が安心して財を消費できるよう，企業が適切に財を供給できるように政府が監視役を果たしている。例えば，国民の生命に関わる医薬品の製造販売についても，厚生労働省による認可が必要であって，すべての企業が製造販売できるわけではなく，医薬品の効果を適切に検証し，それを製造・流通できるような企業しか新規参入できない。

●独占企業の行動と独占度指標

参入障壁によって，市場で独占が生じた場合，独占企業はどのように価格や生産量を決めるだろうか。1.1節でみたように，企業は利潤最大化条件に沿って行動する。すなわち，独占企業は限界収入と限界費用が等しくなるように生産量を決定するはずである。1.1節と同様の設定のもと，独占企業の利潤関数を以下のように表す[6]。

$$\pi(Q) = P(Q) \times Q - C(Q) \qquad (1)$$

ここでπは独占企業の利潤，Pは価格，Qは生産量，Cは総費用である。価格と総費用は生産量に依存して決まり，結果として利潤も生産量に依存する。この利潤πを最大にするようなQを求めるため，（1）式をQで微分すると，

$$\frac{d\pi}{dQ} = P + \frac{dP}{dQ} \times Q - \frac{dC}{dQ} \qquad (2)$$

となる。（2）式の右辺$P + (dP/dQ) \times Q$は収入を生産量で微分しているので限界収入である。また，（2）式の右辺dC/dQは総費用を生産量で微分しているので限界費用である。よって，限界収入と限界費用が等しい場合，

$$P + \frac{dP}{dQ} \times Q - \frac{dC}{dQ} = 0 \Leftrightarrow P + \frac{dP}{dQ} \times Q = \frac{dC}{dQ} \qquad (3)$$

が成立する。この利潤最大化条件から導かれた（3）式を以下のように変形する。

---

[6] しばしば需要関数は需要量Qを価格Pの関数（$Q(P)$）として表す場合に用いられ，逆需要関数はPをQの関数（$P(Q)$）として表す場合に用いられる。本書では区別が必要な場合を除き，その区別はしていない。

$$P + \frac{dP}{dQ} \times Q - \frac{dC}{dQ} = P\left(1 + \frac{dP}{dQ} \times \frac{Q}{P}\right) - \frac{dC}{dQ} = 0 \tag{4}$$

この(4)式を需要の価格弾力性εを使って表すと，$\varepsilon = -\frac{dQ}{dP} \times \frac{P}{Q}$であるので，

$$P\left(1 + \frac{dP}{dQ} \times \frac{Q}{P}\right) - \frac{dC}{dQ} = P\left(1 - \frac{1}{\varepsilon}\right) - \frac{dC}{dQ} = 0 \tag{5}$$

となる。(5)式を整理すると（限界費用Marginal CostをMCと表記），

$$\frac{P - MC}{P} = \frac{1}{\varepsilon} \tag{6}$$

を得る。

　　ラーナーの公式　　(6)式の左辺は価格から限界費用を引いて価格で割ったものであり，ラーナー指数（あるいはプライス・コスト・マージン：PCM）という。ラーナー指数は企業が限界費用よりもどの程度高い価格を付けているかを測る独占度指標であり，市場支配力を知るうえで重要な情報を提供する。この限界費用に対する価格の大きさを示す指標はマークアップともいわれ，企業の価格設定能力や，企業が生み出す付加価値も表している[7]。独占市場のラーナー指数は需要の価格弾力性の逆数に等しいことが分かる。この関係式をラーナーの公式という。

　　ラーナー指数Lの解釈について考えよう。例えば，需要の価格弾力性εが2の場合，Lは0.5となる。εがより弾力的（2より大きい数値）になるにしたがって，Lはゼロへと近づいていく。逆に，εがより非弾力的（2より小さい数値）になるにしたがって，Lは大きい数値をとる。よって，需要の価格弾力性が大きい（小さい）市場では，企業はより低い（高い）価格を付ける。需要の価格弾力性が大きい市場では，高い市場占有率を持つ独占企業といえど，高価格を付けることはできないのである。そのため，ラーナー指数は企業の市場支配力を知る手がかりを与えてくれる（なお，完全競争市場では価格と限界費用が等しいため，ラーナー指数はゼロである）。

---

[7]　例えば，ライバル企業と差別化された財を提供できている場合は，限界費用に対して高い価格が付けられるため，マークアップの水準も高くなる。なお，限界費用に対する価格の比率をとったものはマークアップ率ともいう。

図2.1 独占均衡

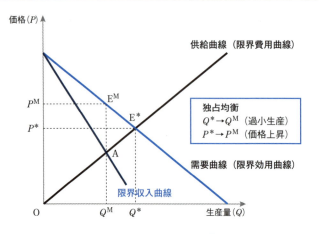

● 独占による市場均衡と非効率性

独占均衡　独占企業の利潤最大化行動の結果，市場均衡がどのように決まり，どの程度の非効率性が生じるかについて考えよう。図2.1は右下がりの需要曲線，右上がりの供給曲線における独占均衡E^Mを示している。

独占企業は限界収入と限界費用が等しい水準で生産量を決める。図2.1ではA点が限界収入曲線と限界費用曲線が交わる点であり，その時の生産量はQ^Mとなる[8]。生産量Q^Mのもとで価格はP^Mとなり，独占均衡はE^Mとなる。独占均衡における価格と生産量はどのような特徴を持つだろうか。需要曲線と供給曲線が交わる点E^*で総余剰は最大化される（2.2節でみたように，E^*は完全競争市場における均衡点）。独占均衡では完全競争均衡と比べて，価格は高くなり（$P^M > P^*$），生産量は過小（$Q^M < Q^*$）となる。独占企業は生産量を過小とすることで価格をつりあげ，より大きい利潤を得る。独占均衡時の消費者余剰と生産者余剰を示したものを図2.2で描いている。

死荷重　図の$BP^M E^M$は消費者余剰で，$P^M E^M AO$は生産者余剰である。しかし，総余剰が最大化されている場合，それらの合計はBE^*Oとなる。よって，独占均衡では$E^M E^* A$の面積分だけ損失（非効率性）が発生している。この損失分を**死荷重**（または**死重損失**）といい，短期的（静学）視野からみた，独占の非

---

[8] 一次関数の需要曲線では，限界収入曲線の傾きは需要曲線の傾きの2倍となる。

図2.2 独占均衡における非効率性

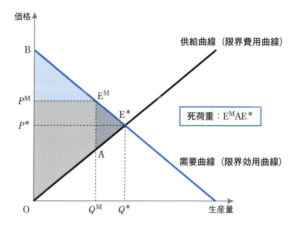

効率性となる。独占均衡では社会的に望ましい生産量の水準よりも過小に生産される結果，低価格であれば購入できたであろう消費者が高価格ゆえに購入できなくなってしまったという非効率性が発生している。この死荷重は，市場規模が大きい財（例えばガソリン）や，需要の価格弾力性が小さい財（例えばコメ）の場合で深刻な問題となる。市場規模が大きい財の場合，独占が発生すると，高価格ゆえに購入できない消費者が多くなるため死荷重が大きくなる。また，需要の価格弾力性が小さい場合，代替財が少ないためラーナー指数は上昇し，消費者は限界費用よりもかなり高い価格で購入せざるを得ない。

X非効率性　独占の非効率性は死荷重だけにとどまらない。独占企業の場合，費用最小化へのインセンティブ（動機）が弱くなる。これをX非効率性の問題という。独占市場ではライバル企業が存在しないため，競争の脅威がない。また，競争市場であれば，ライバル企業から生産方法や組織運営など，経営ノウハウを学ぶ機会（学習効果）があるが，独占企業には切磋琢磨する相手がいない。さらに，独占企業の場合，企業と資本市場（株主・金融機関など）の間にある情報の非対称性が大きくなる。競争市場ではライバル企業との比較から，ある企業の経営努力を推し量ることができるが，独占市場ではそのような情報が得られないので，株主や金融機関は企業の経営努力を評価しづらい。よって，独占企業は資本市場の厳しい目から逃れやすい。最後に，政府の参入規制ゆえに独占市場が形成される場合，その経営においては総費用＋α（生産費用に一定の割合の上乗せした利

2　市場構造の基礎：完全競争と独占　41

潤）が保証されるため，費用最小化へのインセンティブが低くなる[9]。さまざまな要因から発生するＸ非効率性によって，総余剰の最大化条件である費用最小化は達成されなくなる。

　レント・シーキング　　独占企業は独占利潤を維持するため，さまざまな取り組みを行うかもしれない。いわゆる既得権益を保持するためのロビー活動（例えば，政治家と利権団体との癒着問題など）が該当する。本来は，有限の経営資源（ヒト・モノ・カネ・情報など）を財の生産活動に向けるべきであるが，そのような資源を既得権益を保持するための活動に注力する行為をレント・シーキングという。ここでのレントとは独占利潤であり，その利潤を（無駄に）探し求める行為をさす。レント・シーキングへの競争が激しくなれば，得られた独占利潤を費やすことになる。レント・シーキングは何ら付加価値[10]を生まないので，独占利潤の分も社会的な損失になる。

2.4　完全競争と独占の均衡比較

　本章では市場構造の基礎と類型を学び，さまざまな市場均衡のベンチマークとなる完全競争市場と独占市場に焦点をあて説明してきた。これらの市場構造は，売り手企業が1社あるいは無数に存在するという極端な市場を想定しており，現実に該当する市場はほとんどない。しかし，短期的（静学的）視野に立てば，完全競争市場における市場均衡では総余剰が最大化され，独占市場における市場均衡では総余剰が最小化（死荷重が最大化）されるように[11]，さまざまな市場均衡における余剰分析を行う際に有用な情報を提供する。

　ここまで読んできた読者は，完全競争は最も望ましい市場構造であって，独占は最も望ましくない市場構造と考えているかもしれない。実際，独占による非効率性を推計した研究もあり，日本では大きい非効率性は生じていないものの，米

---

[9]　いわゆる総括原価方式と呼ばれる料金設定が該当する。この方式では，事業の実施に関わるすべての費用を総括原価として，さらにその上に一定の報酬を上乗せした金額が，事業から得られる収入に等しくなるように料金が決められる。そのため，費用が増加しても費用最小化へのインセンティブは低い。参入規制のもとでの価格規制については第13章で説明する。

[10]　自らの活動によって新しく作り出した価値（名声のような無形の価値も含む）。

[11]　ただし，そもそも市場が成立しない（生産量がゼロの）場合に総余剰はゼロと最小になるため，ここでの議論は市場が成立する場合を想定している。

42

国では経済規模に応じてかなり大きい非効率性が生じてきたことを指摘するものもある[12]。近年ではGAFAM（グーグル（Google（現 アルファベット）），アマゾン（Amazon），フェイスブック（Facebook（現 Meta）），アップル（Apple），マイクロソフト（Microsoft）の5社の総称）に代表されるような，大企業の独占を批判する声は大きく，米国では独占による弊害は大きいのかもしれない。しかし，米国はこれまで世界経済を牽引してきた実績があり，独占が最も望ましくない市場構造と必ずしもいえないだろう。

　長期的（動学的）視野に立てば，完全競争は最も望ましくない市場構造ともいえるかもしれない。完全競争市場では企業はプライス・テイカーであり，同質財を生産し，企業の新規参入と退出は自由に行え，売り手と買い手は完全情報を持っている。このような市場では，企業は将来への投資を行う余力がなく，仮に借金をして研究開発投資や設備投資をしても，完全情報ゆえに，創出された財は瞬く間にライバル企業にも知れ渡り真似される。この完全競争の世界では企業は将来への投資を一切しないので，いつまでたっても現状維持である。一方で，独占市場では，企業は得られた利潤を将来への投資にまわす余力があるため，（新規参入の脅威が少なからずあれば）財の品質や費用面で改善が見込まれる。現時点では独占による非効率性が発生していても，将来はより高品質，あるいは多様な財をより低費用で消費者は享受することができるかもしれない。

　このように短期的（静学的）視野と長期的（動学的）視野でみれば，完全競争と独占はどちらも一長一短であり，短期と長期におけるトレードオフの問題に直面している[13]。我々は短期的あるいは長期的視野を持ちつつ，それぞれの市場構造とその均衡における効率性を判断していく必要があるだろう。

◆ 練習問題

問2.1　需要の交差価格弾力性と供給の交差価格弾力性について，代替財と補完財の例を本文で挙げた財以外で考えてみよう。

---

[12]　日本では一つの産業に数多くの企業が厳しい競争を繰り広げ，過当競争ゆえに得られる利潤が低いので，独占の非効率性が低いのかもしれない。日本企業の戦略の一つとして同質的行動が挙げられるが，類似商品が一つの財のカテゴリーであふれ，差別化が困難になる（完全競争へと近づく）と予想される。

[13]　例えば，市場競争度とイノベーションの実現度の関係について第7章で解説している。

2　市場構造の基礎：完全競争と独占　　**43**

問2.2 規模の経済が重要な産業では参入障壁が高くなるかどうか考えなさい。

問2.3 以下の図は限界費用が一定の場合（例えば，線形の総費用関数 $C=aQ$）の独占均衡を示している。本文の図2.2のように，消費者余剰，生産者余剰，死荷重を図で示しなさい。

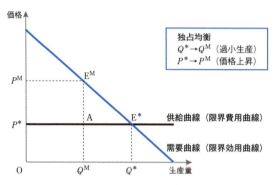

問2.4 以下のような需要関数と費用関数が与えられている。この時の完全競争均衡と独占均衡を求め，独占均衡における死荷重を計算しなさい。
$Q = 100 - 2P$
$C = 10Q$

第 **3** 章

寡占市場における競争

- ■3.1 寡占市場の基本
- ■3.2 ゲーム理論の基礎
- ■3.3 クールノー・モデル
- ■3.4 ベルトラン・モデル

コラム1 競争モデルと実証分析への応用

補論 寡占モデルの均衡と製品差別化の影響

　企業が少数存在する寡占市場では，企業の戦略は相互依存関係にあり，ライバル企業の反応を予想して意思決定を行う。その理解のため，ゲーム理論の基礎も学ぶ。クールノー・モデルとベルトラン・モデルについて，基本的な前提条件のもとでの均衡解を求め，その後，製品差別化や費用の非対称性などが生じた場合の経済的帰結についても説明していく。

【Key Point】

- ●クールノー・モデルでは各企業はライバル企業の生産量を所与とし，自社にとっての最適な生産量を同時に決定する。ナッシュ均衡は，すべての企業が最適反応をとっている生産量の組み合わせとなる。
- ●ベルトラン・モデルでは各企業はライバル企業の価格を所与とし，自社にとっての最適な価格を同時に決定する。ナッシュ均衡は，すべての企業が最適反応をとっている価格の組み合わせとなる。
- ●費用の対称性のもと，同質財の競争では，クールノー均衡は独占均衡と完全競争均衡の間に存在し，ベルトラン均衡は完全競争均衡と一致する。
- ●製品差別化によって，企業は数量競争や価格競争を回避し，市場支配力を強くできる。

45

3.1 寡占市場の基本

第2章では完全競争と独占という市場構造を学んだ。このような市場構造が適用できる市場は，現実の経済社会においてほぼみられない。しかし，完全競争や独占で発生する総余剰を基準に，実際の市場がどの程度の効率性を損失し，あるいはどの程度の効率性を得ているかを考えるのに有用である。本章は売り手（企業）が少数存在し，相対的に買い手（消費者）が多数存在するような売り手寡占市場（以下，寡占市場）の競争モデルを学ぶ。このモデルは家電製品，ゲーム機，飲食料品，自動車，スマートフォンなど，さまざまな現実の市場により適合したものである。

完全競争や独占では，ライバル企業の生産量や価格を考慮した意思決定を行う必要がなかった。なぜなら，市場に無数の企業が存在するような完全競争市場では個別企業の判断は市場に何ら影響を及ぼすことがなく，また，独占市場ではそもそもライバル企業が存在しないからである。しかし，寡占市場では売り手が少数のため，各企業の意思決定は互いに影響を及ぼす相互依存関係にある。この状況では，ある企業がどの程度の生産を行うか，または価格設定をするかという意思決定の際に，ライバル企業の反応を予想して決定しなければならない。

寡占市場では各企業の戦略は大きく2つに分けられる。すなわち，ライバル企業と「競争する」か，あるいは「協調（または共謀）する」かの二択である。本章はライバル企業と競争するという意思決定を選んだ場合について考えていく。生産量あるいは価格という側面からライバル企業と競争する場合に，市場均衡とその結果として市場成果（総余剰）がどのようになるかを学ぶ。

3.2 ゲーム理論の基礎

●ゲームの設定

寡占市場における戦略的行動を描写するモデルを理解するうえで有用なゲーム理論の基礎を説明する。ゲームとは経済学的には，ある主体の利得（利潤または余剰と言い換えてもよい）が，自分の行動だけではなく他の主体の行動に依存するような状況をさす。本章では，相手の行動が分からない状況で各主体が同時に意思決定を行う同時決定ゲームについて学んでいこう。

表3.1 標準型同時決定ゲームの例

企業2（プレイヤー2）

		H_2	L_2
企業1 （プレイヤー1）	H_1	4 4	3 6
	L_1	6 3	5 5

標準型の同時決定ゲームとして次のような設定（構造）を設ける（表3.1を参照）。まず，意思決定を行うプレイヤー（主体）数は2企業とする。ゲームのルール（何をいつするか）は，それぞれの企業が新製品の品質を高い（H）とするか，低い（L）とするかを同時に決定するものとする[1]。その結果，各企業の利得が表に示されるように与えられる（左下が企業1の利得，右上が企業2の利得）。例えば，企業1が高品質（H_1）を選び，企業2が低品質（L_2）を選んだ場合，企業1の利得は6で企業2の利得は3となる。

●ナッシュ均衡

この同時決定ゲームにおける均衡を考えよう。ここでの均衡とは，企業1と企業2のお互いにとって最適な選択（戦略）の組み合わせを意味する。まず企業1の選択からみていこう。企業2が高品質（H_2）という選択をした場合，企業1にとっての最適な選択は高品質（H_1）を選ぶことである。なぜなら，企業1が低品質（L_1）を選んだ場合の利得は3で，H_1を選ぶ時に得られる利得4を下回っているからである。それでは，企業2がもし低品質（L_2）という選択をした場合はどうか。企業1にとっての最適な選択はやはりH_1となる。H_1を選んだ時の利得は

---

[1] ゲームにおいて同時に決定するということは，完全に同じ時間（一分一秒違わず）に意思決定を両企業が行うということを必ずしも意味しない。ある企業が仮に生産量を増やすという意思決定を社内会議で決定したとしても，すぐさま増産が可能になるわけではない。増産には資金の借り入れや生産設備の増強など，時間的なラグが発生するからである。この場合，他企業は「その企業が増産することを決定した」という情報を得ずに，自社の生産量を決定する。両企業の意思決定には実際上の時間的なズレがあるものの，他企業の行動を観測せず予想して意思決定を行っているという意味で同時決定といえる。他企業の行動を観測後に意思決定を行う場合，それは逐次決定ゲームであり本章の対象外である（第12章を参照）。

3 寡占市場における競争　47

6で，L_1を選んだ時の利得は5となるため，H_1を選ぶ方が利得が大きい。よって，企業1は企業2がH_2あるいはL_2いずれの選択を選ぼうがH_1を選ぶ方が望ましい。説明を簡単にするため，表3.1の利得表は企業1と企業2で対称的にしている。そのため，企業2にとっても企業1がH_1またはL_1いずれの選択を選ぼうがH_2を選ぶ方が望ましい。

　以上から，このゲームにおける均衡は企業1がH_1，企業2がH_2を選ぶ選択の組み合わせといえる。このように，すべてのプレイヤーが他のプレイヤーの戦略を所与として自らが最適な戦略をとっている場合（最適反応）の戦略の組み合わせをナッシュ均衡という。各プレイヤーは自分のとるべき戦略を決定するにあたり，相手がとると思われる戦略を予想（所与と）し，自分のとる戦略が相手に与える影響も考える必要がある。そのため，各プレイヤーはお互いに最適な戦略の組み合わせを探そうとし，ナッシュ均衡ではすべてのプレイヤーが最適反応をとっている状態といえる。ナッシュ均衡が達成される前提条件も述べておこう。第一に，各プレイヤーは自分の利得最大化を目的とした合理的な主体である。第二に，各プレイヤーは戦略の組み合わせから得られる利得表を事前に予想できる（ゲームの設定を把握している）。第三に，各プレイヤーは自分以外のプレイヤーも同様に合理的であり，ゲームの構造を把握していると信じている。このナッシュ均衡を次節以降の寡占市場のモデルに応用していく。

3.3　クールノー・モデル

　寡占市場の競争モデルについて説明していく。まず，代表的なモデルの一つであるクールノー・モデルをみていく。クールノー競争は数量競争ともいわれ，企業の重要な戦略変数（意思決定すべきこと）は生産量（または生産能力）であり，生産量の変化を通じて価格操作をしていく。企業は調整が困難な生産能力を先に決定し，それを所与として価格を決定する。

　このようなクールノー競争は大規模な設備投資が必要となる，固定費用が著しく大きい産業で行われやすい。例えば，石油精製，半導体，鉄鋼，自動車，コンピュータ（ハード）のような産業に適合しやすい。これらの産業ではライバル企業の生産量や市場の需要量を考慮し，自社の生産量を調整していく。例えば，ライバル企業の減産が予想されたら，残りの需要を取り込むために増産するという

行動はクールノー競争によるものといえる。

クールノー・モデルでは，各企業はライバル企業の生産量を所与として，自社の利潤を最大にするような生産量を決定する。お互いにライバル企業の生産量に対して，自社の最適な生産量（最適反応）を選択している場合の組み合わせをクールノー・ナッシュ均衡という。モデルの基本を理解するため，まず，市場に売り手企業が2社だけ存在する場合を想定し，市場均衡がどのようになるかを考えていこう。その後，いくつかの前提条件を緩め，モデルを拡張した場合にどのような変化が生じるかを考えていく。

●クールノー複占競争

2企業による数量競争の市場均衡を数式を用いて導いていく。今，市場では2企業が存在し，同じ品質（同質）の財を同じ費用関数（一定の限界費用）のもとで生産して数量競争が行われているとしよう。2企業による競争を寡占市場の特殊例として複占競争という。この時，市場における生産量Q，需要関数$P(Q)$，各企業の総費用関数$C(Q)$は以下の通りとする。

$$Q = q_1 + q_2 \qquad q_i は企業 i \ (i = 1, 2) \ の生産量$$
$$P(Q) = a - bQ \qquad a と b は正のパラメータ$$
$$C(q_1) = cq_1, \ \ C(q_2) = cq_2 \qquad a > c > 0$$

残余需要関数　もしこの市場が企業1による独占市場であれば，企業1の直面する需要関数は$P(q_1) = a - bq_1$となり，企業2の生産量q_2は存在しない（$q_2 = 0$）。実際には，企業1と企業2はそれぞれq_1とq_2だけ生産しているので，企業1（または企業2）が直面する需要関数は$P(q_1, q_2) = a - bq_1 - bq_2$となる。これはライバル企業の生産量を除いた自社にとっての残余需要関数と呼ばれ，図3.1に示すような曲線として描かれる。

反応関数　企業1の利潤関数$\pi_1(q_1, q_2)$は以下のように定義される。

$$\pi_1(q_1, q_2) = P(q_1, q_2)q_1 - cq_1 = (a - bq_1 - bq_2)q_1 - cq_1$$

q_1で偏微分した，企業1の限界収入は$a - 2bq_1 - bq_2$であり，限界費用はcで一定となる。利潤最大化条件は限界収入と限界費用が等しくなることで，

3　寡占市場における競争　**49**

図3.1 総需要曲線と残余需要曲線

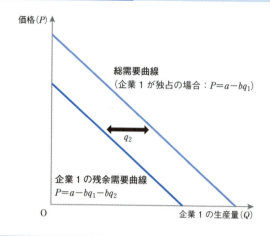

$$a - 2bq_1 - bq_2 = c \Leftrightarrow q_1 = \frac{a - c - bq_2}{2b} = R_1(q_2) \tag{1}$$

となる。この式は数量競争における企業1の反応関数といわれ、$R_1(q_2)$と表記される。(1)式から、企業2が生産量q_2を増やせば、bは正の値であるため、企業1は生産量q_1を減らすことになる。企業2が生産量を増やすと、市場で供給される財が増えるため、価格と生産量のトレードオフ関係から財の価格は下落する。価格の下落により、財の生産への魅力が減少するため、企業1は生産量を減らす。反応関数は企業の利潤最大化条件から導かれており、企業1が企業2の生産量を所与として、自社の利潤を最大化するための生産量（最適反応）を決定するものである。

この反応関数は企業2についても同様に導ける。企業2の限界収入は$a - bq_1 - 2bq_2$であり、その限界費用はcである。企業1と同様に、企業2の反応関数$R_2(q_1)$を以下のように導くことができる。

$$q_2 = \frac{a - c - bq_1}{2b} = R_2(q_1) \tag{2}$$

企業1の反応関数と見比べるとわかるように、同質財かつ同じ費用関数（費用の対称性）を持つ企業同士の競争では、企業1と企業2の反応関数は対称的となる。

図3.2 クールノー・モデルの反応曲線

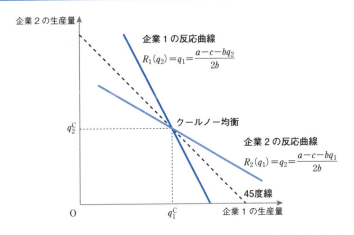

この反応関数はお互いにとってライバル企業の生産量を所与とした時の最適反応であり、これらの反応関数が交わるところで企業1と企業2の最適な生産量が求められる。この関係を図3.2で示している[2]。

企業1と企業2の反応関数から均衡生産量を求めよう。(1)式と(2)式の連立方程式を解くと以下を得る。

$$q_1^C = q_2^C = \frac{a-c}{3b} \tag{3}$$

生産量qの上付き添え字Cはクールノー・モデルにおける均衡生産量であることを示している。市場全体の総生産量と価格は以下である。

$$Q^C = q_1^C + q_2^C = \frac{2(a-c)}{3b}, \quad P^C = a - bQ^C = \frac{a+2c}{3} \tag{4}$$

クールノー・ナッシュ均衡　この均衡はナッシュ均衡だろうか。図3.3で確認しよう。例えば、企業1が企業2の生産量をq_2^Aと予想した場合、企業1は自社の反応曲線にしたがって、最適な生産量q_1^Aを選ぶ。一方で、企業1の生産量がq_1^A

---

[2] 図示されるように反応曲線が右下がりである場合、すなわち、ライバル企業が生産量を増産した場合、自社は減産するような関係を**戦略的代替性**という。

図3.3 クールノー・ナッシュ均衡

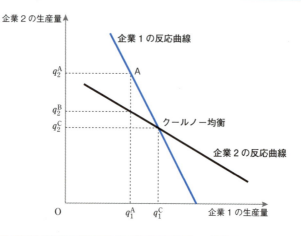

である場合，企業2の最適な生産量は自社の反応曲線に従えばq_2^Bとなる。よって，企業1が予想した企業2の生産量q_2^Aは企業2の最適反応ではないので，この生産量の組み合わせはナッシュ均衡といえない。ナッシュ均衡となるのは企業1がq_1^C，企業2がq_2^Cの生産量を選択している場合である。企業1が企業2の生産量をq_2^Cと予想した場合，企業1は反応曲線に従いq_1^Cを選ぶ。一方で，企業1がq_1^Cを選択する場合，企業2にとっての最適な生産量はq_2^Cである。反応曲線が交差する点では，お互いが相手の生産量を予想したうえで最適な生産量の組み合わせになっている。これをクールノー・ナッシュ均衡という。

●クールノー・モデルの拡張とその帰結

　クールノー・モデルの複占競争における均衡を説明した際，3つの前提条件を置いている。第一に，市場には2企業しか存在しないこと。第二に，各企業の費用関数（限界費用）は同一かつ一定であること。第三に，生産する財は同質財であることである。本節ではこれらの前提条件を一つずつ緩めることで，その経済的帰結を述べていく。前提条件を一つずつ緩めることで，市場均衡にどのような変化が生じるかを理解しやすい。これは，事象の因果関係を捉えるうえで有用なアプローチである。ただし，本文では数式による説明は煩雑になるため省く。興味のある方は補論を参照されたい。

　複占から寡占　　まず，企業数について考えよう。市場では2企業だけではな

図3.4 クールノー寡占市場と均衡

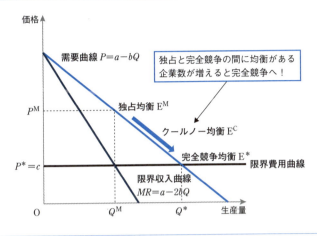

　くN企業存在するとしよう。Nは無限までの数値をとりうる。概して，同質財の同じ費用関数を持つ企業が増えるほど市場競争は激化する。反応関数でみたように，ライバル企業の増産によって，自社の生産量は減産せざるを得ない。また，同質財かつ同一の費用関数のクールノー・モデルでは各企業の均衡生産量は等しくなる（**対称均衡**）。よって，需要が一定であれば，クールノー・ナッシュ均衡における各企業の生産量は複占時より減少する。

　市場全体の総生産量と価格はどうなるだろうか。実はNが1の場合に寡占市場は独占市場と等しく，Nが無限の場合に完全競争市場と等しい。企業数が増加するほど，均衡における総生産量は増加し，一方で，市場価格は下落していく。この寡占市場における市場均衡のイメージを図3.4で示している。寡占市場であるクールノー・モデルの均衡点E^Cは，独占均衡E^Mと完全競争均衡E^*の間のどこかにあると予想され，企業数の増加にしたがって，完全競争市場へと近づく。静学的にみれば独占市場の総余剰は最も小さく，完全競争市場の総余剰は最も大きいので，寡占市場の市場均衡のもとでは企業数の増加によって総余剰が改善されていく。

　費用の非対称性　　次に，各企業の総費用関数（限界費用）が異なると想定してみよう。市場では2企業が存在し同質財を生産している。そして，企業1の方が企業2よりも効率的な生産技術を持っているため，企業1の限界費用の方が低いとする。このような場合の市場均衡はどうなるだろうか。企業は限界収入が限

界費用を上回っている限り生産量を増加させる。よって，企業1の方が限界費用が低いのであれば，企業1の方が企業2と比べて生産量を増加させる余地が高い（同質財なので価格は両企業で共通）。その結果，均衡では企業1の方が企業2より生産量が多くなる[3]。さらに，均衡における総生産量については，図3.2の企業2の反応関数をみると，企業1が1単位増産した場合に企業2の生産量は1/2単位減産する。よって，市場全体の総生産量は増加し，市場価格は下落するため，総余剰は改善されていく。

製品差別化　　財が同質の場合，各企業はライバル企業よりも高い価格を付けると需要をすべて奪われてしまうため，企業の市場支配力は弱くなる。しかし，差別化された財の場合，ライバル企業よりも高い価格を設定しても，自社の財を好んで購入してくれる消費者が存在するため，企業の市場支配力は強くなる。極端にいえば，ライバル企業との製品差別化が完全になされている場合，企業は独占企業のように高い価格を付けることができる。

一方で，ライバル企業との製品差別化の程度が非常に小さい場合，複占市場における市場均衡は(4)式とほぼ変わらない生産量と価格になるだろう。よって，製品差別化がある場合の市場均衡は，どの程度の差別化がなされているかに依存して決まるといえる。結論としては，製品差別化の程度が大きいほど，企業1と企業2の均衡における生産量は同質財の時と比べて多くなる。しかも，均衡における価格水準も高くなる。企業は製品差別化によって，厳しい数量競争を回避することができるのである。

3.4　ベルトラン・モデル

クールノー・モデルでは生産量が企業の主たる戦略変数であった。しかし，企業にとっては価格も重要な戦略変数の一つであり，価格競争に焦点をあてた競争モデルをベルトラン・モデルという。ベルトラン競争は生産量の調整が比較的に容易である産業に当てはまりやすい。例えば，オンラインゲーム，ソフトウェア，牛丼やハンバーガーのようなファストフード，保険などの金融商品のような産業

---

[3]　図3.2の反応曲線では企業1の限界費用cが減少すると，企業1の反応曲線は右にシフトする。企業2の反応曲線と交わる点では企業1の生産量が増加する。

に適合しやすい。これらの産業ではライバル企業の価格や市場の需要量を考慮し，それらに対応して自社の価格を調整していく。例えば，ライバルが値下げしたら，自社も需要を奪われないために値下げするという行動はベルトラン競争によるものといえる。価格を変化させることで需要量も大きく変化する可能性があるが，生産量は比較的容易に調整することができる（例えば，ソフトウェアなどはコピーすれば済む）。

　ベルトラン・モデルでは，各企業はライバル企業の価格を所与として，自社の利潤を最大にするような価格を決定する。このように，お互いにライバル企業の価格に対して，自社の最適な価格を選択している場合の組み合わせはベルトラン・ナッシュ均衡といわれる。ベルトラン・モデルの基本を理解するため，3.3節と同様，市場に売り手企業が2社だけ存在する場合を想定して，市場均衡がどのようになるかを考えていこう。その後，いくつかの前提条件を緩和した場合にどのような変化が生じるかについてもまとめていく。

●ベルトラン複占競争

　クールノー複占競争と同様の条件を置いて，ベルトラン複占競争の帰結を考える。市場では2企業が存在し，同質財を同じ費用関数（一定の限界費用）のもとで生産し，価格競争が行われているとする。この状況では，2企業しか存在しないとしても，均衡では完全競争市場の帰結（価格と限界費用が等しいこと）と同じになる。その帰結は図3.5で簡単に説明できる。

　図3.5では横軸に各企業の生産量q，縦軸に市場価格Pをとっている。通常の右下がりの需要関数を想定し，企業1と企業2の限界費用は等しく一定でそれぞれMC_1とMC_2とする。この時，企業1が価格P_1を付け，生産量q_1だけ生産したとしよう。企業2は企業1の価格を所与として，自社の利潤を最大化するような価格を付ける。同質財であるため，企業1の価格P_1よりも少し低い価格（例えばP_2）を付ければ市場全体の需要を奪うことができる。この時，企業2の生産量はq_2となる。しかし，これは企業1も事前に予想できる。企業1は企業2の価格P_2よりも少し低い価格（例えばP_1'）を付ければ，市場全体の需要q_1'を得る。同様に，これは企業2も事前に予想できる。このようにお互いの価格を予想した結果，最終的には企業1と企業2の価格は限界費用に等しい水準P^{B}へといきつくだろう。なぜなら，限界費用よりも高い価格を付けると，ライバル企業にその価格よりも少し低いが限界費用以上の価格を設定され，市場全体の需要を奪われてしまうから

3　寡占市場における競争　　**55**

図3.5 ベルトラン・ナッシュ均衡

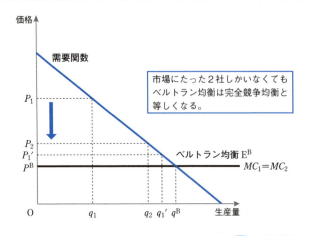

である。

ベルトラン複占競争では，各企業は価格を操作する能力があるにもかかわらず，価格は限界費用と等しくなる。クールノー・モデルでは企業数の増加によって，その市場均衡は完全競争市場の均衡へと近づいていくことを述べた。しかし，ベルトラン・モデルではたった2企業存在するだけで完全競争市場の均衡と等しくなるので，数量競争よりも価格競争はより厳しい競争であることを示している。

●ベルトラン・モデルの拡張とその帰結

ベルトラン複占競争は（各企業が価格操作の力を持つ）不完全競争市場だが，完全競争市場と同様に価格と限界費用が等しくなる。不完全競争を想定しているのに，完全競争と同じ帰結を得てしまうことを<u>ベルトランの逆説</u>（パラドックス）という。しかし，現実の競争では価格は限界費用まで下がらず，企業は（厳しい競争だとしても）少なからず利潤を得ている。この現実とのギャップを考えるため，クールノー・モデルと同様に前提条件を緩めていこう。ここでは以下の3つに分けてみていく。第一に，企業数と費用の非対称性である。第二に，製品差別化である。第三に，その他の暗黙的な前提条件である。

<u>複占から寡占／費用の非対称性</u>　複占競争では企業数2社を想定して市場均衡を考察した。しかし，ベルトラン・モデルの帰結は複占市場に限らず，企業数が3社以上存在する寡占市場においても，同質財を一定の限界費用のもとで生産

している限り同じ帰結を得る。これは直感的にも明らかであろう。各企業はライバル企業よりも少しでも高い価格を付けると需要を奪われてしまうため，各企業の価格は限界費用へと近づく。よって，ベルトラン・モデルでは企業数自体に市場均衡を変化させる影響はない。

次に，企業間の費用の非対称性の帰結も直感的に分かりやすい。これまで各企業が同じ費用関数（一定の限界費用）を持つことを想定してきたが，企業1が企業2よりも効率的で限界費用が低いとしよう。この時，企業1は企業2の限界費用よりも少し低い（が企業1の限界費用以上の）価格を付けることで，市場全体の需要を奪うことができる。その結果，非効率な企業2は市場から撤退する。やはり，価格競争は数量競争よりも企業にとって厳しい結果をもたらす。

製品差別化　　クールノー・モデルでは製品差別化によって，厳しい数量競争を回避できることを述べたが，その議論はベルトラン・モデルでも応用できる。ベルトラン・モデルでは同質財の場合，価格は限界費用に等しく利潤はゼロで，これはどの企業にとっても共通であった。しかし，差別化された財の場合，限界費用より（またライバル企業より）高い価格を設定しても，自社の財を好んで購入してくれる消費者が存在する。その製品差別化の程度が非常に大きい場合，企業はあたかも独占企業のように振る舞うことができる。一方で，製品差別化の程度が小さいほど，これまでの帰結と同様で，価格は限界費用へと近づく。クールノー・モデルと同様，製品差別化の程度に依存してベルトラン・モデルの市場均衡も異なる（補論参照）。概して，製品差別化は企業が厳しい価格競争を回避するための有効な戦略といえる。

共謀／情報の不完全性／生産能力の制約　　最後に，その他の暗黙的な前提条件についても述べておこう。まず，通常のベルトラン・モデルでは企業は価格競争に取り組むとしているが，3.1節で述べたように企業はお互いの利潤になるような，競争を制限する価格調整を行うかもしれない。このような共謀が存在する場合，価格は限界費用を上回る。

次に，情報の不完全性である。これまでの議論では消費者は完全情報を持っていると想定したため，財の価格やその質についてもすべて把握していた。よって，消費者は少しでも安い価格で販売している企業から財を購入することができた。しかし，現実には消費者の持つ情報は不完全で，財の価格や質を調査するのにも探索費用（金銭だけではなく，調査に要する労力や時間も含む）がかかる。消費者はその探索費用を支払うより，多少，限界費用よりも高い価格であってもすぐ

3　寡占市場における競争　　**57**

手に入る財を購入する方が望ましい場合もあるので，企業は限界費用を上回る価格を付けることができる[4]。

　最後に，企業の生産能力に制約がある場合について述べておく。これまで企業は需要の変化に柔軟に対応が可能としてきた。しかし，現実には企業の設備投資などのキャパシティーには制約があると予想される。生産能力に制約を置いたベルトラン・モデルは第1段階で生産量を決定し，第2段階でその生産量を所与としてライバル企業の価格を考慮し，自社の最適な価格を決定する。実はこの帰結はクールノー・モデルの市場均衡と一致することが知られている[5]。すなわち，生産能力に制約がある場合でも，均衡価格は限界費用を上回るのである。

コラム1　競争モデルと実証分析への応用

　本章で紹介したような競争モデルは実際の経済社会においてどのように活用されるだろうか。例えば，公正取引委員会はその意思決定において経済分析を積極的に取り入れており，現在までの経済分析の活用状況はHPで公開されている（https://www.jftc.go.jp/231031_keizaibunseki_torikumi.html）。差別化財を考慮したクールノー・モデルやベルトラン・モデルは，合併や規制などの影響をシミュレーションによって検証する際にも用いられる。小田切（2019）[6]でも紹介されているように，その主な手順は以下である。

①財の需要関数モデルから，需要の価格弾力性と競合する財との交差価格弾力性を推定する。

②クールノーまたはベルトラン・モデルから導かれる利潤最大化問題を解き，均衡解を導出することで，均衡価格を限界費用の関数として計算する。

③企業は実際に利潤最大化していると想定し，計算上の均衡価格と現実の価格が一致するように限界費用を計算する。

④推定された需要関数と限界費用から，仮想的状況のもとでの均衡価格を予測する。

　①については，さまざまな需要関数モデルが開発されており，例えばAIDS（Almost Ideal Demand System），PCAIDS（Proportionality-Calibrated AIDS），反トラスト

---

[4]　共謀，あるいは完全情報の仮定はクールノー・モデルにも当てはまる。例えば，ライバル企業と共謀して生産量の調整を行い，価格を引き上げることも可能である。

[5]　これを示したものを，クレップス・シャインクマン・モデルという。このモデルに従えば，現実には多くの産業で生産能力の制約があると予想され，長期的にみれば，生産能力の調整が行われ，ベルトラン均衡よりもクールノー均衡が世の中で幅広く成立していることを示唆しているだろう。

[6]　小田切宏之（2019）『産業組織論——理論・戦略・政策を学ぶ』有斐閣。

ロジットモデル（Antitrust Logit Model）などがある。しかし，使用する需要関数によって異なる結果がもたらされうることが分かっており，いかに精緻なモデルを設計するかが課題である。②については，クールノーまたはベルトラン・モデルにおけるラーナーの公式を導出することで，均衡価格，限界費用や需要の価格弾力性の理論的な関係式を得られる[7]。①と同様，③を行うには，価格と数量の詳細な時系列データが必要になる。近年は小売業における販売データの電子化，いわゆるスキャナーデータ（POSデータ）の発展と，それをデータベース化する事業により，経済分析に耐えうるデータが整備されてきた。④については，例えば，企業が合併する前の均衡条件と合併した後の均衡条件を比較し，合併の効果が価格水準に与える影響をシミュレーションすることによって検証できる。その際，合併前の企業1と企業2は自社の利潤を最大化するように，独自に自社製品の価格を設定していたが，合併企業はそれらの両製品の価格を同時に設定して利潤最大化することが可能になることに注意が必要である。

　以上のように，詳細なデータの利用と競争モデルを応用することによって，需要の価格弾力性を実際に推計し，市場支配力を直接的に測定したり，市場画定を実施し，これらを合併分析に応用することで，合併前後の価格上昇を予測するようなシミュレーション分析が可能になってきている。欧米では，このような手法が実際の政策現場に用いられつつある。公正取引委員会の競争政策研究センターでは競争モデルの経済分析への応用について報告書としてもまとめているので，興味のある方は参考にされたい[8]。

補論　寡占モデルの均衡と製品差別化の影響

1）　クールノー寡占均衡

　本文の3.3節で説明したクールノー複占競争では2企業を想定したが，3企業以上，すなわちクールノー寡占競争における市場均衡を求める。生産量 Q，需要関数 $P(Q)$，各企業の総費用関数 $C(Q)$ は本文と同様，以下の通りである。

---

[7]　第2章でも独占企業のラーナーの公式を得ている。例えばその式に基づいて，需要関数から需要の価格弾力性を得て，その逆数からラーナー指数を求め，限界費用を計算できる（企業は実際に利潤最大化していると想定）。なお，第5章で寡占市場におけるラーナーの公式も得ている。

[8]　例えば，「競争政策で使う経済分析ハンドブック──CPRCハンドブックシリーズ」はさまざまな手法を取り上げており参考にしやすい。

3　寡占市場における競争　**59**

$$Q = q_1 + q_2 + \cdots + q_N \qquad q_1 は企業 i \ (i = 1, 2, \cdots, N) \ の生産量$$
$$P(Q) = a - bQ \qquad\qquad a と b は正のパラメータ$$
$$C(q_i) = cq_i \qquad\qquad\quad a > c > 0$$

この時，企業1の利潤関数 π_1 は，

$$\pi_1(q_1, \cdots, q_N) = (a - bq_1 - \cdots - bq_N)q_1 - cq_1$$

利潤最大化条件から，$a - b(q_1 + \cdots + q_N) - bq_1 = c$ となる。他の企業も利潤最大化条件から同様に求めることはできるが，今，各企業の限界費用は等しいため，市場均衡では対称均衡が成立する。よって，各企業の均衡生産量を q^C ($q_1^C = q_2^C = \cdots = q_N^C = q^C$) とすると，均衡では以下が成立する。

$$a - bNq^C - bq^C = c \ \Leftrightarrow \ q^C = \frac{a - c}{b(N+1)}$$

以上から，均衡生産量と均衡価格は以下となる。

$$Q^C = \frac{N(a - c)}{b(N+1)}, \ \ P^C = \frac{a + Nc}{N+1}$$

複占の場合は $N = 2$ であり，上式に代入すれば本文(4)式に等しくなることがわかる。独占の場合は $N = 1$ であり，独占均衡は下記となる。

$$Q^M = \frac{a - c}{2b}, \ \ P^M = \frac{a + c}{2}$$

さらに，完全競争では $N = \infty$ であり，完全競争均衡は下記となる（先の均衡生産量と均衡価格の分子と分母をそれぞれ $1/N$ で除すれば分かりやすい）。

$$Q^* = \frac{a - c}{b}, \ \ P^* = c$$

このように，クールノー寡占均衡は独占均衡と完全競争均衡の間にあり，企業数に応じて，それらの均衡へと近づいていく（図3.4参照）。

2) 製品差別化のもとでのクールノー・モデル

ここでは製品差別化が存在するもとでのクールノー複占競争を考える。その他の条件は本文3.3節と同様であり，製品差別化がない場合の残余需要関数は $P(q_1, q_2) = a$

$-bq_1 - bq_2$ と表せる。今，製品差別化の程度を $1-\theta$ $(0 \le \theta \le 1)$ とする。$\theta = 0$ の場合は製品差別化の程度は 1 であり完全差別化という。一方で，$\theta = 1$ の場合は製品差別化の程度は 0 であり完全同質（同質財）という。

この時，企業 1 が直面する残余需要関数は $p_1(q_1, q_2) = a - bq_1 - b\theta q_2$ で表せる。この関数は同質財の場合と異なり，各企業は価格を操作する能力を持つため，価格 p_1 のように下付き添え字が付く。次に，パラメータ θ が企業 2 の生産量 q_2 と掛け合わされている。$\theta = 1$（完全同質）の場合，製品差別化がない残余需要関数と等しくなる。$\theta = 0$（完全差別化）の場合，企業 1 の価格 p_1 は企業 1 の生産量 q_1 にのみ影響を受けて決定されるため，これは独占企業と同じように行動し，独占均衡に等しくなる。

この残余需要関数のもとで，企業 1 の利潤関数 π_1 は

$$\pi_1 = (a - bq_1 - b\theta q_2)q_1 - cq_1$$

利潤最大化条件（限界収入＝限界費用）から企業 1 の反応関数を求めると，

$$a - 2bq_1 - b\theta q_2 = c \Leftrightarrow q_1 = \frac{a - c - b\theta q_2}{2b} = R_1(q_2)$$

企業 2 も同様にして計算できるので，企業 2 の反応関数は以下となる。

$$q_2 = \frac{a - c - b\theta q_1}{2b} = R_2(q_1)$$

反応関数の交わる点がお互いの最適反応であり，利潤を最大化する生産量となる。よって，q_1 と q_2 について連立方程式を解くと，

$$q_1^C = q_2^C = \frac{a - c}{b(2 + \theta)}$$

これは各企業の均衡生産量である（$\theta = 1$ の時に（3）式に等しい）。これを残余需要関数に代入し，各企業の均衡価格は以下となる（$\theta = 1$ の時に（4）式に等しい）。

$$p_1^C = p_2^C = c + \frac{a - c}{2 + \theta}$$

以上より，θ が小さい（製品差別化の程度が大きい）ほど，企業 1 と企業 2 の均衡生産量と均衡価格は大きくなる。また，これらは同質財の均衡生産量と均衡価格よりも大きい。図3.6では製品差別化がある場合の反応曲線の変化を示している。

図3.6 製品差別化のあるクールノー・モデルの反応曲線

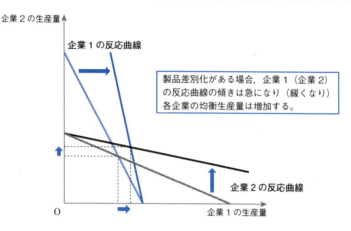

3) 製品差別化のもとでのベルトラン・モデル

先の製品差別化がある場合のクールノー・モデルにおいて，企業1と企業2の残余需要関数は以下である．

$$p_1(q_1, q_2) = a - bq_1 - b\theta q_2$$
$$p_2(q_1, q_2) = a - bq_2 - b\theta q_1$$

これを q_1 と q_2 について解くと，

$$q_1(p_1, p_2) = \bar{a} - \bar{b}p_1 + \bar{b}\theta p_2$$
$$q_2(p_1, p_2) = \bar{a} - \bar{b}p_2 + \bar{b}\theta p_1 \qquad ただし，\bar{a} = \frac{a}{b(1+\theta)}, \quad \bar{b} = \frac{1}{b(1-\theta^2)}$$

この残余需要関数において，ライバル企業の価格 p_2 が上昇すれば，企業1の生産量 q_1 は増加する．$\theta = 1$（完全同質）の場合にその影響は大きくなる．$\theta = 0$（完全差別化）の場合，各企業の生産量はその企業の価格だけに依存して決まるため，やはり独占企業のように行動できる．

この時，企業1の利潤関数 π_1 は

$$\pi_1 = p_1 \times q_1(p_1, p_2) - cq_1(p_1, p_2) = p_1(\bar{a} - \bar{b}p_1 + \bar{b}\theta p_2) - c(\bar{a} - \bar{b}p_1 + \bar{b}\theta p_2)$$

この利潤関数を最大化する価格 p_1 を求めると，企業1の反応関数を得る．

図3.7 製品差別化のあるベルトラン・モデルの反応曲線

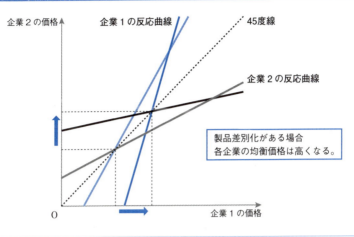

$$\frac{\partial \pi_1}{\partial p_1} = \bar{a} - 2\bar{b}p_1 + \bar{b}\theta p_2 + \bar{b}c = 0 \Leftrightarrow p_1 = \frac{\bar{a} + \bar{b}c + \bar{b}\theta p_2}{2\bar{b}} = R_1(p_2)$$

企業2も同様にして、以下の反応関数を得る。

$$p_2 = \frac{\bar{a} + \bar{b}c + \bar{b}\theta p_1}{2\bar{b}} = R_2(p_1)$$

これらの反応関数から連立方程式を解くと、

$$p_1^B = p_2^B = \frac{\bar{a} + \bar{b}c}{\bar{b}(2-\theta)}$$

ここで $\bar{a} = \frac{a}{b(1+\theta)}$, $\bar{b} = \frac{1}{b(1-\theta^2)}$ をそれぞれ代入すると、以下の均衡価格を得る。

$$p_1^B = p_2^B = \frac{c + a(1-\theta)}{2-\theta}$$

以上より、各企業の均衡価格は θ の減少関数（θ が増加すれば、p_1^B と p_2^B は減少）であるため、θ が小さい（製品差別化の程度が大きい）ほど均衡価格は高くなる。図3.7では製品差別化がある場合の反応曲線の変化を示している。図のように、右上がりの反応曲線の場合、両者の行動には戦略的補完性があるという（ライバル企業が価格を上げれば、自社も価格を上げる）。

3 寡占市場における競争

◆ 練習問題

問3.1　以下のゲームにおけるナッシュ均衡を求めよ。

①

企業2（プレイヤー2）

		C		D	
企業1 （プレイヤー1）	A		0		1
		2	2		1
	B		0		1
		−10	3		1

②

企業2（プレイヤー2）

		L		C		R	
企業1 （プレイヤー1）	T		1		2		1
		2	2		0		
	M		1		1		1
		1	1		1		
	B		1		0		2
		0	0		2		

問3.2　技術革新によって生産能力の制約が軽減され、価格競争がより激しくなった例について考えてみよう。

問3.3　以下の需要関数と費用関数が与えられた時に、①〜④までの問いに答えなさい。ただし、P は価格、Q は総生産量、q_i は i 社の生産量とする。

　　需要関数　　　　$P(Q) = 70 - Q$
　　企業 i の費用関数　$C_i = 10q_i$

① 企業が無限に存在する完全競争市場における市場均衡を求めなさい。
② 企業が1社の独占市場における市場均衡を求めなさい。
③ 企業が2社のクールノー複占市場における市場均衡を求めなさい。
④ 企業数が N 社のクールノー寡占市場における市場均衡を求めなさい。

問3.4　製品差別化がある場合のベルトラン複占競争について考えてみよう。コキャコーラとペプスは似ている飲料ではあるが、厳密には差別化されている。今、それぞれの販売量や価格のデータ等を用いて、下記のような需要関数が得られた。
　　コキャコーラの需要関数　　$q_K = 100 - p_K + \frac{8}{5}p_L$
　　ペプスの需要関数　　　　　$q_L = 85 - \frac{3}{2}p_L + \frac{10}{7}p_K$
添え字Kはコキャコーラ、Lはペプスとする。
また、それぞれの費用関数は以下の通りである。

コキャコーラの費用関数　　$C_K = 20q_K$

ペプスの費用関数　　　　$C_L = 10q_L$

上記の製品差別化されたベルトラン複占競争におけるコキャコーラとペプスの均衡価格を求めなさい。

第4章
新規参入

- ■4.1　参入と市場への影響
- ■4.2　参入の定義と動機
- ■4.3　参入の経済効果
- コラム1　日本における起業の状況とその意義

　本章は新規参入の経済効果を学ぶ。参入は市場における企業数を増加させ，競争の促進によって総余剰を増加させる。さらに，参入企業は高い効率性をもって生産費用を削減し，あるいは差別化による財の多様性をもたらす。潜在的な参入の脅威も既存企業の効率性を高めるうえで重要な役割を果たす。参入によってもたらされる市場構造とその均衡の変化について考えていく。

【Key Point】
- ●参入とは，ある市場に財を供給をしていなかった企業が新規に供給を行うことを意味する。参入の期待利潤が参入費用を上回る場合に参入が生じる。
- ●参入は市場競争を通じた供給拡大効果，新製品や新製法のようなイノベーションの促進（生産費用効果と製品差別化），潜在的参入の脅威によって総余剰に影響する。
- ●退出は参入の負の経済効果ともいえるが，過剰参入の問題を緩和することで総余剰を高める可能性がある。
- ●コンテスタブル市場の含意から，参入障壁の撤廃と緩和や，企業の参入阻止行動を制限するような政策制度によって，参入と退出が市場競争の原理に従って行われ，経済社会の新陳代謝が促される。

4.1 参入と市場への影響

本章では新規参入（以下では参入）がもたらす市場構造の変化とその経済効果を説明する。第2章と第3章では参入が市場均衡に与える影響を明示的に取り上げてこなかった。しかし，企業は利潤が見込めるならば，参入する動機があり，多くの市場では（潜在的）参入の脅威があるといえる。実際に参入が発生することで売り手の数は増加し，市場構造の変化とともに，市場均衡も変化するだろう。第2章で述べたように，（市場が定義されたもとで）売り手の数や参入障壁の程度はその市場の構造と均衡を決定づける要因となる。よって，市場構造を議論するうえで，参入の影響を考えることは重要である。

参入は主に3つの理由によって市場均衡における総余剰を変化させうる。

第一に，参入は市場に存在する企業数と直接的に連動し，概して，企業数（総生産量）の増加を通じて総余剰を増加させる[1]。

第二に，参入は生産量や価格の競争を促進する以外に，新製品や新サービスあるいは効率的な生産工程をもたらすイノベーション[2]を創出することで総余剰を増加させる。

第三に，実際に参入が起こらなくても，潜在的参入の脅威によって，既存企業がより効率的な経営に取り組むことで総余剰を増加させる。

昨今では，政府は2022年をスタートアップ創出元年[3]と位置づけ，経済活性化に向けて新たな事業の担い手を育てることを目的としている。そのための政策制度の推進を図る背景には，参入による総余剰の増加が見込めることにある。本章では3つの経路を通じた参入の経済効果について考えていこう。

---

[1] 第3章3.3節でみたように，寡占市場の企業数は均衡生産量と均衡価格に影響する。企業数の増加によって，市場は完全競争市場の均衡へと近づく。

[2] イノベーションは私たちの身の周りに溢れていて，私たちの仕事や生活を支え，利便性を高め，経済活力を高め，社会を豊かにするものである。イノベーションの定義や詳細な内容については第7章を参照。

[3] スタートアップとは創業間もない企業をさす。しかし，創業してからどの程度の期間までを対象としてスタートアップとみなすかは明確ではない。政府のスタートアップ育成5か年計画（2022）においてスタートアップは「若い企業」と記されている。

4.2 参入の定義と動機

参入の定義 参入の影響を考える前に，本章における参入とはどのようなものを意味するのかを明確にしておく。参入とは，ある市場において，これまで供給（生産）をしていなかった企業が，新規に供給（生産）を行うことと定義する。そのため，新規に設立された企業（いわゆる創業や起業）だけではなく，既存事業とは異なる新しい事業を開始するような既存の企業[4]も参入として考える。また，潜在的参入とは，利潤が見込めるような市場への参入を考えている（が今のところ参入をしていない）企業が存在する状況をさす。

参入の動機 参入が生じるのは，参入によって得られる期待利潤が参入に要する費用を上回るからである。このような参入による期待利潤と費用に影響するのが，第2章で学んだ参入障壁の程度である。参入障壁が大きいほど，既存企業は参入企業と比べて費用面で優位な状況にあり，参入による期待利潤は低く，それに要する費用は高くなる。

このような参入障壁が存在しながらも，企業が参入するには相応の理由が必要であるが，それは大きく2つに分類される。

まず，参入企業の高い効率性（費用優位性）である。この効率性とは参入企業が既存企業と比べて，より低費用で生産が可能だけでなく，より高品質な差別化財を生産できる場合も含む。参入障壁が大きい場合，既存企業の費用優位性を覆すような参入企業の高い効率性が必要である。

次に，既存企業が強い市場支配力を発揮していることである。既存企業が市場支配力を持つ場合，市場価格は限界費用を上回る（ラーナー指数が大きい）ことを意味するので，（既存企業よりも）非効率的な企業であっても参入の余地が残されている。例えば，既存企業による財の価格が100円で，限界費用が50円である場合，参入企業の限界費用が100円以下であれば，価格を100円と設定することで利潤が見込める[5]。

---

[4] これまでの既存事業に加えて，新規事業を開始するようなことを多角化という。また，海外への直接投資や輸出（国際化）も参入の一形態と考えられる。これらは企業成長として第11章にまとめて議論している。

[5] 本章では既存企業の参入阻止行動は扱わない。参入阻止価格戦略は第12章を参照。

68

4.3 参入の経済効果

ここでは参入による経済効果を総余剰の変化から考えていく。まず，企業数の増加によってもたらされる供給拡大効果をみていく。次に，既存企業より費用面からみて効率的あるいは非効率的な生産を行う企業が参入することでもたらされる生産費用効果を考え，そして，参入によってもたらされる財の多様性に言及する。最後に，潜在的参入の脅威についても述べる。

●競争による供給量拡大の効果

参入は市場に存在する企業数を増加させ，競争をより激化させる。企業数増加の結果，総供給量は拡大し価格は下落する。すなわち，市場構造は独占から寡占，寡占から完全競争へと近づく。このように参入は供給の効率性を高める過程において重要な役割を果たす。以下では図を用いて，この供給の効率性を高めることの総余剰への効果をみていこう。

市場均衡の変化　今，寡占市場において同質財の生産が行われており，既存企業の限界費用はcで一定とする。参入企業が参入する前の均衡点をE_Nとし，この時の企業数をN，市場価格をP_N，総生産量をQ_Nとする。参入後には市場均衡が変化し，その時の均衡点をE_{N+1}とし，この時の企業数を$N+1$，市場価格をP_{N+1}，総生産量をQ_{N+1}とする。各企業の限界費用が等しい場合，第3章でみたように，各企業の個別の均衡生産量は等しくなる（対称均衡）。

この状況における市場均衡を図4.1で示した。当初の市場均衡点はE_Nであり，この時の市場価格はP_N，総生産量はQ_N（すべての既存企業の限界費用は等しいので，個別企業の生産量q_NをN倍した値に等しい）となる。新規企業が参入したことによって，市場均衡点はE_{N+1}へと変化し，この時の市場価格はP_{N+1}へと下落し，総生産量はQ_{N+1}（すべての企業の限界費用が等しいと仮定し，個別企業の生産量q_{N+1}を$N+1$倍した値に等しい）へと拡大している。ここでの重要な仮定として，参入企業の生産における効率性は既存企業と等しく，その限界費用はcとしている。

総余剰の変化　消費者余剰は価格がP_NからP_{N+1}へと下落することで，図4.1で示される（A＋B）の面積だけ増加する。生産者余剰の変化はどうだろうか。まず，既存企業では，当初P_Nの価格でNq_Nの生産量だけ販売していたのに，参入によってP_{N+1}へと価格が下落したため，同じ生産量Nq_Nのもとで得られていた

4　新規参入　**69**

図4.1 参入の経済効果（参入企業と既存企業は同程度に効率的）

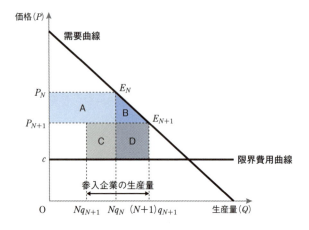

利潤と比べるとAの面積だけ価格低下によって利潤が減少した。さらに、参入企業に顧客が奪われてしまった既存企業の利潤減もある。それは面積Cである。参入企業の生産量は $(N+1)q_{N+1}$ から Nq_{N+1} を差し引いた部分に該当する。よって、当初の生産量 Nq_N から Nq_{N+1} を差し引いた部分は既存企業にとっては、参入企業に奪われた生産量に相当する。参入後の価格は P_{N+1} であり、Cの面積は参入企業に顧客を奪われることで発生した既存企業の利潤減となる。これを顧客奪取効果による利潤減という。次に、参入企業については（C＋D）の面積だけ利潤を獲得している。参入企業の生産量は先に述べたように $(N+1)q_{N+1}$ から Nq_{N+1} を差し引いた部分であり、この時の価格は P_{N+1} であるため、価格から限界費用を引いて生産量と掛けることで得られる面積である。

供給拡大効果　以上の消費者余剰と生産者余剰の変化をまとめると、消費者余剰の増加分（A＋B）、既存企業の生産者余剰の減少分（A＋C）、そして参入企業の生産者余剰の増加分（C＋D）の合計である（B＋D）が参入による総余剰の増加分となる。これは参入企業と既存企業の限界費用が等しい状況で得られる競争促進による経済効果である。このように参入によって企業数が増加し、競争の結果、総供給量が拡大することの経済効果を供給拡大効果という。

● 効率的な生産による効果

参入が生じる理由の一つとして参入企業の費用優位性を挙げた。図4.1では参

図4.2 参入の経済効果（参入企業は既存企業よりも効率的）

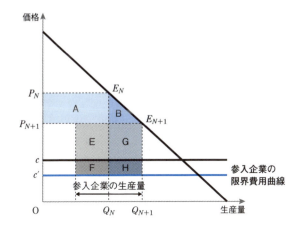

入企業と既存企業の限界費用が等しい状況を想定したが，もし参入企業の方が既存企業よりも低い限界費用で効率的に生産が行える場合に総余剰はどのように変化するだろうか。図4.2は参入企業の限界費用がc'で，既存企業の限界費用cよりも低い（効率的）としている。

総余剰の変化　図4.2のもとで総余剰の変化をみよう。消費者余剰は先と同様に，価格がP_NからP_{N+1}へと下落することで（A＋B）の面積だけ増加している。

次に，既存企業の生産者余剰は参入によってP_{N+1}へと価格が下落したため，参入前の生産量Q_Nのもとで得られていた利潤と比べると，Aの面積だけ価格低下によって利潤が減少する。さらに，参入企業の顧客奪取効果による利潤減もやはり存在する。それは面積Eに相当する。

今，参入企業と既存企業の限界費用は異なるため，市場均衡において各企業の個別生産量は等しくない。第3章でみたように，企業間で費用の非対称性がある場合，限界費用が低い，より効率的な企業ほど生産量が多くなる。そのため，参入企業の生産量に相当する部分は図4.2で示される（参入企業の方が効率的であるため，生産量でみればQ_{N+1}からQ_Nを差し引いた部分より大きい）。この結果，参入前の生産量Q_Nから顧客を奪われることで，価格P_{N+1}のもとで計算される面積Eに相当する部分が既存企業の利潤から失われる。最後に，参入企業は（E＋F＋G＋H）の面積だけ利潤を獲得する。これは価格P_{N+1}から参入企業の限界費用c'を引いて，参入企業の生産量と掛けることで得られる面積である。

[4]　新規参入

生産費用効果　　消費者余剰と生産者余剰の変化をまとめると，消費者余剰の増加分（A＋B），既存企業の生産者余剰の減少分（A＋E），そして参入企業の生産者余剰の増加分（E＋F＋G＋H）の合計である（B＋F＋G＋H）が参入による総余剰の増加分となる。この時，（B＋G＋H）は生産量がQ_NからQ_{N+1}へと増加することによる総余剰の増分であるため，供給拡大効果といえる。一方で，Fは既存企業の顧客の一部が（より効率的な生産を行える）参入企業へと奪われることで生じる総余剰の増分であり，これを（正の）生産費用効果という。これは同じ顧客に対して参入企業が供給した場合に，既存企業と比べて費用が節約できる経済効果を示している。まさに生産工程におけるイノベーションを達成した参入企業が，社会にとって重要な役割を果たすことを意味している。

●非効率的な生産による効果

図4.2では参入企業が既存企業よりも生産費用が低い場合を考えた。同様に，参人企業が既存企業よりも生産費用が高い，すなわち非効率的な参入企業の場合も考えることができる。4.2節で述べたように，既存企業が市場支配力を発揮し，限界費用よりも高い価格を付けていれば参入余地がある。この状況における総余剰の変化は練習問題に載せているが，結論を簡潔にいえば，負の生産費用効果が生じる。参入企業による顧客奪取効果によって，本来は既存企業が生産する方が望ましいのにもかかわらず，非効率的な参入企業が生産することで総費用が増加する。この負の生産費用効果が大きくなる（参入企業の限界費用が既存企業のそれよりも著しく高い）場合，供給拡大効果を上回り，参入による負の経済効果がもたらされるかもしれない。

過剰参入　　さらに悪いことに，参入による企業数の増加は1企業あたりの生産量を減少させるため，規模の経済や学習効果を逸失するかもしれない。本来，生産量を拡大あるいは維持することで，規模の経済が発揮され平均費用が下がる。また，生産工程における経験値が蓄積されることで学習効果が発揮され限界費用も下がる。しかし，1企業あたりの生産量が減少すれば，このような恩恵は失われる，あるいは費用引き下げのスピードが遅延する。この問題は市場への過剰参入の問題といえるだろう[6]。過剰参入は過当競争ゆえに，費用面からみても悪影響

---

[6]　ここでの過剰参入は，第1章で説明した平均費用が最小となる最小効率規模と比べて1社あたりの生産量が過少になるという意味で過剰参入を意味する。

をもたらすかもしれないのである。

●製品の差別化（多様性）による効果

　ここまでの議論では，既存企業または参入企業によって供給される財は同質財であることを前提としていた。しかし，参入企業は新製品や新サービスのような，何かしらの新規性あるいは進歩性をもって参入する場合も多い。このような製品イノベーションによってもたらされる製品の差別化（あるいは多様性）はどのような影響をもたらすだろうか[7]。

　第3章で述べたように，製品差別化は企業にとって価格または数量競争を回避する手段であり，利潤最大化を目指す企業にとって合理的な戦略である。消費者にとってはどのような影響が見込まれるだろうか。製品差別化は企業に市場支配力を与え，価格は限界費用より高い水準となり，過小生産，高価格へと，独占的な市場に近づく。よって，生産量の規模という視点からは，製品差別化は消費者余剰にとって望ましくない。しかし，製品差別化は高品質（だが高価格）な財から低品質（だが低価格）な財まで，あるいは財の色彩や形状などのデザインに関する多様性をもたらす。概して，消費者の嗜好は多様で，多様な消費者が市場に存在すると同時に1人の消費者が多様な好みを持つ（例えば同じ財でも色の違うものを2つ求めている）場合，消費者は自らの嗜好に応じて財を選択できるため，消費者余剰の増加が見込める。

　以上のことは完全競争と独占的競争における市場均衡について考える際の有益な情報を提供してくれる。第2章でみたように，両者の市場構造では多数の売り手と買い手が存在し，参入退出が自由で，完全情報が満たされている市場であるが，完全競争では同質財を，独占的競争では差別化財を想定している。独占的競争において，参入は製品差別化による過小生産をもたらすが，一方で製品の多様性を拡大することにもつながる。よって，生産量の規模と製品の多様性にはトレードオフ関係があるといえる。

●潜在的参入の脅威による効果

　最後に潜在的参入の脅威について述べる。これまでは参入が実際に生じた場合

---

[7]　第7章，第8章のイノベーション戦略や製品戦略において，製品の差別化や多様性の合理性と，それらがもたらす経済効果についてより詳細に議論されている。

の総余剰への影響をみてきた。しかし，既存企業にとって，実際に参入が起きることと潜在的参入の脅威があることは，ある条件のもとで同等となる。その条件は，市場への参入障壁がないこと，既存企業は価格調整を迅速に行えないこと，さらに参入企業は需要の拡大に即時対応して生産量を拡大できることである。これら条件を満たす市場をコンテスタブル市場という[8]。

　コンテスタブル市場では，参入を考えている企業は参入障壁がないため，即座に市場に参入できる。対抗する既存企業は価格を柔軟に引き下げられない。そして，顧客奪取効果によって参入企業への（残余）需要が拡大しても，参入企業は生産量を迅速に拡大できると想定している。この状況では，利潤が見込めなくなるまで参入が継続する。これは価格が平均費用に等しくなることを意味する（一定の条件のもとでは限界費用にも等しくなる）[9]。

　コンテスタブル市場の成立条件が完全に満たされるような市場は現実には存在しないだろう。しかし，この結果から導かれる含意は強力である。すなわち，市場への参入障壁の撤廃または緩和は総余剰を高めることにつながり，しかも潜在的参入の脅威さえあれば，独占企業であっても効率的な生産が行われるということである。例えば，第2章で説明した独占企業の死荷重やＸ非効率性は潜在的参入の脅威さえあれば解消される。この含意は政府が参入規制の撤廃や緩和を促すこと，あるいは企業の参入阻止戦略を競争政策などによって制限することへの正当性を与えている[10]。

●参入の経済効果の総括

　参入の経済効果は参入企業の効率性（生産費用効果や製品差別化の程度）にも依存するが，基本的には総余剰の増加につながる[11]。成熟期にある日本の経済社会の新陳代謝を促すうえでも参入は重要な役割を担っている。新陳代謝という視

---

[8]　2.3節で述べたように，参入障壁がないということは既存企業の費用優位性もないため，参入企業と既存企業は同じ条件（費用）で生産が可能である。

[9]　線形費用関数かつ固定費用がゼロの場合，平均費用は限界費用に等しい。また，第1章で紹介したＵ字型の平均費用曲線においても，既存企業が2社以上存在し，市場全体の需要量が最小効率規模を超えている状況では価格は最小の平均費用に等しくなるため，この状況においても平均費用と限界費用は等しい。

[10]　政府の規制は第13章，競争政策については第14章で説明する。

[11]　本文では言及していないが，参入は雇用拡大や人材育成への貢献，さらには（参入を行った起業家などの）個人の夢や生きがいとなる可能性もありうる。

点では，参入の対語である退出も同様に重要である（退出の経済効果は参入の経済効果を裏返したもの）。退出によって供給縮小効果による総余剰の減少が見込まれる。しかし，過剰参入の問題は緩和され，将来への投資余力が既存企業に生まれる可能性がある。また，非効率的な企業が退出し，効率的な企業へと生産が移転すれば正の生産費用効果も見込めるし，退出企業の経営資源（人材など）が効率的な生存企業によって活用されやすくなる。さらに，生存企業による規模の経済や学習効果がより発揮され，総余剰の最大化条件である費用の最小化へとつながるかもしれない。

　政策支援は本来的には企業の自助努力を促すべきであり，90年代半ば以降の日本の政策支援のスタンスもそのような後押しに切り替わっていった。しかし，2020年代前半では，コロナ禍の影響（退出による負の経済効果）を緩和するため，企業への補助金や助成金などの政策支援が多くなされた。この過剰な政策支援はいわゆるゾンビ企業（非効率的な企業で本来退出すべきであるにもかかわらず，政府支援によって延命しているような企業）を生み出していると指摘されている。コンテスタブル市場の含意が示唆するように，政府の本来的な役割は参入そして退出障壁の撤廃と緩和であり，市場における公正かつ自由な競争環境を整備することである。経済社会の健全な新陳代謝を促すうえで，参入と退出にバランスよく配慮した政策支援が必要である。

コラム1　日本における起業の状況とその意義

　日本における参入の状況はここ20年ほど大きな変化はない。図4.3は日本における開業率・廃業率の推移を示している。2000年以降の開業率は4～5％台で推移しており，廃業率は2000年代前半では開業率を上回るほど高い時期もあったが2010年以降は3％台で推移している。

　日本は国際的にみても開業率が低い状況にある。図4.4はGlobal Entrepreneurship Monitor（GEM）を基に作成された起業活動率の状況を示している。日本はOECD加盟国の中でも低い起業活動率となっている。

　参入は新陳代謝を促し，経済の活性化を促進すると考えられる。日本経済新聞（2024年6月29日）によれば，主要7カ国（G7）のうち，開業が活発な国は実質成長率も高い傾向がみられた。過去5年の開業率が10％近い米国は平均成長率が2％に達するが，日本は開業率が4.4％で平均0.1％のマイナス成長となっていた（図4.5）。

　新規企業の参入はイノベーションの側面からみても重要と考えられる。NISTEPの全国イノベーション調査から，小規模の企業は市場新規プロダクト・イノベーションの実現率が中規模・大規模の企業と同程度に高く，さらに世界で初めてのプロダクト（革新性の高い製品）の実現率では中規模・大規模の企業を上回っていることが分かった（図4.6）。

　以上のことからも開業が経済の活性化に重要な要素の一つであることが予想され，日本で開業を促すことは望ましいだろう。日本での開業が活発でないことの理由はさ

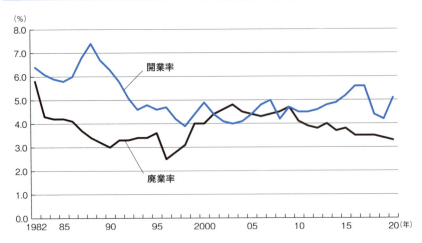

図4.3　日本における開業率と廃業率の推移

（出所）　2022年版「小規模企業白書」を基に筆者作成。

図4.4 各国の起業活動率

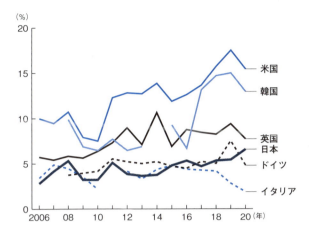

(注) 一部の年でデータがない国もある。GEM調査に基づく。経済産業省まとめ。
(出所) 「日本経済新聞電子版」（2022年10月27日）

図4.5 各国における開業率と実質経済成長率

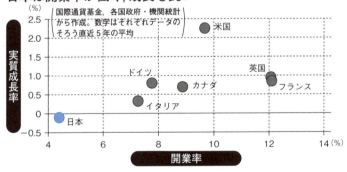

(出所) 「日本経済新聞電子版」（2024年6月29日）

まざまに考えられている。例えば，ベンチャーキャピタルや制度金融などの資金規模が小さいこと，起業家教育が十分ではなく人的資本の形成が求められること，上場に向けた環境整備や投資家への減税措置，倒産法制度や経営者保証制度などの制度的側面，終身雇用や年功序列型賃金などの労働慣行，倒産に対するネガティブなイメージのような歴史的背景などさまざまである。

[4] 新規参入　77

図4.6 規模別にみたタイプ別のプロダクト・イノベーションの実現率

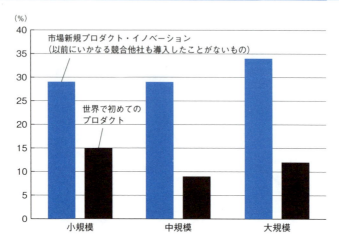

（出所）「全国イノベーション調査2022」（NISTEP）を基に筆者作成。

　このようなさまざまな要素はすぐに改善されるものではないが，開業しやすい環境に向けた取り組みは継続して行われてきている。例えば，2023年から中小企業向けの融資における経営者保証が実質的に制限されることや，企業再生の円滑化に向けた倒産法制の見直し議論も始まっている。さらに，高校生や女性向けのより幅広い層をターゲットとする起業家教育が自治体レベルでも多く実施されてきている。このような開業を促す取り組みが行われると同時に，退出のコストを引き下げ，円滑な資源配分が行われるような支援が必要だろう。帝国データバンクによれば，コロナ禍以降，日本におけるゾンビ企業が急増していることが示されており，今後の倒産の増加が潜在的リスクとして述べられている（日本経済新聞，2024年2月6日）。

◆ 練習問題

問4.1 参入が既存企業のラーナー指数（プライス・コスト・マージン）にどのような影響を与えるか考えなさい。

問4.2 参入の経済効果について，参入企業が既存企業よりも生産において非効率的である場合に，総余剰の変化がどのようになるかを以下の図を用いて説明しなさい。

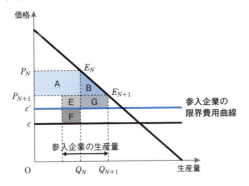

問4.3 市場への参入障壁にはどのようなものがあるか考えなさい。

問4.4 独占的競争では参入による製品の多様性の拡大を通じた競争がなされるが，短期から長期にかけて独占的競争均衡がどのように変化するかを考えてみよう（ヒント：価格が平均費用を上回る限り利潤を狙って参入は継続して起こる）。

第5章

市場の構造，行動，そして成果

- ■5.1　市場構造の規定要因と市場支配力
- ■5.2　市場集中度と市場支配力
- ■5.3　市場構造，行動，そして成果
- コラム1　日本における市場集中度データ
- 補論　市場集中度と市場支配力

　本章はこれまでに学んできた市場構造について，均衡における市場支配力と市場成果をまとめる。市場構造を規定する3つの要因について述べ，特に，市場集中度（企業数，市場占有率の分布，市場占有率の変動）に焦点をあてる。その後，SCPパラダイムを構成する市場構造（Structure），市場行動（Conduct），そして市場成果（Performance）の伝統的な線形関係について説明し，双方向型のSCPパラダイムの発展について概観する。

【Key Point】

- ●市場構造と市場支配力には密接な関係がある。市場構造の主な規定要因（市場集中度，競争のパターン，参入障壁の程度）によって，市場支配力の程度を推測できる。
- ●市場集中度の測定指標として企業数，上位N社集中度，ハーフィンダール指数，市場占有率の変動がある。市場集中度が高いと，概して市場支配力は強くなる。
- ●市場支配力と利潤率や総余剰のような市場成果には相関がある。市場支配力が強いと利潤率も高く，総余剰は小さい。
- ●伝統的SCP（Structure-Conduct-Performance）パラダイムの線形関係は単純化されたものであり，それぞれの要素間にある因果関係を捉えるため，フィードバックや双方向の関係を考慮すべきである。

5.1 市場構造の規定要因と市場支配力

●市場構造と市場支配力

　第2章から第4章まで，さまざまな市場構造における生産量と価格からみた市場均衡を学び，その均衡のもとで，代表的な効率性指標である総余剰を考えてきた。これは，産業組織論ではどのような市場構造においてどの程度の市場支配力（価格の限界費用からの乖離率）が生じ，結果として市場成果がどうなるかを主な関心事としているからである。より独占的な市場構造では，市場均衡は過小生産，高価格へと，価格の限界費用からの乖離率が上がり，企業の市場支配力は強くなる。逆に，より競争的な市場構造では，生産量が拡大し，低価格へと，企業の市場支配力は弱くなる。その結果，独占市場では短期的（静学的）にみて消費者余剰と生産者余剰の合計である総余剰は小さくなり，一方で競争市場では総余剰は大きくなる。このように市場構造と均衡生産量と価格，そして市場支配力と総余剰には密接な関係がある。これまで学んだ市場構造と市場支配力の関係について表5.1 に簡略化してまとめている。

●市場構造の3つの規定要因

　市場構造はどのような要因によって規定されるだろうか。表5.1 を眺めると重

表5.1　市場構造と市場支配力の関係

市場構造	企業の市場支配力の程度
完全競争	企業はプライス・テイカーであり価格は限界費用に等しいので市場支配力はない
独占	利潤を最大化するような価格決定力を有しており最も市場支配力が強い
同質財の寡占競争	クールノー数量競争では競合企業数が多いほど市場支配力は弱くなる ベルトラン価格競争では競合企業がいれば価格は限界費用に等しいので市場支配力はない
差別化財の寡占競争	クールノー，ベルトランいずれも差別化の程度が大きいほど市場支配力は強くなる（完全差別化のもとでは独占と等しい）
独占的競争	短期の市場均衡のもとでは差別化の影響により市場支配力は強い 長期の市場均衡のもとでは新規参入の脅威により価格は平均費用（または限界費用）に等しく市場支配力はない
コンテスタブル市場競争	新規参入の脅威により価格は平均費用（または限界費用）に等しく市場支配力はない

5　市場の構造，行動，そして成果　**81**

要な3つの要因がみえてくる。まず，独占のように企業数が1社か，あるいは完全競争のように多数の企業が存在するか，すなわち売り手である企業数[1]が重要な要因となる。次に，競争パターンも市場構造を規定する。企業は数量競争を行うのか，価格競争を行うのか，あるいは差別化競争に取り組むのか，このような競争パターンによって市場構造は規定される。最後に，参入障壁の程度によってその構造も変化する。市場構造と市場支配力に密接な関係があるということは，その市場構造を規定する要因によって，市場支配力の程度が変化することを意味する。

　市場支配力の測定は既に第2章でラーナー指数L（プライス・コスト・マージン：PCM）として下記の式で学んでいる。

$$L = \frac{P - MC}{P} \qquad P\text{は価格，}MC\text{は限界費用}$$

ラーナー指数は価格の限界費用からの乖離率を示しており，独占度指標といえる。この式は直感的に分かりやすいが，実際にラーナー指数を計算することは容易ではない。なぜなら，限界費用は経済学の理論上の費用概念であり，企業の財務データから直接入手することはできないからである[2]。そこで，ラーナー指数を直接計算せずに，市場構造の規定要因に関する情報から市場支配力の程度を推測するという手法がしばしば用いられる。典型的な指標として市場集中度があり，次節ではこの市場集中度について考えていこう[3]。

5.2　市場集中度と市場支配力

　市場集中度は測定が困難な市場支配力を推測する手助けとして用いられる。市場集中度は，市場に存在する企業数やそれら企業の規模分布，市場占有率（市場

---

[1]　後で述べるように，企業数のみではなく，その企業の規模がどのように分布しているか（市場占有率やその分布），のような情報を含めて重要な要因となる。

[2]　計量経済学の分析手法の発展とデータの充実によって，限界費用を推計することは可能である。例えば，ある財の需要関数を推定し，需要の価格弾力性を求め，その逆数を計算することでラーナー指数が得られる（価格は既知なので限界費用も計算できる）。また，費用関数に仮定を置き，限界費用の推計値を得ることも可能である。さらに，平均費用が限界費用に近似できるという仮定のもとでラーナー指数を計算することもできる。

[3]　競争のパターンや参入障壁と市場支配力の関係は第2章から第4章を参照。

82

シェア）によって求められる。これらは市場構造を規定する要因であり，比較的，データとして得やすく測定が容易である。概して市場集中度が高いほど，企業の市場支配力は強くなり，市場集中度が低いほど，その市場支配力は弱くなる。ただし，市場集中度は市場構造を規定する要因の一つではあるが，競争パターンや参入障壁の程度によっても市場支配力の程度は変化しうるので，必ずしも市場集中度と市場支配力が相関[4]するとは限らない。例えば，市場占有率が高い企業であっても，当該市場への参入障壁が低く新規参入が容易である場合，代替財の存在によって（需要の価格弾力性が高いため），その企業の市場支配力は弱くなるだろう[5]。

●企業数

市場集中度を測定する単純な指標は企業数（売り手の数）である。市場に存在する企業数が増加し，生産が企業間で分散されて行われる結果，市場集中度も減少するため，市場支配力は弱くなる（均衡のもとで総生産量は増加し，市場価格は低下する）。この競争促進による市場価格の低下は企業の供給意欲をそぐため，1企業あたりの市場占有率は減少する。

企業数は市場集中度の一つの目安となる一方で問題点もある。企業数は数の指標であり，企業の規模分布（例えば売上高分布）や市場占有率を捉えるものではない。例えば，市場に存在する企業数が同程度でも，多数の企業で市場の総生産量を等しく分割して供給している状況と，特定の1企業で総生産量のほぼすべてを供給している状況では，それら企業の市場支配力の程度は異なるだろう（典型的には後者の状況の方が市場支配力は強くなる）。

●上位Ｎ社集中度

企業の規模分布，例えば市場占有率を考慮した市場集中度の指標として上位Ｎ社集中度とハーフィンダール指数が用いられる。まず，上位Ｎ社集中度とは，例えば売上規模からみて上位Ｎ社の市場占有率を合計した値である。仮に，ある市場Ｘにおける上位4社の市場占有率がそれぞれ30%，30%，20%，10%である

---

[4]　相関とは，2つの変数の関連を示す用語であり，2つの変数が同じように変化している場合に相関があるという。相関には因果関係を含む場合と含まない場合の両方があり，ここでは因果（例えば，原因Aが変化することで結果Bも変化するという）関係を意図している。

[5]　第2章の(6)式で導いたように市場支配力は需要の価格弾力性の逆数にも依存する。

[5]　市場の構造，行動，そして成果

場合，上位4社集中度は90％となる。独占市場の場合では上位1社集中度は100％であり，完全競争市場において多数の企業が市場占有率を均等に分割する場合では（1企業のそれは非常に小さいので）上位N社集中度は0％に近づく。よって，上位N社集中度が大きい（小さい）ほど，市場支配力は強くなる（弱くなる）と予想される。

　この指標も直感的に分かりやすいが問題点がある。まず，N社を何社に設定するのが妥当であるか，その客観的な根拠はない。分析者が恣意的に決定するものであり，通常3～5社がよく用いられる[6]。次に，市場占有率の分布情報が欠損してしまうという深刻な問題がある。例えば，ある市場Yにおける上位4社の市場占有率がそれぞれ60％，10％，10％，10％である場合，上位4社集中度は先の市場Xと同様に90％となる。よって，上位4社（あるいは3社）集中度の数値でみる限り，市場支配力は同程度と推測される。しかし，市場Xと市場Yでは企業の市場占有率の分布が大きく異なっており，市場Yの方が（特定の1企業が60％という高い市場占有率を有しているため）市場支配力は強いと予想される。

●ハーフィンダール指数

　上位N社集中度は市場占有率の分布情報を有効に活用できていないことから，その情報を加味したハーフィンダール指数（HHI）[7]が考案されている。HHIは下記の計算式から求められる。

$$\mathrm{HHI} = S_1^2 + S_2^2 + \cdots + S_N^2 = \sum_{i=1}^{N} S_i^2 \qquad S_i は企業 i の市場占有率$$

すなわち，市場に存在するすべての企業の市場占有率の2乗和がHHIとなる。独占市場ではHHIは1（百分率のパーセント表記の場合は $100 \times 100 = 10000$）で，完全競争市場ではHHIは（数値が小さい市場占有率を2乗するため）0へと近づく。よって，HHIが大きい（小さい）ほど，市場支配力は強くなる（弱くなる）と推測される。実際には，すべての企業の市場占有率を収集するのは困難であり，ある程度の市場占有率を有している企業についてHHIを計算する。市場占有率が低い企業の2乗値を足しても微々たる影響しかないからである。

---

[6]　恣意的にN社を設定するのではなく，例えばあらかじめ上位N社集中度の目標値を約70％とし，この目標値を達成するN社を調査するという方法もある。

[7]　正式には，ハーフィンダール・ハーシュマン・インデックス（Herfindahl-Hirschman Index：HHI）という。

表5.2　市場集中度の計算例

企業	市場X	市場Y
A社の市場占有率（%）	30	60
B	30	10
C	20	10
D	10	10
E	10	10
上位4社集中度	90%	90%
HHI	2400	4000

　表5.2は市場Xと市場Yの上位4社集中度とHHIを計算したものである。上位4社集中度は先に述べた通り市場Xと市場Yともに90%である。一方で，HHIは市場Xは2400，市場Yは4000となり，市場Yの方が市場集中度が高い，ひいては市場支配力が強いことを示唆している。このようにHHIは少数の企業の市場占有率が突出している（偏った分布の）場合でも，その市場支配力をより適切に把握できる。そのため，市場集中度の目安としてHHIはよく用いられており，日米においてHHIが1800以上の場合を高集中度市場（または高度寡占型市場），HHIが1000以上1800未満を中位集中度市場（低位寡占型市場），HHIが1000未満を非集中度市場（競争型市場）とみなしている。

●市場占有率の変動

　以上述べてきた3つの指標は市場集中度の測定に有用な情報を提供してくれる。しかし，これらの指標は静学的なものであり，動学的な視点を考慮していない。動学的な視点として重要なのは，企業の市場占有率の変動である。例えば，表5.2の市場Yについて，現時点ではA社が独占的な立場にあるが，もし1年後の時点においてA社の市場占有率が（市場Xのように）30%へと落ち込み，B社とC社がそれぞれ30%と20%へと上昇したとしよう。この場合，上位4社集中度は変わらずに90%であるが，このような急激な市場占有率の変動は競争の激しさ（A社が競争に敗れ，B社とC社が需要を獲得することに至ったこと）を反映している。このような動学的な変動も市場集中度と市場支配力の関係をみるうえで重要な情報を提供するだろう。

5　市場の構造，行動，そして成果　**85**

最後に，本章の補論において市場集中度と市場支配力の関係を数式でも示している。興味のある方は参考にされたい。

5.3　市場構造，行動，そして成果

これまでに，市場構造とそれを規定する要因が市場支配力，ひいては市場成果に影響することを述べてきた。特に，市場構造の規定要因である市場集中度に注目した。なぜ，市場集中度が高くなると市場支配力が強くなるのだろうか。本章の最後に，市場構造と市場成果の関係について，その背景にある市場行動を含めたメカニズムを学んでいこう。

●市場成果の評価軸と市場支配力との関係

まず，市場支配力と市場成果の関係についてこれまでの議論をまとめる。市場成果の評価軸には静学的効率性と動学的効率性の2つの側面がある。静学的効率性では，現時点（短期）に市場で競争がどの程度働き，どの程度望ましい資源配分（効率性）が達成されているかに注目する。一方，動学的効率性では，将来（長期）にわたってどの程度の望ましい資源配分が（例えば研究開発投資やイノベーションの実現などによって）達成されているかに注目する[8]。

これまでの章では主に静学的効率性の視点から総余剰を議論してきた。5.1節で述べたように総余剰は市場支配力と密接に関連し，社会的視点からみた効率性（いわば社会的収益率）といえる。一方で個別企業からみた効率性（いわば私的収益率）も，市場支配力との関連から議論される。その典型的な指標としては利潤率があり，これは市場支配力の定義式からも明らかなようにお互いに相関している（価格が限界費用を上回れば利潤率は高くなる）。さらに，市場支配力が強い（利潤率が高い）ということは，市場構造がより独占の状態にあるので，静学的な資源配分は非効率に（総余剰が小さく死荷重が大きく）なる。このように市場支配力と，市場成果である利潤率と総余剰は相関する。

---

[8]　例えば，ある一時点では，状態Aが状態Bより高い効率性を得られる（静学的効率性が高い）が，状態Bの方が成長率が高く，将来的には状態Bの方が状態Aよりも高い効率性を得られるとする。これを動学的効率性が高いという。

図5.1 市場構造と市場成果

図5.2 ハーバード学派における市場構造,市場行動と市場成果

●伝統的SCPパラダイム

　図5.1は市場構造が市場成果を決定づけることを示している。市場支配力や総余剰を直接観察することは容易ではないので，市場構造とその規定要因，そして利潤率との関係に焦点があてられてきた。市場集中度が高いことによって，利潤率が高くなるという関係は企業の市場における行動に依存していると考えられる。

　この点について，産業組織論ではハーバード学派とシカゴ学派による激しい論争が行われてきた。ハーバード学派は，市場集中度が高いとその市場構造は独占的になり，企業間で共謀（競争を制限するような協調行動）が行われやすくなる結果，利潤率が高くなると主張した。図5.2のように，市場構造と市場成果の間に市場行動が含まれ，この線形関係は伝統的SCP（Structure-Conduct-Performance）パラダイムとして議論されてきた。

　これに対して，シカゴ学派は市場構造を起点とするのではなく，市場行動を起点と考え，効率的な経営を行う企業の利潤率が高く，競争に敗れた企業が市場から退出することで，結果として高い市場集中度が観察されることを主張した（図5.3参照）。シカゴ学派は市場行動である企業戦略を重視し，ハーバード学派と起

[5] 市場の構造，行動，そして成果　**87**

図5.3　シカゴ学派における市場行動，市場成果と市場構造

点が異なるものの，結果としては市場集中度と利潤率の間に相関がみられることになる。

●共謀仮説と効率性仮説

　ハーバード学派の共謀仮説とシカゴ学派の効率性仮説は，観察される市場構造と市場成果の間の相関という点では同じ結果であるが，得られる含意が大きく異なる。例えば，ライバル企業同士の合併において，共謀仮説に立てば，合併は市場集中度を高め，企業間の共謀を促し，利潤率は増加するかもしれないが総余剰は減少する。結果としてその（価格が高騰する）ような合併は社会的に望ましくないことになる。一方で，効率性仮説に立てば，合併による効率性の向上があれば，利潤率は増加し，非効率的な企業が市場から退出することで資源の再配分（例えば，第4章で学んだように，生産がより効率的な企業に移転することによる正の生産費用効果）が生まれ総余剰も増加する。結果として市場集中度は高くなるが，このような合併は認められるべきであることになる。

コラム1　日本における市場集中度データ

　日本における市場集中度を測定するためのデータは限られている。主たるデータとして，経済産業省の政府指定統計である工業統計調査と公正取引委員会の生産・出荷集中度調査がある。しかし，生産・出荷集中度調査は1975年以降の長期のデータを収集しているが，2015年以降は調査が実施されておらず，調査項目の分類も細かいものから粗いものまでさまざまにあって一定ではない。また，工業統計調査は日本標準産業分類・商品分類に従って集計されているが，毎年，市場集中に関する調査が実

図5.4 日本の製造業における上位4事業所出荷額の集中度の推移

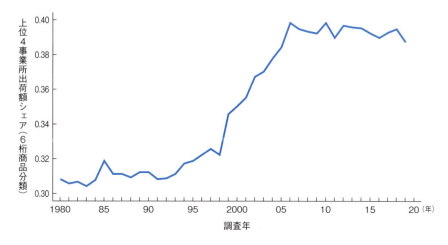

（出所）菊池信之介「日本の製品市場ならびに労働市場における集中度のトレンド：1980-2020」RIETI（https://www.rieti.go.jp/jp/publications/nts/24e049.html）

施されるわけではなく，調査年が限定されている（例えば，2008年，2010年調査）。

Kikuchi（2024）[9]は複数の政府統計データを用いて，市場集中度指標の時系列データを作成し，日本のトレンドを概観した。研究ではHHIと上位4社集中度（CR4）を用いて，1980年以降の日本における製造業分野の製品市場の集中度を計算している。例えば，図5.4は製造業を対象に6桁商品分類におけるCR4の推移を示している。1980年以降2020年までで集中度の増加が観察されるが，特に1998年から2006年にかけて増加が顕著であり，この8年間に32％から40％に上昇していた。この傾向はHHIでみても確認されている。また，この研究では事業所レベルのマークアップを測定し，それとの関係からも分析されているが，集中度の上昇は推定されたマークアップの上昇とは相関していなかった。

五十嵐・本多（2022）[10]の研究結果も興味深い。工業統計調査の2002～2019年の個票データを用いて，製造業における日本全体と業種別の累積集中度などの推移を明らかにしている。集中度については上位2社，4社，10社集中度を測定し，HHIも併せて計算している。概ね，2002年以降上昇傾向がいずれの指標でもみられるが，HHIを除き，2014年頃から伸びが鈍化，あるいは低下している。このような中長期的

---

[9] Kikuchi, S.（2024）"Trends in National and Local Market Concentration in Japan: 1980-2020", *RIETI Discussion Paper Series*, 24-E-049.

[10] 五十嵐俊子・本多純（2022）「日本の製造業における市場集中度と競争環境」CPRCディスカッションペーパー CPDP-91.

な上昇傾向は，小規模事業者を中心とした事業者数の大幅な減少に起因していることを指摘している。さらに，工業統計調査の個票データから利潤率の推移も確認しているが，集中度のような上昇傾向は確認していない（ここでの利潤率はマークアップと関連性の高い指標として定義されている）。その意味でKikuchi（2024）同様に集中度と利潤率に相関はみられなかったことになるが，集中度上昇が著しい一部の業種の利潤率が高水準であることも確認しており，業種間の異質性を明らかにしている。

　このような傾向から日本における市場集中度は上昇傾向にあり，一部の企業による寡占化が進んでいることが示唆される。しかし，この傾向は日本だけに限らない。IMFのスタッフペーパーによれば，82カ国の企業データを用いて，1980〜2016年において企業の利潤率（マークアップ），市場集中度，上位企業の収益の集中度といった市場支配力の指標が上昇傾向にあることが示されている[11]。ただし，これらの指標は業種別にやはり様相が異なることも明らかにしており，テクノロジー産業ほど市場支配力の上昇がみられた。いずれにせよ，このような傾向が今後，市場における競争にどのような歪みをもたらし，経済成長やイノベーションにどのような影響を与えるかは注視すべき事項であろう。

●新産業組織論とSCPパラダイムの発展

　ハーバード学派とシカゴ学派の論争から重要な2つの教訓が得られる。第一に，市場構造と市場成果に注目するだけでは不十分であり，市場行動である企業の戦略を積極的に分析に組み込むべきである。これまでの章では主に価格と生産量という2つの戦略変数に基づき，さまざまな市場構造のもとでの均衡（市場成果）を解いてきた。しかし，企業戦略は多様であり，（均一）価格や生産量以外にも，価格差別，イノベーション，製品差別化，販売広告，ブランディング，流通，組織ガバナンス，競争優位のための参入阻止など，さまざまに実行されている。そこで次章以降では，これらの市場行動をトピックとして取り上げていき，市場成果や経済的帰結について考えていく。

　第二に，市場構造，市場行動，そして市場成果の（因果）関係を考える際に，伝統的SCPパラダイムのような単方向の線形関係を前提とするのではなく，それぞれの間にはフィードバックや双方向（同時決定）の関係があることを念頭に議論を進めていくべきである。その際，市場構造，市場行動，市場成果と関係があ

---

[11] Akcigit, D., Chen, W., Díez, F. J., Duval, R., Engler, P., Fan, J., Maggi, C., Tavares, M. M., Schwarz, D., Ippei, S., and Villegas-Sánchez, C.（2021）"Rising corporate market power: emerging policy issues", *IMF Staff Discussion Note*.

図5.5 新産業組織論におけるSCPパラダイムの発展

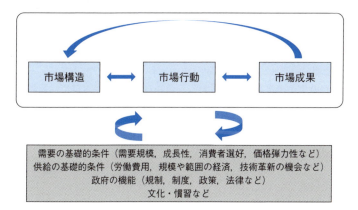

る要因，例えば需要と供給の基礎的条件や政府の機能もSCPパラダイムに組み込まれるべきである。このような複雑な関係に踏み込む考え方を新産業組織論におけるSCPパラダイムという。本章の最後に，その模式図を図5.5に示す[12]。

補論　市場集中度と市場支配力

　市場集中度と市場支配力の関係を数式でもみていこう。第2章では独占企業の利潤最大化行動において，ラーナーの公式（第2章(6)式参照）を導いた。寡占市場においても利潤最大化条件に従い，同様の手順で，ラーナーの公式を導くことができる。ここではクールノー寡占競争モデル（企業数N社，同質財，各企業の限界費用が等しいこと）を仮定する。
　まず，企業iについて利潤最大化を求める。企業iの収入は$R_i = P(Q) \times q_i$であり，限界収入MR_iは以下である。

$$MR_i = \frac{\partial R_i}{\partial q_i} = P + \frac{\partial P}{\partial q_i} q_i \Leftrightarrow P\left(1 + \frac{\partial P}{\partial Q} \frac{Q}{P} \frac{\partial Q}{\partial q_i} \frac{q_i}{Q}\right)$$

ここで需要の価格弾力性εを使って表すと，$\varepsilon = -\frac{\partial Q}{\partial P} \times \frac{P}{Q}$であり，$\frac{q_i}{Q}$は企業$i$の市場占有率$S_i$であるので，

---

[12] 経営戦略で議論されるFive Forces分析，3C分析，4P分析などは，新産業組織論におけるSCPパラダイムを分かりやすく表現しており親和性が高いといえる。

$$MR_i = P\left(1 - \frac{1}{\varepsilon}\frac{\partial Q}{\partial q_i}S_i\right)$$

となる。寡占市場において$Q = q_1 + \cdots + q_i + \cdots + q_N$であり，$Q = Q_{-i} + q_i$，ただし他社生産量合計$Q_{-i} = q_1 + \cdots + q_{i-1} + q_{i+1} + \cdots + q_N$とする。クールノー・モデルでは企業による同時の意思決定を想定しており，企業iの生産量の決定が他社の生産量の決定に影響することはない（逐次決定ではない）としているので，

$$\frac{\partial Q}{\partial q_i} = 1 + \frac{\partial Q_{-i}}{\partial q_i} = 1 \qquad \text{すなわち } \frac{\partial Q_{-i}}{\partial q_i} = 0$$

を得る。この結果，限界収入は

$$MR_i = P\left(1 - \frac{S_i}{\varepsilon}\right)$$

となる。利潤最大化のもとでは限界収入が限界費用MC_iに等しいので，

$$P\left(1 - \frac{S_i}{\varepsilon}\right) = MC_i \Leftrightarrow \frac{P - MC_i}{P} = \frac{S_i}{\varepsilon}$$

となる。

これは寡占市場の企業iについてのラーナーの公式であり，第2章の(6)式を一般化したものである。独占企業の場合には，$S_i = 1$，すなわち市場占有率100％となるため第2章(6)式に等しい。よって，市場占有率が大きいほど，企業の市場支配力は強くなる傾向が一般にみられる。ただし，本文でも述べた通り，市場支配力はその他の市場構造の規定要因にも影響を受ける。

上式は企業iについて求めた帰結である。そこで，上式の両辺に$\frac{q_i}{Q}$を乗じて，市場に存在するすべての企業で総和をとると，

$$\frac{\sum P\frac{q_i}{Q} - \sum MC_i\frac{q_i}{Q}}{P} = \frac{\sum S_i\frac{q_i}{Q}}{\varepsilon}$$

ここで，$\sum q_i = Q$，$\frac{q_i}{Q} = S_i$，$\text{HHI} = \sum S_i^2$であることから，上式は，

$$\frac{P - \sum MC_i \times S_i}{P} = \frac{\text{HHI}}{\varepsilon}$$

となる。これは企業全体（いわゆる市場レベル）についてのラーナーの公式である。市場集中度であるHHIが大きい（小さい）ほど，市場支配力は強く（弱く）なる傾向にある。

◆ 練習問題

問5.1　ある市場に5社存在し，各企業の市場占有率が70%，15%，10%，3%，2%である。この市場の集中度を反映したハーフィンダール指数を求めよ。

問5.2　市場集中度を測る指標の一つである企業数はどのような要因で決まるだろうか。

問5.3　製品差別化の程度が市場集中度にどのように影響するか考えなさい。

問5.4　水平合併（ある市場におけるライバル企業同士の統合）の影響を考えるには市場の画定と市場構造への理解が必要である。その理由について説明しなさい。

5　市場の構造，行動，そして成果　**93**

第 II 部

企業戦略

第 6 章　　価格差別

第 7 章　　イノベーション戦略

第 8 章　　製品戦略

第 9 章　　広告・流通戦略

第 10 章　　企業の境界・
　　　　　　組織のガバナンス

第 11 章　　企業成長

第 12 章　　競争優位のための
　　　　　　戦略的行動

第6章

価格差別

- ■6.1 価格差別の条件
- ■6.2 価格差別の種類と基本特性
- ■6.3 第一種価格差別
- ■6.4 第三種価格差別
- ■6.5 第二種価格差別

コラム1 さまざまな価格戦略

　企業の重要な戦略変数の一つは価格である。第Ⅰ部ではすべての消費者に均一価格で財を供給することを前提に議論した。しかし，実際には財の特性や消費者のタイプによって異なる価格設定が行われている。本章は価格差別に焦点をあてる。価格差別をもたらす制約と条件について説明し，さまざまな価格差別の手法によって，市場均衡における余剰がどのような影響を受けるかを考えていく

【Key Point】

- ●価格差別は財の特性に制約（予約期限や支払条項など）を課すことで実施されたり，消費者の持つ条件（需要の価格弾力性や消費量）に応じて実施される。
- ●第一種価格差別では，企業は消費者別に支払意思額に等しい価格で販売できるので，総余剰は最大化されるが，消費者余剰はゼロに近づく。
- ●第二種価格差別では，企業は消費者の持つ条件を購入前に識別不可能であるが，スクリーニングによって，その条件を事後的に把握し，消費者の財の入手可能性を高めることで総余剰を高める。
- ●第三種価格差別では，企業は消費者の持つ条件を購入前に識別可能であり，市場分割によって，消費者の財の入手可能性を高めることで総余剰を高める。

6.1 価格差別の条件

　第Ⅰ部（第1章〜第5章）では，すべての消費者に対して，企業は均一価格（同一の価格）で財を供給することを前提に市場均衡を求めた。現実には，同じ財であっても，消費者のタイプによって企業は異なる価格で提供している。例えば，映画鑑賞というサービスを消費することは同じでも，そのチケット料金は，一般（大人），大学生，高校生・中学生・小学生，幼児，シニアなど，年齢によって異なる。さらに，サービスデイ（例えばレイトショー）のように，特定の日にちや時間帯によって割引価格で提供している。

　なぜ企業は同一の財に対して異なる価格設定，すなわち価格差別を行うのだろうか。どのような状況の時に価格差別が行われるのか。そして，価格差別は市場均衡における総余剰へどのような影響を与えるだろうか。本章の主たる結論を先取りしていえば，価格差別は企業の利潤最大化行動に即した合理的な戦略であり，均一価格と比べて利潤を高めることが可能となる。また，価格差別は消費者からみて公平性の損失という問題はあるが，消費者の財の利用可能性を高めることで総余剰を高める可能性がある。

●制約と条件

　価格差別は同一の財に対して異なる価格を付けることと思われるが，実際には財の制約ゆえに，異なる財に対して異なる価格を設定しているという解釈も可能である。例えば，ANAの国内線の運賃では，SUPER VALUEという早割チケットを販売している。予約を早期に行うほど通常料金からの割引率が高くなるように設計されている。しかし，この早割チケットは基本的に予約変更不可であり，予定の変更が生じた場合の取消手数料が高額となる。搭乗サービスの利用自体は同じであるが，予約期限や支払条項などに制約を設けていることが価格差別の理由と考えられる。そのため，通常チケットと早割チケットは同一の財とはいえず，異なる財ともいえる[1]。先の映画館チケットのサービスデイも同様である。特定の日にちや時間帯でのみ利用可能という制約を課すことで，通常の映画チケットと同一の財とはいえず，割引価格で提供しているのである。

---

[1] このような財をDamaged goods（傷物）という。キャンセル不可の宿泊予約や閉店間際のスーパーの弁当やお惣菜の割引セールなどもDamaged goodsといえる。

価格差別は財の特性に制約を課すことで生まれるものもあれば，消費者の持つ条件に応じて生まれる価格差別も存在する。例えば，洋服の青山やイオンでは2着目スーツの割引セールを行う場合がある。これはヘビーユーザー（頻繁に利用する消費者）という条件を持つ人に対する割引価格といえるだろう。さらに，消費者の所得や年齢なども価格差別を生む要因となる。年齢によって稼げる収入は異なると予想され，収入が多い人には高価格，低い人には低価格というように消費者の条件（典型的には需要の価格弾力性の程度）に応じて価格差別が行われている。

　このような制約と条件によって，価格差別は異なる財，あるいは異なる消費者を対象に実施されており，それぞれの市場に応じて異なる価格で提供することは合理的な企業戦略といえる。ただし，完全に同一の財であっても，消費者の条件によらない価格差別が行われる状況もありうる。その理由としては，輸送費用や輸入財に対する関税などの影響が挙げられるだろう。例えば，ネット通販では本体価格に送料が上乗せされ，実質価格は店舗よりも高価格になったりする。これは費用差に起因する異なる価格設定といえる。

●価格差別が行える状況

　企業が価格差別を行えるのはどのような状況であろうか。まず，企業が価格を操作できる状況（プライス・メイカー）にあることが前提である（市場支配力を有するともいえる）。もし企業がプライス・テイカーであるならば，企業は市場で決まっている価格を受け入れるしかない。

　次に，各消費者の持つ条件が異なっていることを企業が知っている必要がある。当然のことであるが，消費者の所得や嗜好などが異なることで，財に対する支払意欲も異なる。すべての消費者が同一の存在である場合，消費者のタイプに応じた異なる価格設定は生じない。

　さらに，転売が不可能な状況が価格差別を可能なものとする。もし転売が自由に行えるならば，消費者は価格差別が生じている財を安く購入し，それを高く（しかし企業の価格よりも安く）転売することで差額分の儲けを得られる。この状況では，企業は価格差別によって，ある消費者に高価格で提供しようにも，購入してくれる消費者がいなくなってしまう。

　現実には，転売は自由に行えるとは限らないため，価格差別が機能しうる。例えば，転売がそもそも不可能な財がある。購入と消費が同時点で起こるようなサ

ービス（ヘアカットやマッサージなど）は転売できない。また，転売にはそれに必要な労力や時間などの取引費用がかかるため容易ではない。消費者は財について完全情報を持っているとは限らないため，例えば価格を調べるための探索費用も取引費用に含まれる。さらに，転売が違法となる財（チケットやお酒など）もある。転売への法的措置は抑止力として機能する[2]。

6.2　価格差別の種類と基本特性

経済学では消費者の持つ条件として，需要の価格弾力性（あるいは支払意思額）に注目する。需要の価格弾力性の程度によって，異なる消費者のタイプが存在するため，各タイプに応じて異なる価格で財を提供している。企業が消費者について有している情報を基に，価格差別を三種類に分類できる（表6.1 参照）。

第一種価格差別は完全価格差別ともいわれるが，その理由は個々の消費者別に異なる価格を設定することにある。この価格差別のもとでは，企業は各消費者の支払意思額をすべて知っている。第二種価格差別はタイプの異なる消費者グルー

表6.1　価格差別の種類と基本特性

	第一種価格差別 （完全価格差別）	第二種価格差別 （スクリーニング）	第三種価格差別 （市場分割）
企業が価格差別を実施できる状況	各消費者の支払意思額を把握 消費者別に異なる価格で販売可能	異なる消費者グループの存在は既知 各消費者の属するグループは購入前に識別不可能	異なる消費者グループの存在は既知 ある種の情報を通じて各消費者の属するグループは購入前に識別可能
価格メニューにおける消費者の選択	自発的に選択不可能	自発的に選択可能	自発的に選択不可能
余剰への影響	完全競争と同様に総余剰は最大化 すべて生産者余剰 消費者余剰はゼロ	均一価格と比べて消費者の財の入手可能性を向上 生産者余剰向上 総余剰にも正の影響を与えやすい	
価格差別の例	小さい村の医療サービス，航空機の販売	二部料金，抱き合わせ	子供料金，会員料金，地域別価格，ピーク時価格

---

[2] 先に述べた費用差も価格差別が生じる理由の一つである。ただし，費用差に基づく価格差別は企業の利潤最大化行動（第1章）から明らかであり本章では扱わない。

プ別に異なる価格を設定する。ただし，企業はタイプの異なる消費者が存在することは知っているが，ある消費者がどのグループに属するか事前（購入前）に識別できない。第三種価格差別はタイプの異なる消費者グループ別に異なる価格を設定し，しかも企業はある消費者がどのグループに属するか，事前にある種の情報（年齢や住所など）を用いて識別することができる。以下では，それぞれの価格差別の経済的帰結をみていこう。

6.3 第一種価格差別

　第一種価格差別は極端な世界を想定している。それは企業が各消費者の財に対する支払意思額をすべて把握しており，かつ消費者別に異なる価格で販売できることを仮定している。この仮定において，利潤最大化を目的とする企業は，消費者別にその支払意思額に等しい価格で販売する。この時，総余剰は最大化されるが，消費者余剰はゼロであり，すべて生産者余剰となる。

　図6.1は第一種価格差別による市場均衡を描いている。例えば，ある消費者は財に対してP_1まで支払ってもいいと考えているので，企業はその消費者に対してP_1という価格で販売する。別の消費者がP_2という支払意思額を持っている場合，企業はその消費者に対してP_2という価格で販売する。このようにすべての消費者

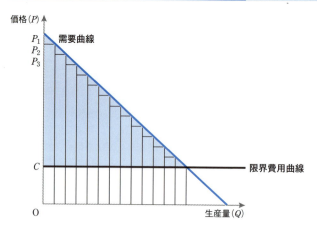

図6.1　第一種価格差別における市場均衡と生産者余剰

が支払う価格は自身の支払意思額と等しくなる。この状況では，限界効用（需要曲線の高さ）と価格が等しいため消費者余剰はゼロである。しかし，完全競争市場と同様に，需要曲線と限界費用曲線（供給曲線）が交わる点で市場均衡となっており，総余剰は最大化されている。

　第一種価格差別では社会的に望ましい市場均衡が達成されている[3]。ただし，総余剰はすべて生産者余剰に由来し，かつ各消費者が直面する価格は異なることもあり，公平性という観点からは望ましくないかもしれない。また，企業が得られた利潤をレント・シーキングのために費やすようなことがあれば総余剰は低下する。

6.4　第三種価格差別

　第三種価格差別を先に説明しよう。第三種価格差別は，企業がタイプの異なる消費者グループが市場に存在していることを知っており，さらに，ある種の情報を通じて各消費者がどのグループに属するかを購入前に識別可能である状況で用いられる。この時，企業は各消費者に対して，その属する消費者グループ別の価格で提供するため，第三種価格差別は市場分割といわれる。

　ある種の情報とはどのようなものであろうか。典型的には年齢が挙げられる。年齢は身分証明証を確認すれば事前に把握できる。大人，学生，子供，高齢者など，消費者のグループ分けも容易である。他には住所も有益な情報源となる。地域別の平均所得の情報は公開されており，居住地が分かれば平均所得の情報を用いて消費者をグループ分けできる。さらに購入時期やタイミングも重要である。例えば，ゴールデンウィークのような連休における観光地ホテルの宿泊利用も市場分割の例として挙げられる。

　このような情報を利用して，企業は消費者グループ別の需要の価格弾力性を予測して価格差別を行う。例えば年齢であれば，大人と比べて学生や子供は予算制約が厳しく，需要の価格弾力性が相対的に大きい。また，平均所得が高い地域では予算制約が緩くなるため，需要の価格弾力性は小さい。連休中の観光地ホテルの利用であれば，限られた余暇の満足度を高めるため，財布の紐が緩くなり，通

---

[3]　第一種価格差別を現実に行うことは難しい。例えば，小さい村の医者であれば，住民の所得水準を把握して，医療行為に価格差を付けられるかもしれない。特に，医療のような専門的サービスであれば適正価格を住民が知ることは困難である。

6　価格差別　　**101**

常期と比べて需要の価格弾力性が小さくなるだろう。

需要の価格弾力性と価格差別　　原則として，需要の価格弾力性が小さい消費者グループに対しては，価格変化に対する需要量の変化が小さいため高価格で財を提供する。一方で，需要の価格弾力性が大きい消費者グループに対しては，価格変化に対する需要量の変化が大きいため低価格で提供する。これは下記のラーナーの公式（第2章参照）から明らかである。

$$\frac{P - MC}{P} = \frac{1}{\varepsilon}$$

この公式は次のように書ける。

$$P\left(1 - \frac{1}{\varepsilon}\right) = MC$$

この式から，ε（需要の価格弾力性）が小さくなると，MC（限界費用）が一定のもとでP（価格）は上昇する。逆に，εが大きくなるとPは下落する。消費者の需要の価格弾力性の大小を，企業がある種の情報（年齢，住所，時期など）から識別することで消費者をグループ分けし，価格差別を行うのである。

市場分割と生産者余剰　　収入の変化率，価格の変化率，そして需要の価格弾力性の関係は以下である（第1章の練習問題の問1.4に数式展開を記述している）。

収入の変化率＝価格の変化率×（1－需要の価格弾力性）

需要の価格弾力性が非弾力的（$\varepsilon < 1$）である場合，上式から価格を上昇させる（価格の変化率が正の値である）と収入は増加する。一方で，需要の価格弾力性が弾力的（$\varepsilon > 1$）である場合，価格を下落させる（価格の変化率が負の値である）と収入は増加する[4]。需要の価格弾力性の程度から，価格差を付けるのは利潤最大化行動に沿った合理的な戦略といえる。よって，独占時の均一価格と比べて，市場分割の結果，利潤（または生産者余剰）は増加する。

市場分割と消費者余剰　　第三種価格差別によって，市場均衡における総余剰，または消費者余剰はどのような影響を受けるだろうか。需要の価格弾力性が大き

---

[4]　$\varepsilon = 1$の場合，収入は変化しない。すなわち，市場における価格を変化させていき，需要の価格弾力性が1となる時に，収入は最大化されている。

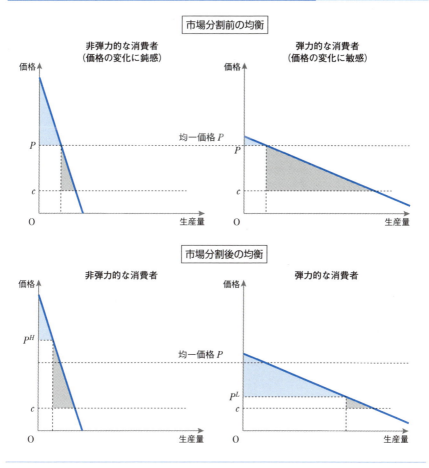

図6.2 第三種価格差別による消費者余剰と死荷重の変化

い（弾力的な）消費者グループは（独占時の均一価格よりも）相対的に安く財を購入できるが，需要の価格弾力性が小さい（非弾力的な）消費者グループは相対的に高く購入する。よって，弾力的な消費者の余剰は均一価格の時と比べて増加し，非弾力的な消費者の余剰は均一価格の時と比べて減少する。このようなトレード・オフを考慮しなければならない。

　図6.2は市場分割前後の消費者余剰と死荷重の変化を描いている。市場分割前は独占による均一価格（独占価格）を想定している。市場には弾力的な消費者と非弾力的な消費者の2つのグループが存在するとしよう。弾力的な消費者の需要

曲線の傾きは緩やかであり，非弾力的な消費者の需要曲線の傾きは急である（第1章参照）。また，均一価格をPとし，限界費用をcとする。この時，市場分割前の消費者余剰は水色の面積である。特に，弾力的な消費者グループについて，高価格ゆえに財を購入できない消費者が多く，それによって生じる死荷重（灰色）の面積が大きいことがわかる。一方で，非弾力的な消費者グループについては消費者余剰の面積は大きい。

次に，市場分割後の余剰についてみていこう。弾力的な消費者には均一価格よりも低価格P^Lで財を提供し，非弾力的な消費者には高価格P^Hで提供するとしよう。この時，弾力的な消費者の消費者余剰の増加が著しく大きいことが分かる。これは，均一価格では購入できなかった消費者が，価格差別によって購入することが可能となり，財の入手可能性が高まったことを反映している。その結果，死荷重も均一価格時と比べて著しく減少している。一方で，非弾力的な消費者では，均一価格よりも高価格ゆえに消費者余剰は減少するものの，需要曲線の傾きが急であったために，その減少の程度は大きくない。よって，死荷重の程度も大幅には増加していない。

市場分割と総余剰　第三種価格差別を実施した結果，弾力的な消費者と非弾力的な消費者の間の不公平感は生じるが，全体として，消費者の財の入手可能性を高め，（独占均衡時よりも）過小生産を解消することで総余剰は増加する。第三種価格差別は企業の利潤最大化だけではなく，社会全体の効率性を高めるという点においても実現可能性の高い企業戦略といえるだろう[5]。

6.5　第二種価格差別

第二種価格差別は，企業がタイプの異なる消費者グループが市場に存在していることは知っているが，各消費者がどのグループに属しているかを購入前には識別不可能である状況で用いられる。この時，市場分割はできないため，各消費者に対して購入時にさまざまな価格メニューを提示し，消費者が（自分の余剰を最大化するよう）自発的に選ぶように仕向ける。企業は消費者がどの価格メニュー

---

[5]　ただし，どの程度の価格差を弾力的な消費者と非弾力的な消費者で付けるかは問題である。その程度によっては消費者余剰は増加せず，消費者のクレームが増えるだけで，第三種価格差別は実行不可能となるかもしれない。

を選択したかを事後的に把握することで，その消費者がどのグループに属しているかを知ることが可能となる。このように消費者をふるいにかけて選別することをスクリーニングという。第三種価格差別では消費者は自発的に価格メニューを選択できないが，第二種価格差別では自発的に選択できる点で大きな違いがある。

●二部料金

まずは二部料金について説明しよう。消費者は「購入する」という意思決定後に，「どのぐらい購入する」ということを決める場合がある。購入量に応じて異なる価格メニューを提示するのが二部料金である。二部料金は言葉通り，固定料金と従量料金という二段階の価格設定となっている。固定料金Fは購入量Qにかかわらず必ず支払う料金である。従量料金PQは購入量に応じて支払う料金である（Pは単価）。二部料金の総額は下記である。

$$総額 = F + PQ \Leftrightarrow \frac{総額}{Q} = P + \frac{F}{Q}$$

購入量1単位あたりの平均価格（総額/Q）は購入量が多くなると減少する[6]。

二部料金によって消費者のスクリーニングが行われることを数値例でみていこう。市場にはライトユーザー（購入量が少ない消費者）とヘビーユーザー（購入量が多い消費者）の2つの異なる消費者グループが存在する[7]。企業は2タイプの消費者グループの存在を知っているが，どの消費者がどちらのグループに属するかは事前に識別できない。この時，企業は各タイプに対応した，固定料金と従量料金のセットである価格メニューを2種類提示しスクリーニングを行う。従量料金の単価をP，購入量をQとした時の，ライトユーザーLとヘビーユーザーHの需要関数と価格メニューを以下に示す[8]。また，費用関数は$C = 500Q$（限界費用500で一定）とする。

---

[6] 第二種価格差別に数量割引がある（スーツ2着目半額セールなど）。これは理論的には二部料金と同じである。今，ある購入量$\bar{Q}$までは財の価格P^Hは高価であるが，$\bar{Q}$を超えると価格P^Lのように安価になるとする。$Q \leq \bar{Q}$の場合，総額$= P^H Q$となり，$Q > \bar{Q}$の場合，総額$= P^H \bar{Q} + P^L(Q - \bar{Q})$となる。大量に財を購入する（$Q > \bar{Q}$の）場合，総額$= (P^H - P^L)\bar{Q} + P^L Q$と書くこともできるが，両辺を$Q$で割れば明らかなように平均価格は二部料金と同様に購入量が増加すれば減少していく。

[7] もし中間的な購入量の消費者をミディアムユーザーとすれば，3タイプの消費者グループとして3種類の価格メニューで議論すればよい。

[8] なお，ライトユーザーとヘビーユーザーの人口比率は1:1としている。

図6.3 ライトユーザーとヘビーユーザーの需要曲線と購入量

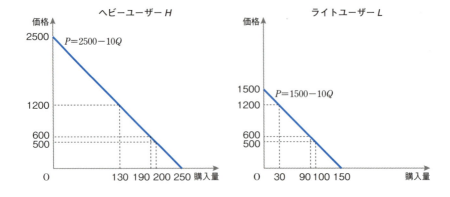

Lの需要関数　　$P = 1500 - 10Q$

Hの需要関数　　$P = 2500 - 10Q$

H向けの料金プラン　　固定料金85000　　従量料金単価600

L向けの料金プラン　　固定料金0　　　　従量料金単価1200

需要曲線とそれぞれの料金プランを選んだ時の購入量を図6.3で描いている。この時，ライトユーザーはL向けの料金プランを自発的に選び，ヘビーユーザーはH向けの料金プランを自発的に選ぶ。これは消費者余剰を計算すれば容易にわかる。まず，ライトユーザーが仮にH向けのプランを選んだとしよう。消費者余剰は需要曲線に従えば-44500となる（従量料金単価600で購入量は90であり，消費者余剰900×90÷2を計算し，固定料金85000を引く）。一方で，L向けのプランを選んだ場合，消費者余剰は4500となる（従量料金単価1200で購入量は30であり，消費者余剰300×30÷2を計算し，固定料金0を引く）。よって，合理的なライトユーザーはL向けのプランを選ぶはずである。同様に，ヘビーユーザーがL向けのプランを選んだ場合，消費者余剰は84500，H向けのプランを選んだ場合，消費者余剰は95500となる。よって，ヘビーユーザーはH向けのプランを選ぶはずである[9]。

---

[9] それぞれのプランを選んだ場合の平均価格を計算してもよい。例えば，ヘビーユーザーがL向けのプランを選んだ場合，平均価格は1200（総額は従量料金単価から1200×130で購入量130）である。H向けのプランを選んだ場合，平均価格は約1050（総額は従量料金単価から600×190で固定料金の85000を合計して199000で購入量190）である。よって，ヘビーユーザーはH向けのプランを選ぶ。

参加制約とインセンティブ整合性　二部料金，あるいは第二種価格差別が機能するには参加制約とインセンティブ整合性という2つの条件を満たす価格メニューを提示する必要がある。まず，参加制約とは消費者が「購入しない」という選択肢よりも「購入する」という選択肢を選ぶように価格メニューを設計することである。これは消費者が財を購入することで正の消費者余剰が得られることを意味する。インセンティブ整合性とは，ライトユーザーはL向けの料金プランを，ヘビーユーザーはH向けの料金プランを選ぶように，消費者が（企業が想定しているように）自分に合った料金プランを自発的に選ぶように仕向けることである。この結果，企業はスクリーニングに成功し，事後的に各消費者がどのグループに属するか識別できる。

　二部料金における価格設定の原則を述べておく。数値例から分かるように，ライトユーザーには，相対的に低い固定料金を設定し市場に参入してもらい，一方で，相対的に高い（限界費用を上回る）従量料金単価を設定することで利潤を高める戦略をとる。ヘビーユーザーには，相対的に高い固定料金を設定し，一方で，相対的に低い（限界費用に近い）従量料金単価を設定する。二部料金による価格メニューは，均一価格と比べて，企業の利潤を高める効果があり，さらに市場均衡における総余剰も高める可能性がある（練習問題の問6.3参照）。

●抱き合わせ，バージョニング，段階的値上げ方式

　第二種価格差別は二部料金だけに限らない。抱き合わせ（バンドリング），バージョニング，段階的値上げ方式についても簡潔に説明していこう。

抱き合わせ　抱き合わせとは，主たる製品とそれと補完的な製品をセット販売することを意味する。例えば，ゲーム機とゲームソフト，プリンターとインク，スマートフォンと通信サービスがある。今，市場には関連する財をセット購入したい消費者と，それぞれの財を単品購入したい消費者がいる。企業はある消費者がどちらに属するか事前に把握はできない。この場合，企業は抱き合わせによってセット割引で提供することで，消費者の財の入手可能性を高め，かつ企業の利潤を高くすることができる。

　表6.2は航空券チケットとホテル宿泊の抱き合わせ販売の例である。市場には航空券チケットのみ希望する人が30人，ホテル宿泊のみ希望する人が10人，両方をセットで希望する人が5人いる。それぞれの消費者グループの航空券チケットとホテル宿泊に対する最大支払意思額を示している。簡単化のため財の提供に

表6.2　抱き合わせ販売による利潤最大化

区分	人数	最大支払意思額	
		航空券チケット	ホテル宿泊
航空券チケットのみを希望する人	30	30	0
ホテル宿泊のみを希望する人	10	0	40
航空券とホテル両方を希望する人	5	20	25

要する費用をゼロとする。

　まず，それぞれを単品でのみ販売したとする。この時，企業は航空券チケットを価格30，ホテル宿泊を40で販売することが最適な価格設定となる。なぜなら，その利潤は30×30＋10×40＝1300であり，航空券チケットを20，ホテル宿泊を25で販売する時に得られる利潤1075よりも高いからである。

　次に，両財の抱き合わせ販売が可能な状況ではどうだろうか。企業は単品販売ではそれぞれの価格を30と40とし，セット購入では割引価格45を提供する。この時，単品販売で得られる利潤1300に加えて，抱き合わせで得られる利潤225を得られる。その結果，合計利潤は1525となる。抱き合わせは利潤を高め，さらに消費者の財の入手可能性を高めることで（消費者余剰も往々にして増加し），総余剰を増加させる。

　バージョニング　　バージョニングとは，財の価値を高く評価する消費者と，低く評価する消費者が存在する場合に，財の品質の多様化を通じて価格差別を行うことを意味する。財を高く評価する消費者は需要の価格弾力性が小さいグループに属し，一方で，財を低く評価する消費者は需要の価格弾力性が大きいグループに属すると予想される。

　企業はある消費者がどちらのグループに属するか事前に識別できない。しかし，意図的に上級品と通常品をそれぞれ仕立て上げることで，利潤を高めることができる。例えば，書籍のハードカバーとソフトカバー（または電子書籍版）はバージョニングの例である。その本を高く評価しており，高級感のあるハードカバーで購入したい消費者は（プレミアムな）高価格であっても購入する。一方で，高く評価しないが本を読みたい消費者はソフトカバーあるいは電子版を購入する。バージョニングは他にも，航空券のファーストクラスとエコノミークラス，遊園地のエクスプレスパス付きチケットと通常チケット，ゲームソフトの初回限定版と通常版のように現実に多く観察できる[10]。

108

世の中にいる消費者の価値観や嗜好は多様であるが，原則としては，ある財に対して高く評価するか，あるいは低く評価するか（または無関心）に分けられるだろう。この状況では，バージョニングを行うことで，より多くの消費者の財の入手可能性を高めることができる。企業は利潤を高めることで，バージョニングも総余剰を増加するように作用する。

　　段階的値上げ方式　　段階的値上げ方式とは，早期に財の購入を行う消費者には割引価格で提供し，時間の経過とともに値上げしていく価格差別を意味する。典型的には，航空券や新幹線チケット，ホテルの宿泊料金などにおける早期予約割引がある。市場にはこれらの財の消費において，需要の価格弾力性が大きいグループと小さいグループが存在している。しかし，企業はどの消費者がどちらに属しているかは事前には知りえない。これらの輸送サービスや施設の稼働における費用は利用客数にかかわらず要するので，できるだけ（空席をなくして）多くの消費者に利用してもらう方が望ましい。そこで，需要の価格弾力性の大小に応じた，多様な価格メニューを提供し，より多くの消費者を獲得することで効率的な資源配分が可能となる。

　早期の予約では，将来の不確実性もあり需要が相対的に少ないと予想される。そこで，均一価格時の高価格では購入しないような弾力的な消費者にも財を購入してもらうため，早期予約に限り割引価格で提供する。このような割引価格では，予約キャンセル不可などの制約付き財となっている可能性が高い。弾力的な消費者はこのような制約付き財を購入しているといえる。そして，時間の経過とともに価格は上昇していくが，需要の価格弾力性が小さい消費者（あるいは将来の不確実性が解消されることを重視する消費者）は購入する。例えば，プライベートでの家族旅行を企てる弾力的な消費者は，早期予約割引を積極的に活用するが，ビジネスでの出張を考えている（出張費を自ら払う必要のない）非弾力的な消費者は直前の高価格でも購入するだろう。

　このような段階的値上げ方式も，多様な価格メニューを提示し，それぞれの消費者が自発的に選択できるように設計されている。その結果，消費者の財の入手可能性を高め，企業の利潤最大化につながる価格戦略として，総余剰を増加させる効果を持つだろう。

---

[10]　本章の脚注1で述べたDamaged goodsを通常版の財と置き換えれば，制約付き財であるがゆえに低価格で提供していることと共通した議論ができる。すなわち，制約付き財は需要の価格弾力性が大きい（その財を高く評価していない）消費者の存在に基づいているともいえる。

　　　　　　　　　　　　　　　　　　　　　　　6　価格差別　　**109**

コラム1　さまざまな価格戦略

　本章では価格戦略の代表例である価格差別を中心に議論してきた。第二種，第三種価格差別は現実にも多くの企業が採用している価格戦略ではあるが，企業はこのような価格戦略以外にもさまざまな価格設定の取り組みを行っている。ここではその幾つかを取り上げてみよう。

　まず，浸透価格である。浸透価格とは，ある新製品を販売するにあたり，発売当初は低い価格を設定するが，時間の経過とともにその新製品の価格を上昇させる戦略である。これは，（本来，品質に見合った望ましい価格よりも）低価格の販売によって，より多くの消費者の購入を促し，その消費経験を通じて消費者がその新製品の品質や良さを理解してもらうことで，価格上昇が許容される場合に用いられる。この価格戦略は経験財（購入前に消費者が財の価値を評価することが難しい財）でよく用いられる。例えば，電子書籍の1巻目半額割引（あるいは無料閲覧），創刊号の割引提供，化粧品の無料試供，アマゾンプライムやU-NEXTのような初回登録1か月無料，米国における新薬の価格など，多くの価格設定で利用されている。

　次に，浸透価格と同様に，長期的な収益を重視した価格設定として経験曲線価格がある。この価格設定も総費用の観点から本来必要とする価格よりも低価格で販売し，累積生産量を増加させることで，いち早く経験効果（規模の経済や学習効果）を獲得し，生産コストを引き下げて利潤を獲得する戦略である。分業，自動化ツールの導入や作業マニュアルの作成など，経験効果をライバル企業に先駆けて発揮することは競争優位を獲得するうえでも重要である。例えば，Androidスマートフォンの価格設定やフォード社の自動車販売において，このような経験曲線価格が導入された。

　短期的な視野に立った価格戦略もある。例えば，上澄み吸収価格である。上澄み吸収価格とは，発売当初に高い価格を設定し，その後，少しずつ価格を下げていく戦略である。低価格で販売しても市場が拡大しそうにない場合に，生産コストとは無関係に市場の限られた買い手（一部の熱狂的なブランドファンや新製品に飛びつく消費者など）だけが支払ってくれる高価格を設定する。発売前に口コミや風評などで品質以上に消費者の期待が高く，早期の模倣が困難となっている場合，発売当初にできるだけ短期的に投資を回収することを目指した戦略といえる（ただし，消費者の期待外れに終わり，ブランド価値が傷つく危険な可能性も残る）。例えば，ブランドの洋服や香水などは当初高価格で販売され，その後のバーゲンセールで割引価格として販売される。他にも映画やパソコンなども上澄み吸収価格の例といえるだろう。

　上述のような長期，短期とは異なる視点から実施されてきた価格戦略もある。ダイナミック・プライシングは近年，積極的に導入されてきた。ダイナミック・プライシングとは，主に需給の変動に合わせて高頻度に価格変更を行う仕組みである。供給に対して需要が大きい場合は価格を引き上げ，逆の場合には価格を引き下げる。米国では早くからダイナミック・プライシングを導入する動きがみられた。例えば，ウーバーのタクシー料金は地域内の路上にいるドライバー数と利用希望者数から，需給逼迫指数を測定し，その指数の大小に応じて価格を通常時の1.2倍，1.3倍，1.4倍，ひいては2倍というように柔軟に価格を変更している。また，MLB，NBA，NFLのようなスポーツ観戦チケットの販売において

も2009年以降から導入されてきた。スポーツ観戦では一試合の実施に要する費用は変わらないため，より空席を減らすことで収益を増大できる。

　日本においてもダイナミック・プライシングが近年導入されるようになってきた。例えば，野球観戦ではオリックスの当日席の値付けがダイナミック・プライシングで行われた結果，実施しなかった試合のうちで条件が実施時と近い試合と比べ，チケットの平均単価が2％安くなったものの，販売数量が17％，チケット収入が14％増加した[11]。また，サッカー観戦ではFC町田ゼルビアが2022シーズンにおけるダイナミック・プライシングの試験導入の結果（価格推移や収益変化など）を詳細にまとめていて興味深い[12]。導入の結果，昨シーズンの同じマッチの3試合での動員状況と比較して，オンライン販売総数は15～19％の増加，販売収益は15～27％の増加（1試合は販売収益に変化なし）となった。この結果から2025シーズンも継続してダイナミック・プライシングを導入している。

　このようなスポーツのダイナミック・プライシングでは，チケットの販売状況，対戦相手やその対戦成績，日程や天候の情報など複合的な条件を機械学習し，自動で価格を決定している（ただし上限価格などの定めは人が決定する場合もある）。しかし，このような機械学習ベースのダイナミック・プライシングの導入には人材確保やシステム開発などの実装コストが膨大にかかる。そのため，ダイナミック・プライシング導入のスモールスタートとして，近年ではルールベースでのダイナミック・プライシングの導入が盛んになってきた。例えば，ロックバンドのスピッツ（Spitz）は，2023年2月1日に「チケット料金と開演時間の設定に関するご案内」という内容をウェブサイト上（information）で公開している[13]。その内容によれば，これまでの需要状況を考慮し，ライブチケットを平日に一番安く設定し，日曜・祝日，土曜日と段階的に値上げするということである（また会場場所による料金の変更方針も明らかにしている）。これは過去のデータを基に分析しながらも，土日の混雑を回避し，平日の集客を増やすという狙い（ルール）をもって人間の手による調整が施されている。同ウェブサイトの「SPITZ JAMBOREE TOUR '23-'24 "HIMITSU STUDIO"」のスケジュールで公開されているチケット料金（税込）は表6.3の通りである。なお，このような一種のダイナミック・プライシングを取り入れる前のチケット料金は一律9800円であった。全45公演のうちホール公演の平日開催が最も多く（当初は26公演だったが24公演に変更），表6.3に照らせば，多くの消費者にとって値下げともいえるだろう。

　ダイナミック・プライシングが発展してきた背景にはビッグデータやAIの活用などがある。また，これらを活用したデータサイエンスの導入が製品の価格設定にも有益となってきた。例えば，バッファロー版nasne（スマートフォンでテレビ視聴ができるネットワークレコーダー）の発売価格では，東京大学エコノミックコンサルティングがその知見を活用している。他社製レコーダー製品の過去の販売データや価格データ，新製品の属性のみならず，季節性やブランド価値（ファンの愛着など）などの定性的な情報を分析モデルに盛り込むことで適切な発売価格の設定に取り組んだ[14]。他にもZOZOテクノロジーズは，

---

[11]　https://price-hack.com/articles/131

[12]　https://www.zelvia.co.jp/news/news-197580/

[13]　https://spitz-web.com/himitsu/tour/information/

[14]　https://www.buffalo.jp/contents/topics/special/nasne-pricing-int/

表6.3　SPITZ JAMBOREE TOUR '23-'24 "HIMITSU STUDIO" の曜日別チケット料金

	ホール公演	アリーナ公演
平日	7800円	9000円
日曜・祝日	8800円	10000円
土曜	9800円	11000円

（出所）　ウェブサイト（https://spitz-web.com/himitsu/
tour/schedule/）より筆者作成（2024年12月
23日アクセス時点）

ZOZOグループが持つビッグデータを使ったAI活用を推進している。購入予測AIを活用したマーケティングのみならず，古着の販売価格をAIで予測し，それを基に下取り価格を設定している[15]。このような価格設定は近年のデータの充実と経済学的な分析アプローチ，その分析を実行するソフトウェアの発展に支えられているといってよい。

◆ 練習問題

問6.1　第二種価格差別と第三種価格差別の例を挙げなさい。

問6.2　独占企業の製品に対する需要はA地域で $Q_A = 60 - P_A$ で，B地域では $Q_B = 90 - 2P_B$ である。独占企業の平均生産費用と限界生産費用はともに1単位あたり4である。この時，以下の問いに答えなさい。
① 独占企業がA地域とB地域で同じ価格を付けなければいけない場合，独占企業の生産量と価格を求めよ。
② 独占企業がそれぞれの地域で異なる価格を付けてもよい時に，この企業の各地域における生産量と価格を求めよ。
③ ②の価格差別のもとでの均衡状態における需要の価格弾力性を求めよ。

問6.3　本文の二部料金（本章6.5節）で設定した需要と費用のもとで，独占時における均一価格のもとでの市場均衡を求め，そのもとでの総余剰を計算しなさい。

---

[15] https://netshop.impress.co.jp/node/8150

第7章
イノベーション戦略

- 7.1 均衡とイノベーション
- 7.2 イノベーションの種類
- 7.3 イノベーションに関するミクロ経済学的分析枠組み
- 7.4 プロセス・イノベーションと費用関数
- 7.5 プロセス・イノベーションと生産性
- 7.6 知識生産関数

コラム1 情報財としての知識

- 7.7 イノベーションの担い手

　この章では，経済学のフレームワークでイノベーション戦略について考えていく。イノベーションとは簡単にいえば，社会的価値の創出であり，新しいものを生み出し普及させることである。イノベーションの戦略は経営学的な観点から議論されることが多いが，経済学の理論体系を適用するとその本質がより明確になるだろう。イノベーションの種類や，その経済学的意味について解説する。

【Key Point】
- 新しいアイデアを利用して総余剰を増加させることがイノベーションである。
- 企業がイノベーションを起こすインセンティブは，完全競争市場では得られない独占的な利潤を得るためである。
- イノベーションを対象によって分類すると，プロダクト・イノベーション，プロセス・イノベーション，組織イノベーション，マーケティング・イノベーションに分けられる。
- イノベーションへの投資もミクロ経済学の期待利潤最大化の枠組みで分析できる。
- イノベーションによる生産性の上昇を測定する代表的な指標として，労働生産性と全要素生産性がある。

113

7.1　均衡とイノベーション

●市場のダイナミズム

　これまで学んできたように，産業組織論はミクロ経済学の分析手法をベースに発展してきており，その大きな特徴は「均衡」状態を議論することである。企業の主な関心事（そして企業が動かせる変数）は価格や生産量に集約され，さまざまな調整が済んだ後の均衡における状況を比較することになる。特に，比較のベンチマークとなるのは静学的にみて「最も望ましい資源配分が実現している」完全競争市場における均衡の状態である。そこでは，完全情報のもとで，同質的な財を多数の主体が取引し，需給がバランスした状態になっており，企業の利潤もゼロである。

　他方で，市場や経済の成長にはイノベーションの実現が必要であり，企業がイノベーションを起こすインセンティブは，完全競争市場では得られない利潤を得るためといえる。すなわち，完全競争の状態からいかに離脱するかがイノベーションを志向する企業の関心事となる。

　完全競争市場にとどまっている限り，企業の利潤はゼロであり，また，均衡状態であるため企業も経済も成長しない。独占市場においては，企業は完全競争市場と異なり，同じ製品を販売するライバルがいないため，価格を自由に設定できる。独占企業が利潤を最大にすると，完全競争市場の場合と比べて，供給量は少なく価格は高くなる。それにより，正の独占利潤が発生する。技術や販売網などのリソースに制約があったり，知的財産権による保護があったり，何かしらの理由で他社が参入できない限り，独占企業は独占利潤を享受し続けることになる。これが，企業にとってイノベーションを起こす強いインセンティブになる。

　やがて，リソースの制約が解消されるなど，新たな企業の参入が可能になると，市場は少数の企業が支配する寡占状態へと移行する。寡占市場においては，他社の戦略が自社の利潤に影響を及ぼすため，ゲーム的な状況に陥る。それでも，完全競争市場とは異なるため，独占利潤ほどではないにせよ，各企業は正の利潤を得ることができる。この段階では，寡占企業の販売網が拡大していき，学習効果等により生産コストも下がっているため，新規企業にとっては参入障壁が高くなりがちである。

　しかし，十分な時間が経過し，既存企業の学習効果を打ち消すくらいに生産方法の革新が進んだり，知的財産権が保護期間の満了を迎えたりすると，製品がコ

図7.1 イノベーションによる市場のダイナミズム

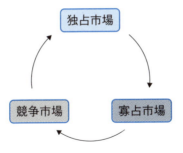

モディティ化（汎用化）して，誰でも同じくらいのコストでその製品を作れるようになる。こうなると，寡占市場における正の利潤を目指してさらに参入が進み，最終的には完全競争市場の均衡状態に到達することになる。それにより，すべての企業の利潤がゼロとなり，この産業の成長は止まることになる。しかし，ある企業はまた新たな独占利潤を求めて，新製品・サービスの開発を行い，完全競争市場から脱出しようとするだろう。

こうしたイノベーションによる市場の変化を図示したのが，図7.1である。新製品が販売された当初は価格が高く，やがて競合製品を市場に投入する企業が現れて，だんだん価格が下がっていくというプロセスは，現実にもよくみられる現象ではないだろうか。

●参入企業数と市場均衡

均衡分析の枠組みでこのダイナミズムを議論する場合には，短期と長期を区別して考えることになる[1]。仮に，市場で成立したある価格で，各企業に独占的な利潤が発生しているのであれば，長期的には，その利潤を求めて新たな企業が参入してくることになる。その時，供給曲線は右方向にシフトする。その結果，新たな均衡における取引量は増え，価格は下がることになる（利潤が負であれば退出が起こり，市場の供給曲線は左方向にシフトして逆のことが起こる）。こうした調整が続く結果，長期的には均衡における各企業の利潤はゼロとなる。

---

[1] ここでの短期と長期の違いは参入によって利益が増加する企業がすべて参入し終えた状態を意味しており，生産関数や費用関数の議論における短期と長期の違いとは異なる。通常，ミクロ経済学の短期と長期の違いは，固定的な生産要素が存在するか否かの違いとして定義される。

競争の程度を市場に参入する企業数と考えた場合，第3章で学習したクールノー競争のモデルを，同質的な企業がn社存在するモデルに拡張することで，市場のダイナミズムを均衡の枠組みで議論することもできる。この場合，各企業iの最適生産量は，$q_i^C(n) = \frac{a-c}{(n+1)b}$となることが知られている（詳細は第3章の補論を参照）。2社の場合は分母のnに2を代入した$\frac{a-c}{3b}$となり，確かに第3章で導出したクールノー競争における均衡生産量となることが確認できる。また，n社のケースの均衡価格は$P^C(n) = c + \frac{a-c}{n+1}$となる。この結果は，市場に参入する企業が増えるにつれて$\frac{a-c}{n+1}$が0に近づいていくため，均衡価格P^Cが限界費用cに近づいていくことを意味している。

また，均衡価格$P^C(n)$は，各企業が限界費用cに$\frac{a-c}{n+1}$だけのマージンを加えていると解釈することができる。企業の利潤は，価格から限界費用を引いたマークアップ（$P-c$）に生産量をかけた額（$P-c)q$であるから，マークアップが大きいほど利潤が大きくなる。そして，この利潤が大きいほど，この市場に参入するインセンティブが強くなるため，企業数nが大きくなる。その結果，市場は競争市場に近づいていき，各企業の利潤もゼロに近づいていくことになる。

●新たな市場の創出と総余剰

なお，独占市場では，競争市場における均衡よりも，供給量が少なく価格が高くなるため，総余剰は最大にならない。独占が法律で禁止される理論的根拠はここにある。しかし，イノベーションにより独占市場が構築されることは，常に総余剰を減らすとは限らない。これまでに学んだ余剰分析は，1つの製品市場のみを対象とした分析である（すべての製品市場を対象とした「一般」均衡分析と区別して，「部分」均衡分析と呼ばれる）。

他方で，イノベーションが起こると，差別化の程度に応じて，まったく別の市場や，同一の市場でもサブカテゴリーでは異なる市場が生まれることになる。したがって，画期的な新製品により新たな需要が創出され市場の規模が拡大する場合や，旧製品に対する需要が新製品に完全には取って代わられない場合には，独占的な市場が成立しても総余剰は増える可能性がある。これは，消費者が常に新製品を求める，すなわち，新製品が投入される度に，さらに新たなニーズが生まれ，それを満たすための製品が必要になるという，現実にも観察されるプロセスからも容易に想像できる。

図7.2 プロダクト・イノベーションによる総余剰の増加

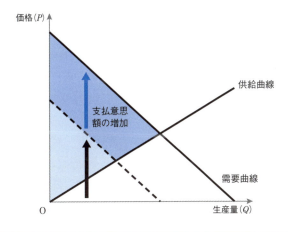

7.2 イノベーションの種類

●イノベーションと総余剰

　シュンペーターが最初に厳密な定義を与えて以来，イノベーションにはさまざまな定義がなされているが，重要なのは，新しいアイデアが生み出され，かつ，それが活用され社会的な価値が創出されることである。たとえ新しいアイデアが生み出されたとしても，それがまったく利用されなければ社会には何の価値ももたらさないため，普及というプロセスがイノベーションの実現には不可欠である。

　ここでいう社会的な価値とは，経済学で考えた場合には総余剰と捉えることができる。したがって，例えば，性能の向上やパッケージの変更などにより，消費者がその財に対して支払ってもよいと考える金額（支払意思額）が高くなれば，図7.2のように需要曲線は上方にシフトする。この時，供給曲線が変化しなければ（限界費用が上がっても需要曲線ほど大きくシフトしなければ），総余剰（需要曲線と供給曲線に囲まれた三角形の面積）は増えることになる。なお，図7.2においては，単純化のため，この市場で供給される財がすべて新たな財に取って代わられている状況を想定している。

●対象によるイノベーションの分類

　この例では，財・サービスの価値を高めるようなイノベーションを取り上げた

が，イノベーションにもさまざまなタイプのものがある。例えば，新たなアイデアを実装する「対象」に着目した場合，①プロダクト・イノベーション，②プロセス・イノベーション，③組織イノベーション，④マーケティング・イノベーションに分けることができる[2]。なお，シュンペーター（1942）[3]におけるイノベーションの概念は，新結合という言葉で説明されており，その例として①から③の他に，④を新たな販路の開拓と原材料等に関する新しい供給源の獲得に分けた5つが挙げられている。

プロダクト・イノベーションは，「新しい」製品・サービスを市場に導入すること，あるいは，既存の製品・サービスを大幅に改善することを意味している。なお，「新しい」製品・サービスといっても，必ずしも市場にとって新しいものでなくてもよく，市場に既に存在していても自社にとって新しいものであればよい。

プロセス・イノベーションは，自社にとって新たな生産工程や配送方法等を導入することや，既存の生産工程や配送方法等を大幅に改善したものをさす。例えば，新たな生産設備の導入などもプロセス・イノベーションに含まれる。このようなイノベーションによって限界費用が低下する場合，先の図7.2における供給曲線が下方にシフトすることになり，均衡価格は下がり総余剰は増加することになる。

組織イノベーションは，自社にとって新しい組織管理方法の導入を指し，新たな業務慣行の導入や職場編成などが含まれる。マーケティング・イノベーションは，自社の既存の手法とは大幅に異なるマーケティング戦略の導入などを意味し，製品サービスのデザインの変更，販売促進方法，販売経路，価格設定方法などの大幅な変更を含むものである。

●程度によるイノベーションの分類

また，これらイノベーションについて，既存の財・サービス，生産方法等との違いの大きさに着目すると，ラディカル（急進的）・イノベーションとインクリメ

---

[2] イノベーションに関連する用語・概念の定義や指標の作成方法などは統一されていないと，国際比較などを行うことも難しくなる。そのため，オスロマニュアル（2018年版）のようなマニュアルが刊行されている。そこでも，イノベーションはこの4種類に分類されている。特に，生み出されるアイデア（製品・プロセス）の新しさとその利用可能性が，イノベーションの定義において強調されている。

[3] Schumpeter, J. A. (1942) *Capitalism, Socialism and Democracy*, Harper & Brothers（中山伊知郎・東畑精一訳『新装版 資本主義・社会主義・民主主義』東洋経済新報社，1995年）.

表7.1　イノベーションのタイプの例

		程度 ラディカル	インクリメンタル
対象	プロダクト（財・サービス）	ポケベルから携帯電話	スマホのカメラに手振れ防止機能を実装
	プロセス（生産方法）	手作業を完全自動化	生産機器のアップグレード
	組織	オフィスワークからリモートワーク	ダイバーシティ担当部署を設置
	マーケティング（販路，供給源）	ECサイトで世界中から注文受付	ホームページの開設，SNSの利用

ンタル（漸進的・累積的）・イノベーションに分けることができる。

　ラディカル・イノベーションとは，経済主体の抱える課題の解決手段として，それまでの財・サービス，生産方法等が実現するやり方とは，まったく異なる形をとるタイプのイノベーションである。例えば，消費者の「速く楽に移動したい」という課題を解決する（ニーズを満たす）ための手段として，馬車から汽車への変化，汽車から電車への変化のように，消費者の効用を不連続にジャンプさせるようなイノベーションをさす。馬車をどれだけ改良しても汽車にはならないという意味での不連続性である。

　プロセス・イノベーションについても，例えば，人間が手で行っていた作業を完全に自動化するように，生産コストを不連続に下げるようなイノベーションを意味する。組織イノベーションでは，毎日出勤していたのを完全にリモートワークに切り替えるような，それまでの業務のやり方を大きく変えて効率化を達成するようなイノベーションをさす。

　これに対して，インクリメンタル・イノベーションとは，それまでの財・サービス，生産方法等の課題の解決の仕方を改良していくようなタイプのイノベーションである。例えばスマートフォンのカメラの画質であり，カメラの画素数が400万画素から800万画素に向上するような変化である。

　表7.1は，イノベーションのタイプを対象で分けた場合と，新規性の程度で分けた場合について，それぞれの具体例を挙げている。

7　イノベーション戦略　　**119**

7.3 イノベーションに関する ミクロ経済学的分析枠組み

●イノベーションへの最適投資水準

イノベーションを実現するための活動にはさまざまなものが含まれるが，話を単純化すれば，通常の利潤最大化のフレームワークで分析することができる。ここではまず，企業がプロダクト・イノベーションにより，（他社が同様の製品を投入するまでの一定期間の）独占利潤を得るための投資行動を考える。すなわち，競争市場において利潤が0となっている企業が，急進的イノベーションによる独占市場の構築を目指して，イノベーション活動への投資を行う状況を想定している。

イノベーションの実現には研究開発などのさまざまなコストがかかるが，それらをすべてまとめてイノベーション活動費用としておく。今，イノベーションの実現による事後的な独占利潤（の割引現在価値）をMで表し，それを実現するための事前の投資（活動費用）をRとする。なお，事後的な独占利潤Mはイノベーション活動への投資Rが大きいほど大きくなるが，その効果は逓減する。この関係性を，MはRによって値が変わる関数となるため，$M(R)$と表記する。

すると，事後的な独占利潤からそれを得るためのコストを引いた，投資の意思決定段階における事前の利潤は，$M(R)-R$という式で表すことができる。これを図示したのが図7.3である。通常の利潤最大化問題と同様，利潤の頂点でイノベーション活動費用の水準を決定すればよい。

●イノベーション・パフォーマンスの決定要因

ここで，イノベーション活動による利潤を高めるには，どうすればよいかを考えることが重要である。このフレームワークにおいて企業が動かせる値はイノベーション活動費用Rだけであったが，同じ値のRでも事後的な独占利潤Mを増やすことができれば事前の利潤も増える。あるいはより低いRで，同じ独占利潤Mを得られるようにすることでも同様の効果を得ることができる。すなわち，図7.4のように，Rをそのままに$M(R)$を上にシフトさせるような活動，あるいは$M(R)$をそのままにRを下にシフトさせるような取り組みによって，イノベーション活動による期待利潤を高めることができる。

Mを大きくするのは，より大きな市場を構築することや，独占市場における生

120

図7.3 イノベーションによる利潤の最大化

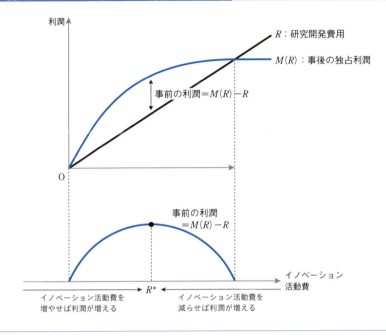

図7.4 イノベーション活動の効率性を高めるには

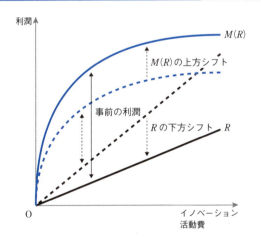

産コストを下げることで実現することができる。すなわち，より多くの消費者により高い価値を持つ差別化された製品・サービスを提供し，また，生産効率を高

7 イノベーション戦略

めていく必要がある。他にも、そのための組織作りも重要であり、イノベーション関連人材の育成やインセンティブ設計、企業レベルでの知識の蓄積、外部からの知識の獲得、新たな販路獲得など、さまざまな取り組みが考えられる。これらの一部はRを下げることにもつながる。また、新たな生産設備の導入なども当然Rを下げることになるだろう。こうした取り組みには当然コストがかかるため、事前の利潤の増加に対する見込みとのバランスを考えて実施していくことになる。

このように、経済学の伝統的なフレームワークの背景には種々のイノベーション活動があり、モデルを使った議論においては、それら具体的な取り組みの結果を一般的な形で分析しているのである。その意味では、具体的な取り組みを個別に分析していく事例研究とは補完的な関係にあるといえる。

7.4　プロセス・イノベーションと費用関数

前述の通り、ミクロ経済学のフレームワークでイノベーションを考えると、事前の利潤を増やすにはイノベーション活動から得られる収益を増やすか、費用を減らすかということになる。ここではまず、後者の代表的な手段であるプロセス・イノベーションについて考えていく。なお、前者の手段としては、プロダクト・イノベーションがあり、それについては第8章で製品差別化と合わせて議論する。

第1章で解説した通り、経済学において費用に関する重要な概念は、生産1単位あたりの費用（平均費用）と生産を1単位増やした時の費用の増加分（限界費用）である。また、費用には生産量に関わらず発生する固定費用と、生産量に応じて発生する可変費用がある。

最も単純なプロセス・イノベーションの定義は、生産コストを削減するようなイノベーションである。そして、その中には、固定費用のみを減らすタイプ、限界費用のみを減らすタイプ、両方を同時に減らすタイプ、固定費用を増やして限界費用を減らすタイプなど、さまざまなタイプのイノベーションがある。

●固定費用のみを減らすイノベーション

ここで、前述の通り、利潤を最大化する際に企業が考慮するのは限界費用（限界利潤）のみであることを思い出してほしい。そうすると、固定費用のみを減ら

すプロセス・イノベーションの場合，限界費用が変わらないため個別企業の供給曲線自体は変わらず，したがって個別企業の生産量にも変化はない。しかし，平均費用が下がるため短期的には企業にプラスの利潤が発生することになる。これが，企業が生産効率を高めるインセンティブとなる。ただし，長期的にはこの利益を求めて参入が起こり，企業数が増える分，市場全体の供給曲線は右方向にシフトする。これにより，市場で成立する価格が下がり，最終的に利潤は0に戻る。もちろん，製品が差別化されていたり，生産技術が特許で保護されていたりすると，参入障壁が高くなるため，より長期間にわたって正の利潤が得られることになる。

●限界費用のみを減らすイノベーション

　限界費用のみを減らすイノベーションの場合，固定費用は変わらなくても平均費用は下がることになる。また，限界費用が下がるということは，個別企業の供給曲線が下にシフトすることを意味する。それにともない，市場全体の供給曲線も下にシフトする。したがって，均衡における供給量は増加し，市場で成立する価格は下がる。これにより，総余剰は増えることになる。すなわち，限界費用を減らすようなイノベーションは，企業の利潤を短期的に増やすだけでなく，社会的にも望ましい効果があるといえる。

●固定費用を増やして限界費用を減らすイノベーション

　また，最新の生産設備を導入して，生産にかかる費用を抑えるようなプロセス・イノベーションも現実には多く観察される。これは，固定費用を増やして限界費用を減らすタイプのイノベーションに分類される。例えば，ある程度（累積）生産量が大きくなる場合には，人手で作業を行うよりは機械に任せる方がトータルのコストが安く済むという場合である。すなわち，生産量の増加に伴い，労働集約的な生産プロセスよりも，資本集約的な生産プロセスが相対的に有利になるような状況で用いられる。

　長期の費用関数は固定的な生産要素の存在する短期費用曲線群の中で一番低い部分をつないだ線（包絡線）になっている（図7.5参照）。このことは，長期においては生産技術を選択できることを意味する。すなわち，ある一定額の固定的な費用をかければ，生産1単位ごとにかかる費用（限界費用）を大幅に低下させることができるような状況において，企業は自社にとって最もトータルの費用が小

図7.5 生産技術の選択（プロセス・イノベーション）

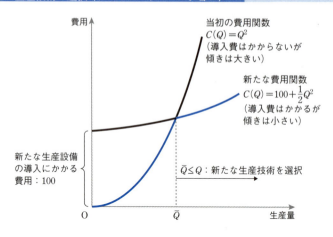

さくなる費用関数を選択することになる。

　図7.5は，単純化のため短期の総費用関数を2次関数の形にして，一定の導入費用を支払うことで限界費用を減らせる場合の，生産技術の選択を表現している。今，当初の短期の費用関数が $C(Q) = Q^2$ で表されるものとする。ここで，100だけの固定的な導入費用を支払うことで，限界費用が半分になるような生産技術があるとする。導入費用を固定費用と考えればこのときの短期の費用関数は $C(Q) = 100 + \frac{1}{2}Q^2$ と表すことができる。

　例えば，当初の費用関数は労働集約的な生産技術を表しており，もう一つの費用関数は資本集約的な生産技術を表していると解釈することもできる。この時，企業は各生産量に応じて，最も低い費用を選択することが合理的であるから，長期的には図の青線の費用関数が選択されることになる。すなわち，生産量が少ない段階では労働集約的な生産技術が選択され，生産量が増えてくると資本集約的な生産技術が導入される（プロセス・イノベーションが実現する）ことになる。ここでは2種類の短期費用関数しか考えていないが，当然のことながらより多くの費用関数を考えることもでき，この議論は，長期費用曲線が短期費用曲線群の包絡線になることに対応している。

　なお，資本集約的生産技術の導入費用が小さくなったり，それによる限界費用の削減効果が大きくなったりすれば，より早いタイミングで，そうした生産技術が導入されることになる。この議論は，製品バラエティの追加に関する意思決定

にも当てはめることができる。他の用途にも利用できる生産技術（例えば，1つの工場で別の製品モデルも作れるよう，生産ラインを共通化すること等）を導入しようとすると，その固定費用は相対的に大きくなる。しかし，その後，製品バラエティを増やす時には，生産技術が共通する部分ではコストを節約できるという範囲の経済（第11章で詳述する）が働くため，限界費用も低下する。なお，製品バラエティを増やすことは，プロダクト・イノベーションの一種であり，それが見込まれる場合には，多機能の生産技術が導入されるため，プロダクト・イノベーションとプロセス・イノベーションが同時に起こることになる。

7.5 プロセス・イノベーションと生産性

●生産関数の形

　プロセス・イノベーションは新たな生産技術の導入や，既存の生産技術の改善を意味するが，経済学ではこれを生産関数という形で表現することが多い。生産関数とは，生産に必要なインプット（資本と労働など）と，成果として出てくるアウトプットとの関係を表したものである。

　数式で書くと，以下の形になる。

$$Y = F(K, L)$$

　ここで，Yはアウトプットである生産物の量である。Fは関数の意味であり，生産物の量が，資本の投入量Kと労働の投入量Lによって決まるということを表している。

　ここで，生産技術の改善は，大きく分けると3種類に分類できる。一つは，労働投入の効果を高めるようなイノベーションである。これは，労働増大的な技術進歩と呼ばれ，

$$Y = F(K, AL)$$

のように，同じ労働投入量でもA倍の投入量と同じ効果が得られる技術進歩を意味する。労働の質が改善したりすること（教育水準の向上や技能の向上等）も，ここに含まれる。

　もう一つは，資本増大的な技術進歩で，同じ資本投入量でもA倍の投入量と同

7　イノベーション戦略　**125**

じ効果が得られるタイプのイノベーションであり，

$$Y = F(AK, L)$$

のように書ける。機械の性能向上などもここに含まれる。

　最後に，労働投入と資本投入のいずれの生産性も高めるような技術進歩もあり，

$$Y = AF(K, L)$$

と表現される。同じ資本投入量，労働投入量でも，得られるアウトプットがA倍
になるというタイプで，まさに生産技術の改善を意味している。経済学で技術進
歩を計測する際に利用される生産関数は，多くの場合この形を想定している。

●生産性の測定指標：労働生産性

　プロセス・イノベーションによって生産性は上昇するが，その生産性を測る指
標としてよく用いられるのが，労働生産性と全要素生産性（Total Factor
Productivity: TFP）である。労働生産性とは，アウトプットを労働投入量で割っ
たものである。

　労働生産性の国際比較を行う際には，GDPを就業者数で割ったものを使うこ
とが多い。図7.6は，購買力平価で換算した就業者一人あたりGDPをOECD加盟
国で比較したものである（2021年ベース）。日本の労働生産性はOECD加盟38
カ国中29位と相対的に低く，81,510ドルである。これは米国の152,805ドル
の53.3%で，およそ半分程度である。

　労働生産性は，労働者のスキルが上昇したり，人的資本が蓄積されたり，ある
いは分業などによって作業の無駄がなくなったりすることで向上する。これらは，
労働増大的なイノベーションである。他方で，最新の機械の導入などのような，
資本増大的なイノベーションによっても，労働生産性は向上する。

　しかし，先にみたように，資本集約的な生産技術を導入するには固定費用がか
かることが多い。この場合，アウトプットを生産額にしておくと，たとえ機械の
導入費用が膨大で，そのため利潤が減っていたとしても，生産性は上昇してしま
う。したがって，アウトプットには，生産額から原価を引いた付加価値を用いる
方がよい。一国の生産性を議論する場合には，多くの場合アウトプットにGDPを
用いるが，これは付加価値の合計であるため，生産額を用いるより適切な指標で
あると考えられる。

図7.6 労働生産性の国際比較

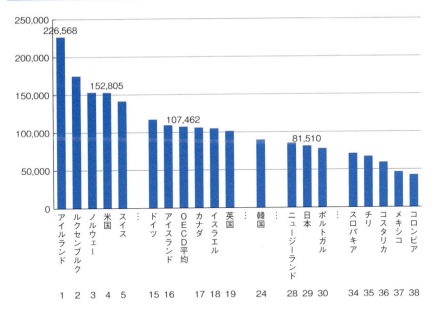

(出所) 日本生産性本部「労働生産性の国際比較2022年版」より筆者加工

●生産性の測定指標：TFP

　当然のことながら，生産性は，資本と労働の投入量以外にも，技術水準などさまざまな要素によって変わってくる。そうした資本と労働以外のすべての生産要素の増加による，アウトプットの増加の比率を全要素生産性（TFP）と呼ぶ。特に，アウトプットに付加価値（GDP）を用い，生産要素として資本と労働を考えた場合，全要素生産性は，GDPの変動のうち，資本と労働の量的な変動で説明できない部分と考えることができる。そしてそれは，資本や労働の質的な変化や技術進歩等を反映していると考えられている。そのため，TFPはイノベーションの指標として用いられているのである。

　技術進歩や生産性の計測に用いられる生産関数は多くの場合，コブ＝ダグラス型と呼ばれる以下のような具体的な形を想定することが多い。

$$Y = AF(K, L) = AK^{\alpha}L^{1-\alpha}, \ 0 < \alpha < 1$$

これを変化率の形に直すと，

7　イノベーション戦略　　127

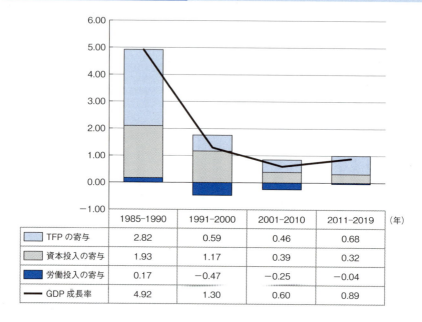

(出所) 厚生労働省「令和4年版 労働経済の分析」より筆者加工

$$\frac{dY}{Y} = \frac{dA}{A} + \alpha\frac{dK}{K} + (1-\alpha)\frac{dL}{L}$$

という形に変換できる[4]。アウトプットを付加価値とすると、この式が意味しているのは、

> 付加価値の伸び率＝TFPの伸び率（技術進歩率）
> 　　　　　　　　＋α×資本の伸び率＋(1−α)×労働の伸び率

ということである。アウトプットをGDPとすれば、GDPの成長率がイノベーションの結果と、その他の生産要素の伸び率に分解することができることを意味している。なお、αは資本分配率と呼ばれる割合、(1−α)は労働分配率と呼ばれる

---

[4] 両辺の対数をとると、$logY = logA + \alpha logK + (1-\alpha)logL$と書き直すことができる。全微分すると、$dY = \frac{dY}{dA}dA + \frac{dY}{dK}dK + \frac{dY}{dL}dL$となり、これをYで割ると、$\frac{dY}{Y} = A^{-1}dA + \alpha K^{-1}dK + (1-\alpha)L^{-1}dL$となる。

割合になることが証明できる[5]。

図7.7は，我が国におけるGDP成長率をTFP，資本投入，労働投入それぞれの寄与（貢献度）に分解したものである。これによると，我が国における経済成長率は1985年から1990年の期間は5%近い水準で，そのうちTFPの寄与分は2.82%であった。経済成長率が1%を下回るようになった2001年以降は特に，TFPの成長が経済成長をけん引していることが分かる。このことは，近年では，資本や労働のような有形の資産に比べて，知識や技術のような無形資産の経済成長に対する役割が大きくなっていることを示唆している。

7.6　知識生産関数

イノベーションとは新たな社会的価値の創出であると述べたが，その本質は知識の新結合である。知識というものにはさまざまな定義があるが，ここでは体系化・構造化された情報のまとまりのようなものと捉えておく。技術も，何かしらの課題を解決するための処理の方法・手段であり，知識の一部である。顧客のニーズを把握するためのさまざまな情報も関連付けてまとまったものは知識である。そして，ニーズを満たすための機能を製品に組み込むための方法も知識であり，その生産・普及の方法なども知識である。

企業はこうした新知識の創出のために投資をすることでイノベーションを実現している。新たな知識の創出にはさまざまなインプットが考えられるが，伝統的には資本と労働という生産要素が挙げられる。また，上述の通り，新たな知識は既存の知識に基づいて生まれると考えれば，既存の知識も新たな知識の重要な生産要素ということになる。

こうした，新たな知識というアウトプットと，それを生み出すためのインプットとの関係を知識生産関数と呼ぶ。ある時点tにおける知識のストックの量をA_tとし，資本の量をK_t，労働投入量をL_tとする。新たな知識というのは，知識の増加分ΔA_tとして表せるから，これらの関係性は以下のような関数として表現する

---

[5]　価格をp，資本の単位あたりコスト（レンタルコスト）をr，労働の単位あたりコスト（賃金）をwとすると，利潤Πは，$\Pi = pF(K, L) - wL - rK$と書くことができる。利潤最大化の一階条件より，$\alpha AK^{-(1-\alpha)}L^{1-\alpha} = r/p$及び，$(1-\alpha)AK^{\alpha}L^{-\alpha} = w/p$となる。それぞれ両辺に$K$と$L$をかけて，$\alpha = rK/pY$及び$1-\alpha = wL/pY$を得る。$pY$は収入であり，それぞれ収入に占める資本と労働への分配割合となる。

ことができる。

$$\Delta A_t = F(K_t, L_t, A_t)$$

もう少し関数を特定化して，コブ＝ダグラス型で表現すると以下のように書くことができる。

$$\Delta A_t = \theta K_t^{\alpha} L_t^{\beta} A_t^{\gamma}$$

ここで，θは任意の定数，α, β, γはそれぞれ，生産要素の影響力を反映したパラメータである。

仮に，既存の知識が多いほど新たな知識がより生まれやすくなるのであればγは正となるだろう。また，例えば，新たな知識の創出にはより高度な知識が必要になるとすれば，知識生産関数は既存知識に関して収穫逓減となる。その場合γは1より小さくなる。これは技術開発において，フロンティア（最先端）に近づくにつれて，技術の進歩がより難しくなることと対応している。

こうした生産関数の形を実際のデータから推定するということも行われている。例えば，技術知識の文脈ではA_tを特許出願件数で測定し，研究開発人材をL_t，有形固定資産をK_tとしてγを推定するといったことが考えられる。

コラム1　情報財としての知識

シュンペーターはイノベーションを，それまでに組み合わせたことがない要素同士を組み合わせて新たな価値を創造することと捉えていた。この解釈によれば，新たな知識とは既存の情報・知識の新結合ということになる。

知識は通常の財とは異なり，公共財的な性質を持っている。すなわち，非競合性と非排除性を持っている。加えて，情報財としての性質である不確実性，不可逆性，複製可能性，外部性も持っている。

不確実性は，情報の内容は見たり聞いたりするまでは分からないというものである。これは不可逆性とも関係している。不可逆性とは元に戻せない性質であり，一度情報を知ってしまえば後からなかったことにはできない性質である。多くの財・サービスは，実際に見たり触れたりしたうえで購入の意思決定ができ，また，返品ができるものも多い。しかし，情報に関しては，不可逆性があることにより，売り手も買い手に対して試す機会を提供することができない。もちろん，例えば漫画のコンテンツの一部のみを見せるといったことは可能であるが，その一部を読んだところで購入する内

容が本当に面白いかは不確実なままである。また，仮に購入して読んだ結果，面白くなかったとしても，売り手が返金を受け付けると，多くの買い手が返金を求めるようになるため，事業が成り立たなくなる。したがって，情報財については，買い手は不確実なまま購入の意思決定をせざるを得ない。そうした不確実性を減少させる仕組みとして，購入者による感想や口コミなどがある。

　複製が簡単という性質も情報財の大きな特徴である。ただし，デジタル化されていない情報は，複製がそれほど容易でないことも多い。例えば，この教科書の内容をアナログで伝えるには，口頭で伝えるか書き写すといった方法になるが，書き写す場合には限界費用が非常に大きくなるだろう。一方で，口頭の場合は一か所に多くの人を集めて伝えれば，モノを生産して販売する場合に比べると，限界費用はかなり安く済む。しかし，伝えられる対象には依然として限界があり，また，伝えられる内容の正確さにも疑問が残る。したがって，情報財の性質はデジタル化によって大きく影響を受けている。

　外部性とはある経済主体の行動が市場取引を介さずに別の経済主体の行動に影響を及ぼすことを意味する。そのうえで，情報財の持つ外部性については，他の人が知っているからこそ，その情報の価値が高くなるといった正の外部性もあれば，逆に他人が知らないからこそ当該情報の価値が高くなるといった負の外部性もある。ドラマや漫画の内容は自分だけでなく，友人も知っていた方が話が盛り上がるだろう。これは正の外部性となる。逆に，秘伝のレシピなどの営業秘密やノウハウといったものは，他人が知らないからこそ価値を持つ。

　知識とはこうした情報が関連付けられてまとまったものである。例えば，秘伝のレシピも関連する情報がまとまっていることで価値を持つ。材料に関する情報が欠けていたら，同じ味が出せないためレシピとしての価値は大きく低下するだろう。技術情報なども知識となって初めて大きな価値を持つことになる。

7.7　イノベーションの担い手

　独占市場とは，定義上，製品・サービスを供給する企業が1社だけという市場である。したがって，企業が独占市場を構築するには，今までにない製品・サービスを市場に投入することになる。すなわち，急進的なプロダクト・イノベーションが必要となる。また，ライバルがいる寡占市場において，同一市場内での競争優位性を構築するには，他社製品との差別化が必要になる。これには，漸進的なイノベーションや，価格競争力を高めるためのプロセス・イノベーションとい

った方法が考えられる。

7.1節の図7.1のように，市場は参入企業の数が増えるにつれて，独占市場，寡占市場，競争市場へと変化していくが，実際には市場の変化は必ずしもこの方向で起こるとは限らない。すなわち，寡占市場から独占市場へ，独占市場から新たな独占市場へという変化も当然起こりうる。これは，イノベーションに対するインセンティブとも関連しており，古くはシュンペーターの議論にまで遡る。

シュンペーターは当初，「旧いものは概して自分自身の中から新しい大躍進をおこなう力をもたない」としていた。このことから，イノベーションを牽引するのは（規模の小さい）スタートアップであるという仮説が導かれ，シュンペーター仮説マーク1と呼ばれている（Schumpeter, 1912）[6]。他方で，シュンペーターは，後期の著作において，大規模な研究開発費を支出できる独占的企業こそが，イノベーションの主体であるという主張をしている。ここから，イノベーションの主体は独占的な大企業であるという仮説が導かれ，シュンペーター仮説マーク2と呼ばれている（Schumpeter, 1942）。

これらの仮説は一見すると反対のことをいっているようであるが，決してどちらか片方の仮説しか成立しないというものではない。企業家精神や意思決定の速さなどが有利に働く状況ではスタートアップがイノベーションを牽引し，ヒト・モノ・カネ，情報，補完的資産[7]などさまざまな資源の豊富さが有利に働く状況では大企業がイノベーションを牽引することになる。また，それぞれの仮説の当てはまりやすさは，イノベーションのタイプや業種によっても異なる。ラディカル・イノベーションの文脈では，マーク1の仮説が当てはまりやすいし，インクリメンタル・イノベーションの文脈では，マーク2の仮説が当てはまりやすいだろう。

さらに，独占企業ほど，新規企業が参入してきた時の逸失利益が大きいため，イノベーションに対するインセンティブが大きいとも考えられる（マーク2）。他方で，新規参入の脅威がなければ，既存の製品・サービスを代替するようなイノベーションの実現は，独占企業が自ら自社製品のシェアを奪うことになる。この場合，独占企業のイノベーションに対するインセンティブは弱くなると考えられる（マーク1）。

---

[6] Schumpeter, J. A. (1912) *Theorie der Wirtschaftlichen Entwicklung*, Leipzig Duncker & Humblot（塩野谷祐一・中山伊知郎・東畑精一訳『経済発展の理論　上・下』岩波文庫, 1977年）.

[7] 投資の成果を利益に結びつけるうえで有用なさまざまな資産を補完的資産と呼ぶ。

図7.8 市場の競争度とイノベーションの実現度の関係

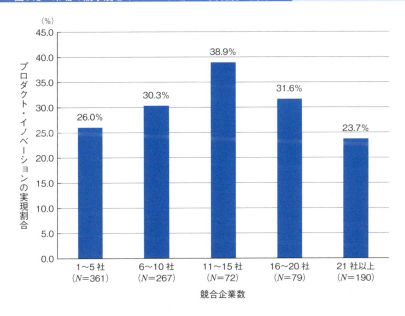

（出所）文部科学省科学技術・学術政策研究所「民間企業の研究活動に関する調査2012」p.4図1より筆者加工

　他にも，業種や市場の成熟度などさまざまな要因によって，成立しやすい仮説は異なるはずである。実際，実証研究においても，独占的な市場ほどイノベーションが起こりやすいかという観点からの分析が多数行われており，統一的な結果は得られていないのが現状である。

　ただし，比較的はっきりしているのは，イノベーションの実現確率と市場の独占度との間には逆U字の関係があることである。例えば，図7.8は，文部科学省科学技術・学術政策研究所の「民間企業の研究活動に関する調査2012」からのデータに基づき逆U字の関係を見出している。この図では，横軸に企業の主力製品市場における競合企業の数をとり，縦軸に過去2年間に技術的な新規性を持つ新製品・サービスを投入した企業の割合をとっている。なお，この調査の調査対象は研究開発を実施している資本金1億円以上の企業であるから，サンプルがイノベーションを実現している企業にやや偏っている可能性はある。

　この図をみても分かるように，市場が非常に独占的であると（競合企業の数が少ないと）イノベーションの実現割合は低く，市場が競争的になるにしたがって

[7] イノベーション戦略　　**133**

その割合は高まっていく。しかし，11社から15社をピークに，今度は逆に競合企業数が増えるほどイノベーションの実現割合が低くなっていく。したがって，競争がないと差別化を図るインセンティブが弱いためイノベーションが起こりにくく，逆に，競争が激しすぎても十分な原資が得られないためイノベーションの実現度が低くなることを示唆している。

◆ 練習問題
問7.1 自分の身の回りでイノベーションと呼べるものをいくつか挙げて，対象や新規性の程度によって，表7.1のどのセルに該当するか考えなさい。

問7.2 上の問題で挙げたイノベーションについて，それらを起こした企業の特徴（規模や産業等）を調べ，シュンペーター仮説との関係について考察しなさい。

第8章

製品戦略

- ■8.1 製品差別化と需要の価格弾力性
- ■8.2 製品多様化
- ■8.3 製品差別化
- ■8.4 製品特性と市場シェア
- ■8.5 ポジショニングの決定要因

　この章では，製品差別化のインセンティブについて考える。現実の市場でも競合関係にあるはずの企業がどこも似たような製品を販売しているケースがあったり，逆に企業間で製品が大きく差別化されているケースがあったりする。こうしたまったく異なる現象も，企業の合理的な行動の結果として導出することができる。

【Key Point】
- ●製品とは特性の集まり（集合）として定義できる。
- ●消費者のニーズが多様化している場合には，それに合わせて企業が製品を多様化することには合理性がある。
- ●価格競争を考えなければ，各企業が同じような製品を販売することにも合理性がある。ただし，価格競争まで考えた場合，特に消費者が特定の性能にこだわりを持つときには，完全な製品差別化を行うことが合理的となりうる。
- ●市場シェアの大小は，性能に対する消費者の支払意思額の傾きの分布によって説明できる。
- ●製品多様化には参入阻止の側面もある。

135

8.1 製品差別化と需要の価格弾力性

●製品差別化と価格支配力

完全競争市場においては，すべての企業が同じ財を供給し，限界費用に等しい価格を付けることで利潤はゼロとなることを学んだ。その状態は均衡であり，他の戦略をとる企業はおらず，新しい製品・サービスは生まれてこない。他方で，実際には企業は他社と差別化を図り，価格支配力を持つことで，独占的な利潤を獲得しようとする。そして，この独占的利潤こそが企業がイノベーションを起こすインセンティブとなる。

企業は自社の財について，性能や品質，ブランド等によって，同一の市場でも財を差別化することができる。例えばボールペン市場においても，ゲルインクのボールペンや，消えるインクを搭載したボールペン，高級ブランドのロゴが入ったボールペンなど，さまざまなタイプの差別化された財が存在する。

この場合，市場は完全競争市場ではない（財が完全に同質ではない）。そのため，企業は価格を自分で決められることになる。このとき，企業の利潤 Π は，価格を $p(q)$，生産量を q，生産にかかる費用関数を $c(q)$ とすると，次の式で表すことができる。

$$\Pi(q) = p(q)q - c(q) \tag{1}$$

ここで，完全競争市場との違いは，価格 p が自社の財の生産量 q の関数になっており，$p(q)$ と書ける点である。完全競争市場の場合，自社の行動（生産量）によって価格を変えることはできない。しかし，財が差別化されていれば，他社より高い価格を付けても需要をすべて失うわけではないため，自社の行動によってある程度自由に価格を決めることができる。これが，経済学でいうところの価格支配力を持つということである。

独占市場の場合，市場における企業の数は1社のみであるが，ここで想定している市場は，同質ではないが類似の財を販売する企業が多数存在するような市場である。すなわち，各社が価格支配力を持ちながら競争しているような，現実にも多くみられるような市場を想定している。このような市場を独占的競争市場という[1]。

---

[1] 生産量 q などのアルファベットに小文字を使用しているのは，市場全体ではなく個別企業の生産量を表しているためである。

プロダクト・イノベーションは必然的に、その実現のプロセスにおいて、既存の財との差別化が図られ、企業が価格支配力を持つことになる。急進的なプロダクト・イノベーションの場合、既存の財との差別化の程度が大きいため、それまでの市場とは別の新たな独占市場が創出される（当該財を供給する企業は1社のみ）と考える。それに対して、漸進的なプロダクト・イノベーションの場合、既存の財とは類似しており競合企業が多数存在するものの、改良されている分、差別化が図られている。この場合は、独占的競争といえる。

なお、上の（1）式から分かるように、企業が独占的利潤を高めるには、基本的には2通りの方法しかない。$p(q)$ を高めるか、$c(q)$ を下げるかである。この2つのためにさまざまなマネジメントやマーケティングが必要になるのである。

$p(q)$ を高めるというのは、顧客にとっての価値（需要価格）を高めることであり、また需要そのものを増やすことである。そのためには、他社の財との差別化を図り、顧客のニーズを満たすような製品開発を行う必要がある。$c(q)$ を下げるのは、生産効率を高めることであり、固定費用あるいは限界費用を下げることである。こうした努力により、企業は原価に対してより高い価格を付けることができるようになる。

●価格支配力と需要の価格弾力性

ここで、原価に対してどの程度高い価格を付けられるかは、需要の価格弾力性の概念を用いて説明することもできる。製品が十分差別化されていれば、価格が高くても自社製品の需要はそれほど減少しないため、需要の価格弾力性は低くなる。

完全競争市場では、「価格＝限界費用」が成立しているから利潤は0で、ラーナー指数（限界費用 MC に対する価格 p の上乗せ率 $\frac{p-MC}{p}$）も当然0である。しかし、製品を差別化できる場合には、企業が価格支配力を持つためラーナー指数は正になる。第2章の（5）式でみた通り、独占的競争市場において、企業の利潤最大化の条件は、$p\left(1-\frac{1}{\varepsilon}\right)-\frac{dc}{dq}=0$ と書き直すことができる（ε は需要の価格弾力性）。これを変形することにより、ラーナー指数は次の式のように、需要の価格弾力性の逆数として表せたことを思い出してほしい。

$$\frac{p-MC}{p}=\frac{1}{\varepsilon} \tag{2}$$

したがって，差別化されていて需要の価格弾力性が低い場合ほど，大きいプライス・コスト・マージンを設定できることになる。こう考えると，財の差別化とは，当該財の需要の価格弾力性を低くすることと同じような意味を持っている。

　なお，需要の価格弾力性は自社の財価格と需要量との関係を表したものであるが，第2章で述べたように，似たような指標として需要の交差価格弾力性がある。これは，他の財価格が1％変化した時に，当該財に対する需要が何％変化するかを表す指標である。この値が大きければ価格支配力は小さいということになり，その要因の一つとして，財の差別化の程度が小さいことが挙げられる。例えば，他社が価格を上げたときに，自社の財が他社の財と似通っていれば（差別化の程度が小さければ），より多くの需要を他社から奪うことができる。逆に，差別化が図られていれば，他社が価格を上げたとしても，自社の需要はそれほど増えないだろう。

8.2　製品多様化

●製品とは

　これまで製品という用語を特に定義せずに使ってきたが，製品をどう定義するかはそれ自体，非常に難しい問題である。製品は当然，物理的な属性も異なっており，ランカスター（1971）[2]は製品を属性の集合体と考えていた。ただし，物理的な属性の違いがなぜ生じるかといえば，消費者がそれを望むからだと考えられる。例えば，同じ機能を持つ製品でも，色が違ったり，サイズが違ったりすることがある。それは，いずれも消費者のニーズを満たすために，製品の特性を変えてバリエーションを増やしているのである。したがって，ここでは，製品を「機能の集まり」と考える。機能とは消費者の課題を解決する手段であり，それが製品の特性となるから，究極的には製品とは，「消費者のニーズを満たすための特性の集まり」と考えることができる。

　消費者のニーズは多様で，企業がそれらを完全に把握することは不可能である。そのため，企業からみれば特性空間上の確率分布となる[3]。例えば，A，B，Cとい

---

[2]　Lancaster, K.（1971）*Consumer Demand: A New Approach to Consumer Theory*, Columbia University Press.

[3]　「特性空間上の確率分布」とは，製品・サービスの特性（例えば，価格，品質，デザインなど）につ

う3種類の特性に対して，それらを求めている消費者の割合がそれぞれ，80%，50%，30%のような分布を想定する。このような分布を所与として，企業は期待利潤を最大にすべく，それぞれの特性の開発・生産に対する投資額を決定すると考えるわけである。このとき，もし消費者のニーズ（確率分布）が変化すれば，それに応じて企業が製品に実装する特性も変わってくることになる。

　したがって，市場に投入される製品（特性の集まり）は，消費者ニーズとそれに対応する企業の（主観的）確率分布，開発・生産コストや収入等によって決まる。特に，企業がイノベーションを実現した際に，そこから得られる利益を自社でどれだけ専有できるかが重要であり，その程度は専有可能性と呼ばれている。研究開発投資を行って新製品を市場に投入しても，販売網や仕入先が不十分だったり，新製品を競合企業に模倣されたりすると，イノベーションからの利益を十分確保できなくなる。したがって，補完的資産（投資の成果を利益に結びつけるさまざまな資産）の構築や知的財産権の取得などは，専有可能性を高める手段として重要といえる。また，主観的確率分布については，どの特性に対してどれだけのニーズがあるか，情報の非対称性を減らし真の分布へと近づける必要がある。そのため，企業は製品開発にあたって市場調査を行うことが多い。その予測精度を高めるうえで，個人データが重要になることは想像に難くないだろう。

●製品多様化のインセンティブ

　ここで，話を簡単にするため，まずは独占企業を想定して製品多様化のインセンティブについてみていこう。例えば，無線イヤホンの特性が音質とサイズという2種類の特性の組み合わせで表現されるとする。他にも，形，色，接続の安定性，バッテリーの駆動時間などさまざまな特性が考えられるが，単純化のため，音質とサイズのみを考えている。なお，以下の議論は，独占的競争市場において，ブランドのような特性で，他社の製品とは十分差別化が図られていると考えてもよい[4]。

　音質は高い方が好まれ，サイズは小さいほど好まれるとする。ただし，両特性はトレードオフの関係にあり，音質を高めるとサイズが大きくなるような状況を

いて，どの特性がどの程度消費者に求められているかを，それぞれの特性ごとにそれらを求める消費者の割合で表現したものである。

[4]　他の特性で差別化が十分に図れていない場合には，競合企業の数や選択に応じて，どちらのタイプの製品を供給するかという戦略的な選択問題も考慮する必要が生じ，議論はより複雑になる。

8 製品戦略　**139**

想定する。このとき，企業が供給可能な製品は，音質は高くサイズが大きい製品Aと，音質は低いがサイズが小さい製品Bの2種類とする。これらのいずれを好むかは消費者の選好によって異なる。市場には，相対的に音質を重視し製品Aを好むタイプの消費者と，サイズを重視し製品Bを好むタイプの消費者が同じ数だけいるものとする。単純化のため，それぞれの人数を1と基準化しておく。このとき，それぞれの製品に対する支払意思額（Willingness To Pay：WTP）を仮に，

音質重視の消費者a：製品A 1000円，製品B 200円

サイズ重視の消費者b：製品A 500円，製品B 400円

としよう。

　また，企業が製品Aを供給するための限界費用は400円，製品Bを供給するための限界費用は100円だとする。この状況で，まずは企業がどちらか一方の製品のみを供給する場合について考えていこう。

　例えば企業が製品Aのみを供給する場合，音質重視の消費者aをターゲットにすれば，価格は支払意思額の1000円に設定することが合理的であり，このときの限界利益は1000円－400円の600円となる。他方で，製品Aを消費者aにも消費者bにも買ってもらおうとするならば，サイズ重視の消費者bの支払意思額である500円まで価格を下げる必要がある。このときの利益は（500円－400円）×2＝200円となる。したがって，消費者aのみをターゲットにした方が利益が大きくなるため，高い価格で供給量を抑えることになる。

　一方，製品Bのみを供給する場合，消費者bのみをターゲットにするならば価格は400円で，利益は400円－100円＝300円となる。両方のタイプの消費者をターゲットにするならば価格は200円で，利益は（200円－100円）×2＝200円となるから，消費者bのみをターゲットに供給した方がよい。

　このとき，製品Aと製品Bを比べると，製品Aを単独で供給した方が利益が大きいことが分かる。そのため，企業が製品の多様化を行わないときには，市場に供給される製品は製品Aのみとなる。

　しかし，両方の製品にニーズがある以上，当然のことながらそれらのニーズをうまく満たした方が企業の利益は大きくなる。例えば，製品Aを1000円で，製品Bを400円で供給すれば，音質重視の消費者aは製品Aを購入し，サイズ重視の消費者bは製品Bを購入するだろう。このときの利益は600円＋300円＝900円となる。したがって，消費者のニーズがある程度把握できていれば，製品を多様化することで企業は利益を増やすことができる。

仮に，企業が消費者のタイプを知らなかったり，支払意思額を正確に知らなかったりしても，異なる価格を提示し消費者の選択を観察することで，最終的には同じような状態に到達することができると考えられる。これは，情報の非対称性のもとでのスクリーニングと呼ばれる行動である。すなわち，情報を持っていない側が，持っている側から情報を引き出すような行動である。

　例えば，従業員の危険回避度や意欲が分からない場合に，賃金体系として成果給と固定給の2通りを提示して従業員に選ばせることで，その従業員のタイプに関する情報を得ることもスクリーニングの一種である[5]。

8.3　製品差別化

●製品差別化のタイプ

　製品の特性は品質とバラエティという2つの次元で考えることもできる。例えば先の例で出てきた音質は，それが高ければ高いほど消費者の効用が高くなると考えられる。これは，消費者の効用関数がその特性についての単純な増加関数で表現できることを意味している。このような「品質」の次元での製品の差別化を垂直的製品差別化と呼ぶ。それに対して，色や形などは，消費者によって好みの方向性が異なると考えられる。すなわち，効用関数自体が消費者によって異なる。このような「バラエティ」の次元での製品差別化を水平的製品差別化と呼ぶ。

　企業の利潤に対する影響としては，垂直的製品差別化の方が大きいことが多い。というのも，垂直的な属性は多くの消費者が共通して好む属性であるため，その属性で差別化を図り，他社の真似できない製品を提供できれば，大きな市場シェアを獲得できるからである。逆に，水平的製品差別化はニッチ市場において大きなシェアを狙うのに適した差別化と考えることもできる。

●差別化最小原理

　ここではまずホテリングの立地モデル[6]を単純化して，水平的製品差別化につ

---

[5]　逆に，情報を持っている側が持っていない側に積極的に情報を発信することをシグナリングと呼ぶ。例えば，労働市場において，企業にとっては従業員の意欲や学習能力の高さは直接観察できないが，その情報の非対称性を解消するため，応募者がより難易度の高い学歴や資格を取得するようなことをさす。

[6]　Hotelling, H.（1929）"Stability in Competition," *Economic Journal*, Vol.39, No.153, pp.41-57.

[8]　製品戦略　　**141**

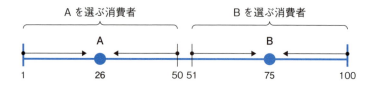

図8.1 消費者の選好と製品選択

いて考える。今，消費者の選好は1から100の間に一様に分布しているものとする。単純に考えれば，100人の消費者がいて皆それぞれ異なる好み（数値）を持っている状況を想定すればよい。例えば色のバリエーションについて，数値を黒色の濃さと考えれば，1が白で100が黒，2から99はグレーで数値が高いほど黒に近づき，数値が低いほど白に近づくとイメージしてもらえばよい。

今，市場にAとBの2社がいて，1種類の製品を市場に供給している。何色の製品を出すか（どの数値を選択するか）というのが，ここでの意思決定である。すなわち，他社とどの程度異なる製品を出すかという製品差別化の問題である。消費者は自分の選好に最も近い製品を購入するため，1から100の線分上で最も近い製品を購入することになる。なお，企業Aと企業Bがまったく同じ数値を選択した場合，消費者はどちらの製品を選んでもまったく変わらないので，ランダムで選ぶ（企業AとBが獲得する消費者は50％ずつ）こととする。

例えば，図8.1のように，企業Aが26，企業Bが75を選んだ場合，選好が1から50の消費者は企業Aの製品の方が自分の選好に近く，選好が51から100の消費者は企業Bの製品の方を好むことになる。

しかし，この状態はナッシュ均衡にはなっていない。なぜなら，どちらの企業にとっても戦略を変える誘因があるからである。企業Aが26を選んでいる場合，企業Bはどの数値を選ぶことが合理的であるか考えてみよう。

このとき，企業Bは27を選ぶことで，27から100（全体の74％）の消費者を手に入れることができる。では，企業Bが27を選んでいるときに企業Aはどの数値を選ぶだろうか。想像通り，28を選ぶことで企業Aは28から100（全体の73％）の消費者を手に入れることができる。しかし企業Aが28の場合には企業Bは29を選び，企業Bが29のときには企業Aは30を選び，といったプロセスが続いていくことになる。

最終的に企業AとBがほぼあるいはまったく同じ数値（特性）を選ぶところで

このプロセスは落ち着くことになる。例えば企業Aが50を選んでいるとき，企業Bが51を選べば，1から50の消費者は企業Aの製品を，51から100の消費者は企業Bの製品を選ぶことになり，どちらも市場の50%の需要を得ることになる。なお，企業Bが企業Aとまったく同じ50を選べば，消費者はランダムに購入するため，この場合も50%の需要を得ることになる。すなわち，企業Aの50という戦略に対して，企業Bの最適反応は50か51ということになる。逆に企業Bが51を選んでいるときの企業Aの最適反応も50か51ということになる。したがって，どちらもまったく同じ製品を出す状態か，一方が50でもう一方が51というほぼ同じ製品を投入するという状態がナッシュ均衡となる。（ここでは消費者の選好を離散的な数値で表現しているから複数の均衡が生じているが，連続的な数値上に消費者の選好が分布している場合，企業AとBがまったく同じ数値を選ぶことが唯一のナッシュ均衡となる。）

このとき，製品は差別化されず，どの企業も同じような製品を投入するという，現実にもよく観察される現象が合理的な結果となる。この結果は差別化最小原理と呼ばれ，コンビニの立地が同じようなところに集中することや（第12章コラム1参照），SNSや漫画のコンテンツが似た内容になってくること，家電やデジタル端末の機能がどれも似たようなものになってくるといった現象を説明できる。

●差別化最大原理

ただし，上のモデルでは前提条件として価格が所与とされていたことには注意が必要である。実際には製品での差別化が難しくなった場合には価格競争に陥り，完全競争市場で想定されるように利潤はゼロとなる。これを避け，独占的な利潤を得るために企業は製品の差別化を行うインセンティブがある。実際，同質的な2企業の複占市場において，最初に製品の特性を決定し，その後価格についてベルトラン競争を行うようなモデルでは，製品が差別化された状態が合理的な均衡になりうる。

特に，購入する財が消費者の好みから離れるほど不効用が大きくなっていく（消費者のこだわりが強い）ような場合には，均衡における2企業の選択する特性が両極端になる。例えば，消費者にこだわりがある場合，図8.1において，Bが60くらいの数値（特性）の製品を販売したとしても，Aの製品にすべての消費者が流れるわけではない。仮に61がベストだと思っており，販売されている製品の特性が61から離れるにつれて不満が大きくなる消費者がいたとする。このと

き，その消費者は，Aが販売している50の製品の方が安かったとしても，Bの60の製品を購入しようとするだろう。

　消費者が皆こだわりを持っていれば，製品の差別化を図り，価格競争を避けた方が合理的となる。逆にいえば，両社の製品特性の距離が近づくほど，価格競争に巻き込まれることで，利潤が減ることになる。したがって，価格競争をなくすために，最終的には両社が極端な差別化を図る（例えばAが白，Bが黒の製品を出す）ことも均衡になりうる。このように，製品差別化に価格競争まで含めて考えることで，製品差別化の程度が最大になることを差別化最大原理と呼ぶ。

8.4　製品特性と市場シェア

●製品特性とWTP

　ここでは，製品特性と市場シェアとの関係についてみていこう[7]。図8.2は，横軸に製品の性能，縦軸に価格をとり，両者の組み合わせによって表現された3つの製品A，B，Cをプロットしている。性能は，例えばイヤホンの音質や，パソコンのメモリのサイズと考えてもよい。製品Aは性能は低いが価格も低く，製品Bは性能も価格も中程度であり，製品Cは性能は高いが価格も高い。

　このとき，消費者の支払意思額（WTP）は，特性（性能と価格）の組み合わせによって変わる。例えば，メモリが4G未満では1円も支払いたくないが，4Gであれば1万円までなら支払ってもよく，8Gであれば8万円，16Gであれば10万円まで支払う意思があるといった具合である。通常，性能が上がるとWTPは上がっていくが，その上がり方は逓減していく。例えば，8Gのメモリがあれば十分と考える消費者にとって，4Gから8Gへのメモリの増加は効用を大きく高めるが，それが16Gや32Gになったところで，効用はそれほど高まらないだろう。

　したがって，WTPは図8.2のように，右上がりで逓減する形の曲線になる。なお，この図において，製品AとCは性能に対してWTP曲線よりも上方に位置しているため，この消費者の購入対象にはならない。

　ここでは，本質的なことのみ理解できればよいため，話を単純化して，図8.3

---

[7]　ここでの説明は，G. M. Peter Swann (2009) *The Economics of Innovation: An Introduction*, Edward Elgar Pubに基づいている。

144

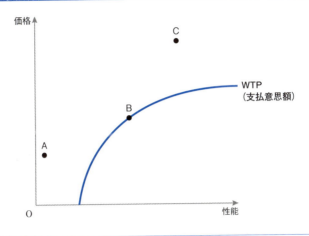

図8.2 製品特性とWTP曲線

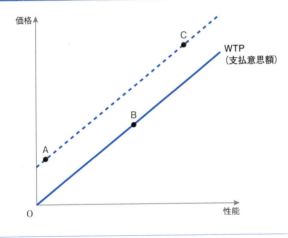

図8.3 WTP直線上での製品選択

のようにWTPを直線で描くことにする。図8.3のWTP直線の傾きを持つ消費者は，A，B，Cの製品のうちどれを選ぶだろうか。同じ価格であればより性能の高い方が選ばれ，同じ性能であればより価格の低い方が選ばれるだろう。したがって，より右（あるいは下）にあるWTPをもたらす（WTP直線の線上にある）製品が選ばれることになる。図8.3では，傾きが同じ破線と実線のWTP直線が描かれているが，破線上の製品（AやC）よりも，実線上の組み合わせを持つ製品の

[8] 製品戦略　　**145**

方が好まれるはずである。例えば，実線上にある製品は，Aとまったく同じ価格でもより質が高いし，Cとまったく同じ質でも価格はより低いため，破線上にある製品よりも好まれることになる。したがって，図8.3のようなWTP直線の傾きを持つ消費者は，製品AやCではなく，製品Bを購入することになる。

●WTP直線の傾きと市場シェア

WTP直線の傾きは消費者によって異なり，その傾きによってどの製品がどれだけ売れるかが決まってくる。図8.4をみてみよう。世の中にはWTP1やWTP2のように傾きの小さいWTP直線を持つ消費者もいれば，WTP3やWTP4のようにWTP直線の傾きが大きい消費者もいる。このとき，製品A, B, Cそれぞれの需要はどうなっているだろうか。

WTP1やWTP2のような傾きのWTP直線を持つ消費者にとっては，製品Aが最も下方に位置する製品となるため，製品Aを需要することになる。そして，WTP直線の傾きが大きくなるにつれて，製品B, Cが選ばれるようになる。このとき，WTP直線の傾きが消費者間で一様に分布しているとすれば，製品ごとの販売数量のシェアは図8.4の横棒のような形で表すことができる。

8.2節において，製品多様化には，より多くの消費者のニーズを満たすという合理性があることを確認したが，このフレームワークを用いると，製品多様化には参入阻止の側面があることも確認できる。例えば，図8.5のように，少しだけ差別化した製品を多数市場に投入しておけば，他社の新規参入のインセンティブを低下させることができる。

仮に，新規参入企業がXというポジションの製品で市場に参入してきても，シェアが奪われる製品はAとBのみであり，市場全体からみるとわずかなシェアの減少で済む。これは，市場のセグメントを細分化することで，他社の参入のメリットを失くしているのである。既存の大企業が一見，不必要に思えるほど多くの製品モデルを提供するのにも，一定の合理性があるのである。

図8.4 WTP直線の傾きと製品シェア

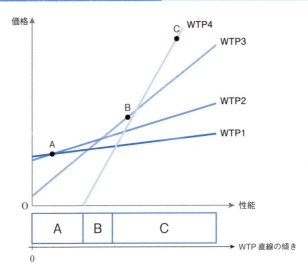

図8.5 製品バラエティによる参入阻止

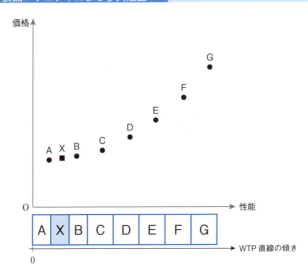

[8] 製品戦略　　**147**

8.5　ポジショニングの決定要因

　これまでみてきたように，企業が製品差別化を図り，自社製品のポジショニングを考える際に考慮すべき要因は多数存在する。産業組織論の伝統的フレームワークであるSCPパラダイムでは，市場構造（Structure）が市場行動（Conduct）を決定し，市場行動によって市場成果（Performance）が決まるというものであった。企業の製品差別化は市場行動に該当し，企業は与えられた環境（市場構造）のもとで，利潤（市場成果）を最大にするよう行動するから，このフレームワークに基づけば，市場構造こそが企業の製品ポジショニング（どこでどの程度製品の差別化を図るか）の決定要因として重要である。そして，市場構造は単純には，参入している企業の数や市場の集中度などで測定されるものであるが，より広く捉えれば，差別化の難しさや不確実性の程度なども含む概念である。

　仮に市場構造が競争的で，製品の差別化が難しい場合，参入している企業は価格競争に陥りやすくなる。このような市場では，企業の競争優位性は主にコスト優位性に基づくものとなるため，企業は製造コストを削減し，低価格で市場シェアを確保する戦略をとることが重要となる。

　そして，製品が完全にコモディティ化（汎用化）した完全競争市場では，価格は限界費用に等しくなる。しかし，8.1節で述べたように，企業がイノベーションに投資し，製品の差別化を図ることができれば，価格支配力が生まれ独占的な利潤を獲得することが可能となる。このような独占的競争市場においては，企業は他社製品との差別化を強化し独自のポジショニングを確立することで，需要の価格弾力性を低くしていくことができる。特に寡占市場では，少数の企業が市場を支配しているため，一般には，各企業は他社との違いを強調し，差別化された製品を提供することが求められる[8]。この時，企業は消費者の選好に応じて，垂直的製品差別化や水平的製品差別化を行うことが重要となる。

　8.2節では，市場において消費者のニーズがある程度把握でき，それが多様である場合，企業は単独の製品を生産・販売するよりは，より多くの消費者のニーズを満たすべく，製品を多様化することで利益を増やせることが示された。すなわち，製品の水平的多様化が企業の合理的な戦略となりうる。

---

[8]　仮に，市場に存在するすべての企業がイノベーションへの投資を行わず，同質的な財を生産し続ける場合には，クールノー競争のような状況が生じる。

他方で，8.3 節でみたように，製品の差別化を図らないことが合理的となるケースもある。ホテリングの立地モデルのように，消費者の選好が均一に分布している場合，企業は他社と似通った製品を提供することが戦略的に合理的となる。しかし，製品特性だけでなく価格競争まで含めて考えた場合にはやはり差別化の余地が生まれ，消費者の特定のニーズに応じた製品特性を選択することで，市場成果を高めることができる。特に，消費者のこだわりが強い市場では，企業は垂直的製品差別化を図り，価格競争を避けることが合理的となる。

製品の差別化と企業パフォーマンスの関係について，8.4 節では，製品特性と市場シェアの関係を説明した。そこでは，製品特性が各消費者の支払意思額に与える効果（WTP曲線の傾き）に応じて，各製品の市場シェアが決まることをみた。すなわち，消費者の支払意思額の製品特性に対する弾力性をみて，製品のバラエティを選択することで，企業はより大きな市場シェアを獲得することができる。また，製品多様化が参入阻止を目的として行われる可能性も示された。

このように，市場構造の特徴に応じて，企業の選択すべき製品特性やその範囲は変わっていく。他にも，差別化の軸はこの章でみたような製品そのものの特性をはじめ，提供方法やアフターサービスなどに関わる要素など多数の要素がある。

◆ 練習問題

問8.1　身の回りにある特定の製品を特性の集合として表現しなさい。

問8.2　ある製品について，色のバリエーションに着目し，それぞれWTPがいくらになるか考えなさい。また，任意の色の当該製品について，性能の一つに着目し，それとWTPの関係性を図示しなさい。

問8.3　製品バリエーションによる参入阻止の具体的事例を見つけなさい。

8 製品戦略　　**149**

第**9**章
広告・流通戦略

- ■9.1　財の品質に関する情報の非対称性
- ■9.2　最適広告支出
- ■9.3　ブランドの構築
- コラム1　広告の効果に関する実証研究
- ■9.4　流通チャネル
- ■9.5　プラットフォームビジネスと両面市場

　この章では，マーケティングの4P，すなわちProduct（製品），Price（価格），Promotion（プロモーション），Place（流通）のうち，後者の2つに着目した解説を行う。プロモーションについては特に，広告やブランド構築に対する企業の意思決定について学ぶ。また，流通については，近年重要性を増しつつあるプラットフォームを介した流通チャネルに注目し，媒介者が直面する2つの市場における料金設定について簡単なモデルで考えていく。

【Key Point】
- ●広告は情報の非対称性下でのシグナリング活動とみなすことができる。
- ●売上高に占める広告支出の最適比率は，需要の広告弾力性と価格弾力性の比率となる。
- ●ブランドの構築は繰り返しゲームで表現できる。
- ●媒介型のプラットフォーマーは，売り手と買い手の市場に直面しており，間接ネットワーク効果を考慮した価格決定が必要となる。

9.1 財の品質に関する情報の非対称性

財の品質に関して，売り手と買い手の間に情報の非対称性があると，品質の低い財しか市場に出回らなくなり，市場が縮小してしまうという逆選択（逆淘汰）の問題が発生する[1]。これを解消するため，品質の高い財を販売する企業は，積極的にシグナリングを行い情報の非対称性を緩和する努力をしている。

例えば，不良品でないかどうか，すぐに故障しないかどうかが見た目では分からない製品に対して，メーカーや販売店が無料での修理・交換や返金を保証しているのを目にすることも多いだろう。これにより，買い手は多少価格が高くても品質の良い製品を購入することができ，売り手は保証によって（期待）費用がかかるもののそれを上回る価格で販売できれば得をするため，高品質の製品を求める買い手とそれを供給する売り手の双方にとってメリットがある。他にも，SNSやTVなどを通じた広告や，高品質の財を供給し続けることによるブランドの確立など，企業はさまざまな方法で情報の非対称性から生じる逆選択の問題を軽減している。

他方で，企業が提供する情報の質が担保されていなければ，情報の非対称性の問題は解消されない。そもそも，財の品質について情報の非対称性があるもとでは，消費者が企業の提供する情報が正しいか否かも見極めることは難しいだろう。そのため，景品表示法や不正競争防止法など不当な表示や虚偽・誇大広告を禁止する法律により，企業によって開示される情報が適切なものになるよう促すことが重要である。

そうした環境が整えば，品質の高い財を供給する企業がその情報を開示することで，品質の低い財を供給する企業よりも大きな利益を得られるようになる。これにより，情報の非対称性の問題が市場メカニズムのもとで緩和されやすくなり，社会厚生（総余剰）は改善する。したがって，政府が企業の情報開示を義務付けたり促進したりすることも合理的となる。また，使用（消費）すれば財の品質は

---

[1] 情報の非対称性は，財に関する情報が経済主体間で非対称に保有される（例えば売り手は財の情報を多く持ち，買い手は情報を持たない）状況をさす。このような状況では，市場取引がうまく機能せずに市場自体が成立しなくなる可能性がある。例えば，中古車市場を考えると，売り手は中古車の状態（故障や事故履歴などを含めた性能）を把握しているが，買い手はそのような情報を十分に把握できない。その結果，買い手はどの中古車でもできるだけ安く購入しようと努めるが，良質な売り手はその状況では中古車を売る動機が減じられ，市場に残るのは悪質な売り手ばかりになる。本来は良質な財が生き残るはずが，悪質な財が市場に残されることで，市場自体が成立しなくなってしまう。

（少なくとも長期的には）消費者にも把握できることが多い。この時，仮に企業の情報開示が不当なものであった場合に，当該企業の評判が著しく下がり大きな損失を被るような社会的な慣行・システムが構築されていれば，虚偽・誇大広告を行うコストはより高くなる。そのため，政府による情報開示の促進のメリットはより大きくなるだろう。

9.2　最適広告支出

●マーケティング・ミックス

　第8章では，製品差別化の程度が高いほどラーナー指数は高く，価格と原価の差（独占利潤）は大きくなることをみた。しかし，市場において一つの独占企業が同じ製品・サービスのまま独占企業で居続けることは難しい。技術的制約が解消され，競合企業が同質の製品・サービスを作れるようになったり，知的財産権で保護されていた技術の保護期間が切れたりすることで，参入障壁が下がれば，競争的な市場に変化していくためである。

　他方で，製品・サービスの差別化が難しくなったとしても，企業には需要の価格弾力性を小さくする手段は残されている。広告に投資しブランドイメージを高めたりすることもその手段の一つといえる。

　多くのマーケティングに関するテキストには，マッカーシー[2]が提唱したマーケティングの4Pと呼ばれる伝統的なフレームワークが載っている。

　4Pとは，Product（製品），Price（価格），Promotion（プロモーション），Place（流通）それぞれの頭文字4つをさす。Product（製品）はどのように製品・サービスの差別化を図るかという戦略を意味しており，独占利潤の源泉を生み出すための具体的なマネジメントを検討する重要性を意味している。Price（価格）については，プライステイカーであれば選択の余地はないが，差別化された財であれば，利潤を最大にするよう供給量を適切に設定することで価格を決めることができる。繰り返しになるが，製品（Product）の差別化の程度によって価格（Price）の支配力は変わってくる。現実には企業にとって価格は戦略的な変数

---

[2]　McCarthy, E. J.（1960）*Basic Marketing : A Managerial Approach*, Homewood, IL., Richard D., Irwin, Inc（粟屋義純監訳『ベーシック・マーケティング』東京教学社，1978年）.

であり，さまざまな要素を考慮して決定しているはずだが，ミクロ経済学のフレームワークでは利潤最大化問題として抽象化され，具体的な戦略には踏み込まないことが多い。しかし，企業が現実において戦略的に価格を決定するのは，究極的には自社の利潤を大きくするためであるから，利潤最大化問題という定式化で本質のみを捉えることには大きな意味がある。

Promotion（プロモーション）は製品・サービスをどのように消費者に認知させ・その魅力を伝えるかという広告・販売促進戦略を意味している。また，Place（流通）は，製品・サービスをどこで販売しどのように消費者に届けるかといった流通戦略を意味する。ここでは，Promotionにおける最も重要なツールの一つである広告と，Placeにおける流通網の構築について経済学的にみていく。

●利潤最大化広告量

プロモーションにはDM，ロゴの付与，パッケージのデザインなどさまざまな活動が含まれるが，中でも広告は主要な活動だろう。表9.1は，東洋経済新報社の有価証券報告書データベースから，有名企業の広告宣伝費上位20社を抜粋したものである。業種や企業によって，売上高に占める広告費にもかなりばらつきがあることが見て取れる。当然，企業は利潤をなるべく大きくするように広告費の投資水準を決定していると想定される。この意思決定を，ミクロ経済学のフレームワークでみていこう。

今，需要量qは価格pと広告量aに依存するものとする（品質や流通への投資量の変数を入れても同じ）。このとき，需要量は

$$q = q(p, a) \tag{1}$$

のように書くことができる。

ここで，広告の1単位あたりの費用をtとすると，広告費用はtaとなる。また，生産の限界費用はcで一定と仮定すると，生産費用は$cq(p, a)$と書ける。

このとき，利潤関数$\pi(p, a)$は

$$\pi(p, a) = pq(p, a) - cq(p, a) - ta \tag{2}$$

のように書ける。これを広告料aと価格pについて最大化すると，

9　広告・流通戦略　　**153**

表9.1 有名企業の広告宣伝費

順位	社名	広告宣伝費 （億円）	売上高 （億円）	売上高 広告比率 （%）	会計基準
1	ソニーグループ	2,600	89,993	2.89	1
2	日産自動車	2,325	78,625	2.96	0
3	イオン	1,705	86,039	1.98	0
4	リクルートホールディングス	1,417	22,693	6.24	2
5	サントリー食品インターナショナル	1,306	11,781	11.09	2
6	セブン＆アイホールディングス	1,129	57,667	1.96	0
7	ブリヂストン	974	29,945	3.25	2
8	マツダ	925	28,820	3.21	0
9	資生堂	860	9,208	9.34	0
10	任天堂	844	17,589	4.80	0
11	三菱商事	744	128,845	0.58	2
12	花王	719	13,819	5.20	2
13	SUBARU	697	28,302	2.46	0
14	パナソニック	673	66,087	1.00	2
15	ファーストリテイリング	665	21,329	3.12	2
16	スズキ	551	31,782	1.73	0
17	アサヒグループホールディングス	543	2,027	26.79	2
18	イオンフィナンシャルサービス	533	4,873	10.94	0
19	住友化学	459	22,869	2.01	2
20	バンダイナムコホールディングス	452	7,409	6.10	0

（注） 会計基準の1は米国基準，2は国際基準
（出所） 東洋経済新報社・有価証券報告書データベース

$$\frac{\partial \pi}{\partial a} = (p-c)\frac{\partial q}{\partial a} - t = 0 \tag{3}$$

$$\frac{\partial \pi}{\partial p} = q + (p-c)\frac{\partial q}{\partial p} = 0 \tag{4}$$

という一階条件の式が得られる。

ここで，需要の広告弾力性を$\varepsilon_a = \dfrac{\partial q}{q}\Big/\dfrac{\partial a}{a}$，需要の価格弾力性を$\varepsilon_p = \dfrac{\partial q}{q}\Big/\dfrac{\partial p}{p}$で表すと，これらの利潤最大化の一階条件は，

$$\frac{ta}{pq} = \frac{\varepsilon_a}{\varepsilon_p} \tag{5}$$

と書き直すことができる

これは，売上高pqに占める広告支出taの最適比率は，需要の広告弾力性と需要の価格弾力性の比率となることを意味しており，ドーフマン・スタイナー条件と呼ばれる。すなわち，需要が価格より広告に敏感に反応するならば広告に対する支出割合が高くなるということである。ごく当然のことであるが，価格で競争できず，広告の効果が高ければ広告費の対売上比率を高めるのが最適となることを示している。

ここでは需要の価格弾力性と広告投資が独立したモデルを考えていたが，実際には両者には相関が生じる。なぜなら，例えば，広告によって高級ブランドのイメージが高まれば，多少高くても購入したいという人は増えるだろうし，逆に安さを売りにして積極的にプロモーションをすれば，値上げに対しては大きく需要が反応することになるだろうからである。

9.3 ブランドの構築

●情報の非対称性とブランド

消費者と供給者の間には製品の品質について（当然消費者の抱えるニーズについても）情報の非対称性がある。したがって，消費者は購入の対象になっている製品が本当に自分の好みに合うものかを推測する必要がある。それは製品の見た目からであるかもしれないし，インターネットやSNSの口コミからかもしれないが，購入経験のない製品についてはサーチコスト（探索費用）をはじめとした取引費用がかかり，不確実性も残るだろう。

製品のブランドはこうした取引費用を減らす効果がある。ブランドには誰が製造・販売しているかを明らかにするという出所表示機能があり，それにより製品・サービスの品質等を保証する機能もある。また，需要者に購買・利用を喚起させる宣伝広告機能もある。

こうしたブランドを構築する活動にはコストがかかる。それでも企業がブランディングを行うのは，それが企業にとってもメリットがあるからである。また，

9 広告・流通戦略

表9.2　ブランド構築ゲーム

		消費者	
		信頼する	信頼しない
企業	投資する	5，5	−5，0
	投資しない	10，−5	0，0

当然，企業には実際の品質を超える水準の品質を消費者に期待させることで購入を促すというインセンティブもあり，短期的には囚人のジレンマのような状況になっていることが多い。しかし，短期の囚人のジレンマゲームでも無限回繰り返すことで，協力的な行動が合理的となりうる。この点について少し詳しくみていこう。

　今，消費者は企業のブランドを信頼し追加的なサーチ活動を行わず製品を購入するか，ブランドを信頼せずサーチ活動を行ったうえで自分の選好に合う他社の製品を購入するかを選択するものとする。このとき，ブランドが品質保持にコストをかけていれば，それが消費者の効用を最も大きくする製品であるとする。また，企業にとっては品質保持にコストをかけず，消費者が製品を購入してくれれば最も利益が大きくなるものとする。

　この時の標準形ゲームを表9.2で表す。企業は消費者が自社のブランドを信頼して製品を買ってくれれば10の収入が得られる。買ってもらえなければ収入は0である。また，品質を維持するためには投資コストが5かかる（したがって利得はそれぞれ5と−5となる）。消費者にとって製品の品質は買ってみないと分からない。消費者には財の探索・確認コストが5かかる。このとき，ブランドを信頼して探索を行わない場合に，企業が品質保持に投資をしてくれていれば，消費者は5の利得が得られる。他方で，企業が投資をしなかった場合，求める品質の製品が手に入らず−5の利得となる。また，ブランドを信頼しない場合には探索費用をかけて他の企業の製品を購入する。このときの利得を0と基準化している。

　このゲームは囚人のジレンマに近い構造となっている。1回限りのゲームでは消費者は企業のブランドを信頼しないし，企業も品質維持のためのコストをかけない状態がナッシュ均衡となる。しかし，長期的な視点からは話が違ってくる。

156

●繰り返しゲームとブランドの信頼性

話を単純化して，このゲームを無限期間繰り返すことにする。終わりを想定しない（いつ終わるか分からない）ゲームと考えてもよい。消費者も企業も，対象となる製品・サービスがなくなるとは考えていない状況である。消費者は毎日買い物をするたびに，意識的にせよ無意識的にせよブランドを信頼するかどうかを決めていると考えられる。企業も日々ブランド構築に努力するか短期的な利益を追求するかを決定している。

長期の利得を考える場合には，割引率を考慮する必要がある。例えば利子率が1％だったら，100万円を預けておけば1年後には101万円になっている。つまり，1年後の101万円が今の100万円と同じ価値を持っていることになる。今100万円をもらうか1年後に100万円をもらうか聞かれたら多くの人は今100万円をもらうと答えるだろう。このことからも，1年後の100万円は今の100万円より低い価値しかないことが分かる。

将来の価値を現在の価値に直すには，利子率をrとすれば，$1/(1+r)$をかければよい。このことは，1年後の101万円に$1/1.01$をかければ100万円になることからも分かる。利子率が1％のとき，今の100万円は2年後には$100 \times 1.01 \times 1.01 = 102.01$万円になっている。$n$年後だったら$100 \times (1+r)^n$万円である。これを現在価値に直すには$(1/(1+r))^n$倍してやればよいのである。このままだと分数が入っていて式の形が複雑なので，$1/(1+r)$を割引因子と呼んでδ（デルタ）という記号で表すことにする。

いよいよ長期の均衡を求めるが，繰り返しゲームの均衡には部分ゲーム完全均衡を用いることが多いので，ここでもその均衡概念を用いる。部分ゲーム完全均衡とは，すべての部分ゲームにおいてナッシュ均衡となる戦略の組み合わせである。無限回繰り返しゲームでは，すべての段階での最適反応の組み合わせといえる。

詳しい説明は省略するが，ゲーム理論における戦略とは各段階での行動の集合であるから，どの段階でどの行動をとるかを記述した計画書のようなものである。これは無数に考えることができる。そこで，戦略として代表的なトリガー戦略というものを考える。これは，最初に協力的な行動をとり，その後は相手が協力的な行動をとる限り自分も協力的な行動をとり続けるという戦略である。この戦略では，一度相手が非協力的な行動をとった場合，それをトリガー（引き金）として，その後は常に非協力的な行動をとり続ける。すなわち，相手が一度でも裏切

ったら決して許さない（二度と信用しない）という非常に厳しい戦略である。

　今，ある特定の時点iの前まで協力が成立していた場合を考える。このとき，i時点以降も企業が投資し続けた場合の利得Vは

$$V(投資する) = \frac{5}{1-\delta} \tag{6}$$

となる。

　他方で，i時点に裏切った場合，i期は10が得られるが，その後は消費者がずっと「信頼しない」という戦略をとることから企業も「投資しない」という行動をとり続けることになる。したがって，

$$V(投資しない) = 10 \tag{7}$$

となる。

　このとき，投資し続ける時の利得V（投資する）が投資しないときの利得V（投資しない）を上回る条件は，$\frac{5}{1-\delta} \geq 10$となる。これを書き換えると$\delta \geq 1/2$となる。すなわち，$\delta$がある程度大きい場合には投資し続けることが合理的ということになる。このロジックは消費者についても当てはまる。δが大きい場合というのは将来を重視する場合である。将来を今と同じくらい重視する企業の割引因子は1に近くなる。逆に，「今が大事」「今が良ければよい」という企業は，1年後の100万円の価値は非常に低くなる。極端な話をすれば，「明日のことなど考えない」企業にとって，明日の100万円はほとんど無価値（現在価値でほぼ0円）ということになる。そしてそのときの割引因子はほぼ0ということになる。

　また，δが大きいというのは1期間が短いと解釈することもできる。このように解釈すると，取引の頻度が高い場合には，信頼が醸成されることになる。したがって，企業や消費者がある程度将来を重視する場合や，企業の供給する製品・サービスが繰り返し購入されるものである場合には，企業にとってブランド構築への努力が重要になるといえる。

　観光地で1回限りのお客さんを主なターゲットにしているお店では，高くて品質の低いものを提供するインセンティブが生じる。多くの消費者が口コミなど他者の経験を基に判断を下すようになれば，情報の非対称性が緩和され，そのようなあくどいお店に行く人は少なくなるので，淘汰されやすくなる。しかし，観光地では需要の価格弾力性が低くなりがちだから，質に対して相対的に高い価格が

付くのは仕方がないことかもしれない。

コラム1　広告の効果に関する実証研究

　広告には，製品の存在を認知させる機能と，製品のイメージを構築するブランディング機能がある。アッカーバーグ（2001）[3]は，それぞれの機能の影響を実証的に分析している。

　そこでは，2つの市（Springfield, Sioux Falls）におけるドラッグストアとスーパーマーケットの8割以上について，約2,000家計における3年間（1986〜1988年）の購買履歴と，テレビCMの視聴履歴データを使った分析を行っている。各世帯がいつ何を買ったか，いつどのブランドの広告がテレビで流れたかが分かるデータである。

　その中でも，彼はヨーグルトを分析対象として選んでいる。これは，家庭内の在庫需要の影響を受けにくい製品（貯蔵期間が短く冷蔵庫を占領するという貯蔵コストが高い）と考えられるからである。また，製品の購入経験の有無を調べるためには，調査期間中に新たに市場に投入された新製品がある必要がある。ヨーグルトの中では，Yoplait（ヨープレイト）社の「Yoplait 150」という新製品が投入されている。さらに，テレビCMが流れているという条件も必要であり，これらを満たす製品としてヨーグルトを選択している。

　製品の購入経験の有無が分かると，製品の存在を認知させる機能とブランディング機能の効果を区別できる。広告が単に製品の存在を認知させる手段であれば，すでにその製品を購入したことのある家計に対しては，広告の効果はないはずだからである。他方で，ブランディング機能があれば，購入経験のある消費者に対しても，他社製品との比較において広告が効果を持つはずである。

　分析結果によれば，広告は購入経験のない世帯に対しては購入確率を高める効果を持つのに対し，購入経験のある世帯に対しては明確な効果はみられないことが分かった。したがって，ヨーグルト製品については，製品の存在を認知させる機能のみが発揮されていることになる。

　なお，購入経験のない世帯に対しては，CMの視聴時間が週に30秒増えると，10セントの価格低下と同じ効果をもたらし，Yoplait 150の需要の広告弾力性は約0.15と計算されている。また，需要の価格弾力性は2.8と推計されている。これらの計算結果をドーフマン・スタイナー条件に当てはめると，最適な売上高に対する広告費の比率は5.4％（＝0.15/2.8）程度ということになる。

---

[3]　Ackerberg, D. E.（2001）"Empirically distinguishing informative and prestige effects of advertising," *RAND Journal of Economics*, Vol. 32, pp. 316-333.

なお，広告自体が価格弾力性に影響する可能性もある。例えば，江原（1988）[4]は，TV広告が多いメーカーの製品ほど需要の価格弾力性が低いことを明らかにしている。すなわち，TV広告で知名度やブランド力が高まり，価格の影響が小さくなるということである。また，奥瀬（1999）[5]は，衣料用洗剤を対象に，値上げの場合と値下げの場合で広告が価格弾力性に与える効果が異なるかどうかを分析している。それによれば，広告は，値上げ・値下げにかかわらず，需要の価格弾力性を低下させる。ただし，認知度が高まった商品は値上げによる負の影響も大きくなることが確認されている。

9.4　流通チャネル

続いて，マーケティングの4PにおけるPlace，すなわちどこでどう売るかという部分について考えていく。

●問屋による取引費用の削減と情報収集の効率化

EC（電子商取引）の普及にともない，メーカーが直接消費者と取引するケースも増えてきている。しかし，依然として卸や小売業は大きな役割を担っている。2020年の名目GDPにおける卸・小売業の占める割合は12.7％で2010年の13.4％からそれほど減少していない。なお，2020年の製造業のシェアは19.8％，情報通信業のシェアは5.9％である。したがって，流通業界の経済的インパクトはかなり大きいといえる。近年では特にECにおけるITプラットフォーマーの存在感が強くなっている。

流通業界の変革はこれまでも何度も起きてきた。例えば，セルフサービスの大型小売店舗であるスーパーマーケットの登場は，小規模な専門店を集めた商店街での購入という消費パターンを大きく変えた。また，電機など特定のカテゴリに絞り圧倒的な品揃えと低価格で差別化を図った大型専門店の登場も，カテゴリーキラーと呼ばれるほどの変革をもたらした。近年ではそうしたカテゴリーキラーを上回る規模になっているのが，Amazonなどのネット流通業者である。

ネット流通業者は，メーカーと消費者，小売店と消費者を直接取引させる場を

---

[4]　江原淳（1988）「POSデータによる広告効果測定」専修商学論集，46号，pp.89-113.

[5]　奥瀬喜之（1999）「価格プロモーション反応への影響を考慮した広告効果測定モデルの構築」消費者行動研究，vol.6, pp.17-28.

図9.1 問屋を中心としたハブ・アンド・スポーク型の取引システム

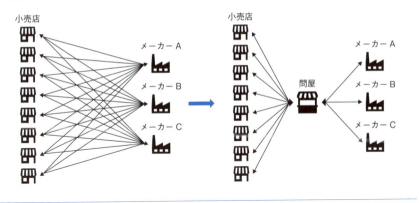

提供しているが、従来はメーカーと小売業の間に問屋が入ることが主流であった。問屋はメーカーと小売店との取引をまとめ、取引費用を削減している。例えば、メーカーが100社で小売店が1万店ある場合、問屋を介さなければ、100万の取引ネットワークが生じる。それに対して、すべての取引に問屋が介入すれば、メーカー100社と小売店1万店の1万100の取引ネットワークで済む。

この関係を図示したのが図9.1であり、各線が取引関係を表しておりスポークと呼ばれる。左側の図はハブとなる問屋が介在しない取引関係で、スポーク型の取引システムを表している。それに対して右側の図は、問屋がハブとなったハブ・アンド・スポーク型の取引システムを表している。

また、問屋は、どの店舗でどれだけ製品が売れているか、いつどの店舗に製品を卸せばよいかといった情報収集や流通の設計、そしてそれらを可能にするための保管キャパシティも有している。対面での取引の場合、流通プロセスの上流であるメーカーにとって下流の消費者のニーズを把握することは通常難しく、消費者と直接取引をする小売店に消費者のニーズに関する情報が蓄積される。問屋はこうした小売店の持つ個別の情報を集約・整理することで、効率的な生産・販売システムを設計する役割も果たすことになる。

他方で、情報化の進展によってメーカーと消費者が直接取引できるようになったり、消費者の購買履歴などのデータをメーカーが入手しやすくなったり、データの解析精度が向上したりすると、スポーク型の取引システムが効率化し、リアルな問屋の情報収集・処理、倉庫機能の優位性は相対的に低下していく。それにともない、ITプラットフォーマーは、品揃えと低価格というカテゴリーキラーの

9 広告・流通戦略

強みを上回るようになる。

　メーカーは自社の製品の流通をコントロールすることもある。例えば，テリトリー制のように，販売店が同じエリアで重複しないように調整することで，競争による価格低下を抑え，販売店に独占利潤を上げさせ，その一部をフランチャイズ料のような形で徴収することができる。専門店のような流通チャネルも同様に，競争を抑制することで独占的利潤を高めることにつながる。

　他方で，流通チャネルの制限は当然のことながら，価格が高いだけでなく，消費者にとっては購入場所が限られることになるため，消費者の取引費用を高めることになる。特に，ECでのプラットフォーム利用率が高いような場合，そのサイトに掲載されていない製品は，消費者が購買を検討する対象として認識されにくくなる。この場合，ブランドや製品の特性自体で差別化が十分に図れていなければ，流通チャネルの制限はむしろデメリットが大きくなる。

● 品揃えとロングテール

　プラットフォームは，リアル（例えば多くのショップを集めたショッピングモール）の場合でも，デジタル（例えばAmazonや楽天市場，映画やドラマを集めたNetflixなど）の場合でも，そこに行けば欲しい財・サービスが見つかるという期待を実現させることで，消費者にとってのサーチコストなどの取引費用を下げている。

　プラットフォーム内においても，サーチコストが低ければレアな製品やニッチな製品を探しやすくなる。特に，Netflixなど，デジタルな財を扱うプラットフォームにおいては，商品をメニューに追加することの限界費用は小さく，また在庫

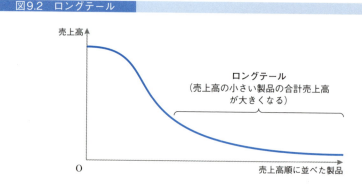

図9.2　ロングテール

費用も物的な財よりも小さいため，規模の経済や範囲の経済が働きやすい。したがって，ほとんど需要する人のいないような商品も取り扱うことができ，商品数は非常に多くなる。このとき，それぞれの売上は小さいが売上の合計は売れ筋の製品よりも大きくなるというロングテールと呼ばれる現象が生じる。ロングテールとは，横軸に製品を売上高の高い順に並べていき，縦軸に売上高をとると，売上高の小さい多数の製品が並ぶところが長い尾にみえるところからきている（図9.2）。

9.5　プラットフォームビジネスと両面市場

●プラットフォーマーの独占力の源泉

これまでプラットフォームという用語を特に説明なく用いてきたが，プラットフォームという用語は基盤型と媒介型のどちらの意味でも使われる。基盤型は，プラットフォーム事業者が提供する製品・サービス（例えばパソコンのOSやゲームのハード）を前提に，補完プレイヤーが製品・サービス（各種アプリケーションソフト）を提供するものである。媒介型は予約サイトやSNSサイトのように，プレイヤー内あるいはプレイヤー間の相互作用の場を提供するものである。ここでは主に，後者の媒介型のプラットフォームを対象に話を進める。

流通におけるプラットフォームというビジネスモデルは，消費者にとって「そこに行けば欲しいものが何でも揃っている」という状況を作り出し，サーチコストを含めた取引費用を下げると同時に，製品・サービスの中で実際に購入の考慮集合に入る選択肢を増やすことで，消費者の効用を高めている。また，プラットフォームは売り手と買い手が相互にメリットを享受する取引の「場」を作り正の外部性を生み出すことで，売り手と買い手を一層集積させていく。

こうして創出された取引から生じる余剰の一部を手数料として徴収するというのが基本的なビジネスモデルである。ショッピングモールやクレジットカード，電子マネーなども，売り手と買い手を出会わせ取引の媒介をしているという点でプラットフォームと呼べる。GAFAMなどに代表されるITプラットフォーマーにおいては，手数料よりも取引の際に得られる個人データを活用した事業収入からより多くの収益を上げていることも多い。

現実の市場は不完全であるから，買い手が自分の本当のニーズを把握していないこともあれば（実際に売られている財をみて需要が喚起される場合など），欲し

9　広告・流通戦略　**163**

いものが見つからないということもある。しかし，取引の「場」が構築され，それまで成立しなかった取引が成立するようになると，新たな余剰が生まれることになる。

近年では，特に大手ITプラットフォーマーの独占力が強くなっており，競争政策当局の規制対象になることも増えてきている。この独占力の背景には，ネットワーク効果とロックイン効果がある。

ネットワーク効果は，ある財・サービスの利用者数が増えるほど，当該財・サービスを利用・消費することから得られる便益が増加していく性質である。SNSやPCのOSなどはネットワーク効果が発揮される代表的な財・サービスだろう。宿泊予約サイトやショッピングサイトなども，消費者が増えれば売上の期待値が高まるため宿泊施設やショップの出店も増え，品揃えが充実するほど消費者のメリットも増えるため，さらにユーザーが増えるというネットワーク効果が働いている。後者の方は，ユーザーの増加が直接ユーザーの便益を高めるわけではないが，取引相手の増加を通じて便益が高まるという意味で間接的ネットワーク効果と呼べる。

ロックイン効果は，特定の製品・サービスを利用し続けることで，他の製品・サービスに切り替えるコスト（スイッチングコスト）が高くなっていく性質である。インターネットで買い物をする際に，操作に慣れたECサイトを使い続けたくなるのもロックイン効果の一種である。

媒介型のプラットフォームを利用する際，売り手側は手数料の支払いが必要であるのに対し，買い手側は無料で利用できることも多い。電子マネー，クレジットカード，ショッピングサイトなどもそのような形になっていることが多いだろう。この手数料の決定は，場を提供しているプラットフォーマーが決定するわけであるが，通常の経済主体の意思決定であれば，1つの市場における利潤最大化問題を解けばよかった。

他方で，媒介型のプラットフォームは，売り手側と買い手側の双方の市場に直面している。したがって，各市場の弾力性によって異なる価格を付けることが合理的である。特に個人ユーザーの方が手数料に対する需要の価格弾力性は高くなりがちであるから，より低い価格を付けることが合理的となる。

さらに，特徴的なのは間接的ネットワーク効果が働く点である。すなわち，手数料を低くして（場合によっては無料にして）ユーザーを増やせば，それが売り手と買い手の数を増やすことにつながることである。この点を，簡単なモデルに

164

よって考えてみよう。

●両面市場のモデル

今，市場には買い手（需要者）と売り手（供給者），そしてプラットフォーマー（売り手と買い手の媒介者）がおり，買い手の需要関数（買い手の数と解釈してもよい）D，売り手の供給関数（売り手の数と解釈してもよい）S，プラットフォーマーの利潤πがそれぞれ，以下の式で表されるものとする。

$$D = a - b \cdot F_D + c \cdot S \qquad (8)$$
$$S = d - e \cdot F_S + f \cdot D \qquad (9)$$
$$\pi = F_D \cdot D + F_S \cdot S - g(D + S) \qquad (10)$$

ここで，F_DとF_Sはそれぞれ，買い手と売り手がプラットフォーマーに支払う手数料を意味している。また，aからgのアルファベットは定数である。注目すべき点は，買い手の数Dはプラットフォームを利用するコストF_Dの減少関数となっているだけでなく，売り手の数Sの増加関数になっている点である。すなわち，売り手の数が増えるほど，そのプラットフォームで買い物をしようという人も増えるという，間接的ネットワーク効果が働くことを意味している。売り手の数Sも同様に，プラットフォームを利用するコストF_Sの減少関数であり，買い手の数Dの増加関数になっている。

プラットフォーマーの利潤は買い手と売り手からの手数料収入（$F_D \cdot D + F_S \cdot S$）から，運営コスト$g(D + S)$を引いた形となっている。なお，$g$はユーザーが1人増えるごとにプラットフォーマーに対してかかる一定額の追加的コスト（限界費用）である。

プラットフォーマーは買い手と売り手の需要関数を所与として，利潤を最大にするように買い手と売り手に対する手数料F_D^*とF_S^*を決めることになる。ここで，両者の手数料の関係性を図9.3を使って考えてみよう。この図では，原点を基準に右方向に買い手の人数D，左方向に売り手の人数Sがとられている。縦軸は手数料F_DとF_S及びプラットフォーマーの限界費用gである。

今，左側の図のように，手数料が買い手も売り手も同じF_0だったとする。この手数料の時の買い手の人数はD_0，売り手の数はS_0となる。すると，プラットフォーマーの利益は$\pi_0 = (F_0 - g)D_0 + (F_0 - g)S_0 = (F_0 - g)(D_0 + S_0)$となる。

この状態は，同一市場内に弾力性の異なる消費者がいる場合でも同じ価格を付

図9.3 両面市場における価格差

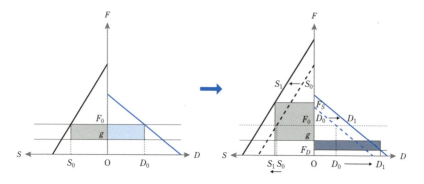

けているのと同じような状態である。本来であれば，市場を分割して売り手と買い手それぞれの市場において，別々に限界収入と限界費用が等しくなる価格を付けることが合理的となる。

一方，(8)式と(9)式で特徴的なのは，間接的なネットワーク効果が働いている点である。このとき，F_D を下げると買い手が増えるため，それにともないこの市場に参入する売り手も増えることになる。そして，売り手が増えると買い手も増えるため，買い手の需要曲線も右方にシフトすることになる。このプロセスが続いた結果としての最終的な需要曲線を示したのが図9.3の右側の図である。買い手と売り手の需要曲線はそれぞれ D_0 から D_1，S_0 から S_1 へとシフトしている。買い手の手数料 F_D を限界費用 g よりも下げた場合，買い手が参加することによるプラットフォーマーの利益はマイナス（右側の図の紺色の網かけ部）になる。しかし，たとえ買い手側の市場で赤字になったとしても，買い手が増えることで売り手が増え，取引の増加による売り手からの手数料収入（図の灰色の網かけ部）の増加分が，買い手の手数料を下げたことによる赤字を考慮しても，それ以前の利益を上回るようであれば，この行動は合理的となる。

媒介型のプラットフォーマーは複数の市場に直面しているため，一部の市場で赤字となっていても，他の市場の黒字でカバーすることができ，単独の市場に直面する企業よりもオプションが多く利潤を高めやすい。例えば，Airbnbのように部屋の貸し手と借り手を結びつけるプラットフォームでは，仮に買い手（借り手）の需要が伸びない場合には，売り手市場における手数料収入を原資として，買い手市場での赤字を増やしてでも割引やプロモーションなどで需要を喚起すること

ができる。

　特に間接的ネットワーク効果が働く場合には，需要の価格弾力性の高い市場で価格を下げることで需要を大きく増やすことができるため，一部の市場では価格が非常に低くなる。現実にも，SNSなど消費者は無料で利用できるプラットフォームは多く観察される。

◆ 練習問題

問9.1　需要の広告弾力性が大きくなるのはどのような場合か考えなさい。

問9.2　CMによって需要の価格弾力性が下がる（あるいは上がる）と思われる製品の特徴を考えなさい。

問9.3　特定のITプラットフォーマーに着目して，プラットフォームにおける売り手と買い手を特定し，それぞれの手数料について調べなさい。

第10章
企業の境界・組織のガバナンス

- ■10.1 組織の存在意義・企業の境界
- ■10.2 取引費用と最適組織規模
- ■10.3 ホールドアップ問題への対応
- ■10.4 企業組織と所有構造
- ■10.5 所有と経営の分離とガバナンス
- コラム1 リスクプレミアム
- ■10.6 株主による規律付けと債権者による規律付け
- ■10.7 取締役会の構成
- 補論 インセンティブ設計とリスク負担
- コラム2 下請け関係を通じたガバナンス

　この章では，企業の境界やガバナンスについて説明する。取引費用が存在する場合，市場は完全ではなく，そこから生じる問題への対処が求められる。組織は市場の失敗を解消する手段として機能しうる。他方で，組織が大きくなれば所有と経営が分離し，情報の非対称性のもとで，経営者が自己の効用を追求する結果，投資家や債権者の利益を損なうかもしれない。経営者の行動を規律付けるためのインセンティブ設計について考えていく。

【Key Point】
- ●企業の境界の決定は取引費用の最小化についての考慮も重要である。
- ●取引の内部化はホールドアップ問題の解消にも有用である。
- ●経営者に対する規律付けにおいては，インセンティブの強さとリスク負担のバランスが重要である。
- ●株主による規律付けと債権者による規律付けには，それぞれメリット・デメリットがある。
- ●最適な取締役会の構成比率の決定に際しては，情報量の違いなどによりモニタリング機能や助言機能の効果が異なることを考慮する必要がある。

10.1 組織の存在意義・企業の境界

これまでみてきた企業の利潤最大化行動においては，企業内部のマネジメントに関することは捨象されていた。ミクロ経済学における「企業」は，「生産要素を投入したらそれに応じた財・サービスを生産する」という生産関数で表現されている。出てくるアウトプットをY，投入する生産要素を労働Lと資本Kで表すと，生産関数は$Y = F(L, K)$のような形で書くことができる。したがって，この生産関数が企業を表しているということになる。そして，企業が同質的という仮定のもとでは，生産関数の異質性の問題は無視されることになる。すなわち，生産関数はどの企業も同じ形をしており，その中身（関数がどのような形になっているか）については考えないということである。

しかし，当然のことながら，現実には同じ量の生産要素を投入しても，アウトプットの量や質は企業によって異なる。このことは，生産関数の形が企業ごとに異なるということを意味している。生産関数の形が異なる要因は数多く考えられるが，組織のマネジメントの良し悪しも大きな要因の一つだろう。この章では，その中でもインセンティブ設計の観点から，コーポレートガバナンス（企業統治）の問題について議論していく。

ミクロ経済学においては，企業の意思決定は企業自身が決定しており，その行動原理は自身の利潤を最大化するというものである。この場合，企業＝経営者であり，経営者の効用最大化と企業の利潤最大化は同じ意味を持っている。しかし，現実には，経営者が自己の効用を追求した結果，企業の利潤を害するというケースも起こっている。また，ミクロ経済学が想定する企業は，個別の企業が生産量を変えたとしても全体への影響は無視しうるような，非常に小規模な個人経営のような組織である。そして，そうした無数の小さな企業が市場で取引することで効率的な資源配分が実現する。その意味では，企業という「組織」の果たす役割は小さいはずである。しかし，実際には従業員が数千人を超えるような大規模な企業も存在するし，1社の動向が市場全体の動向に影響を及ぼすこともある。

この章ではまず，「市場」と「組織」がさまざまな取引を統治するための代替的な手段となりうることを，取引費用の観点からみていく。そのうえで，企業の所有と経営が分離した場合における企業統治の考え方について議論する。

10 企業の境界・組織のガバナンス **169**

10.2　取引費用と最適組織規模

　ここではまず，企業の境界の問題について考えていく。企業の境界とはつまり，どこまでの取引・活動を自社の内部で行い，どこからを他社に任せるかという問題である。例えば，自動車の組み立てメーカーが，部品の製造までを自社で手がける（垂直統合する）か，あるいは供給業者に外注するかという問題である。

　部品を市場で調達するには取引費用がかかる。完全競争市場では取引費用は無視しうるほど小さいと仮定されており，最も効率的な業者から購入すればよいだけである。しかし実際には，各業者の生産技術や部品の品質を把握し，どのような仕様のものをいつまでにいくらで納入してもらうかなどについて交渉をし，契約を締結するといった取引費用が発生する。さらに，情報の非対称性が存在する場合，契約をした相手がきちんと契約通りに仕事をしてくれるとも限らない。そのため，サーチ・交渉・モニタリング等の活動を各部品（自動車の構成部品は約3万点といわれている）[1]について行う必要があり，市場で取引するのにも多くのコスト（ガバナンスコスト）がかかることが分かる。

　とはいえ，市場では取引を行わず，すべての活動を自社の内部で完結させようとすると，組織を運営するコストや組織内での調整コストが非常に大きくなるため，こちらも現実的ではない。したがって，最適な企業の境界が存在すると考えられる。これを図示したのが図10.1である。

　この図において横軸は市場で行う取引・活動の多さ（規模）を表しており，左に行くほど自社の内部で行う取引・活動が多く，右に行くほど市場での取引が多いということを意味している。

　市場取引が増えればそれにともない取引費用は増えていき，すべてを市場取引で調達しようとするとかなり大きなコストになる。組織内でのやり取りにかかる費用も同様に，組織の規模が大きくなるにつれてそのコストも大きくなる。実際には市場と組織の両方を組み合わせることになり，その配分が重要ということになる。そして図の青い実線で描かれているのが，組織と市場を使うことの総取引費用である。企業はこの総取引費用を最小にするところで企業の境界を設定することになる。

　したがって，取引費用がかかる場合には市場で個々人がすべての活動を行うの

---

[1]　https://global.toyota/jp/kids/faq/parts/001.html

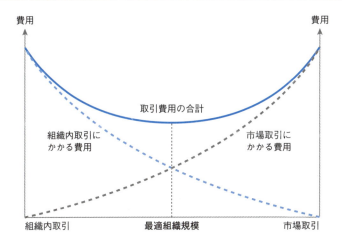

図10.1 最適組織規模

ではなく，組織で行うことも効率的になりうる。すなわち，市場と組織は取引を効率的に統治するための代替的な手段として捉えることができる。

10.3 ホールドアップ問題への対応

　取引を内部化することのメリットの一つとして，ホールドアップ問題の解消がある。ホールドアップ問題とは，その相手との関係の中でのみ価値を持ち，他の相手との関係の中では価値が大きく減少するような関係特殊資産への投資が過小になる問題である。例えば，特定の自動車メーカーの車種にしか利用できない部品を製造するための装置は，他のメーカーとの関係においては価値がなくなる。部品業者がいったんこうした関係特殊資産に投資した場合，メーカーに取引相手を変えられると投資コストが回収できなくなるため，部品業者の交渉力が非常に弱くなる。仮にメーカーが機会主義的な考え方[2]を持っていれば，部品業者の投資後に，部品業者が他のメーカーとの取引で成立する価格（ゼロ）と同程度の価格

---

[2] 自分の利潤を高める機会があれば他者の損失になろうとも積極的にその機会を利用しようとする考え方。

10　企業の境界・組織のガバナンス　　**171**

		メーカー	
		高価格	低価格
部品業者	投資する	5, 5	−10, 10
	投資しない	10, −5	0, 0

表10.1　部品業者とメーカーのゲーム

を提示することが合理的となる。したがって，関係特殊資産への投資はリスクが高く，市場取引において投資は過少になってしまう。このホールドアップ問題を解消する一つの方法として垂直統合が挙げられる。垂直統合してしまえば，こうした機会主義的な行動をとるインセンティブをなくすことができるからである[3]。

　また，長期的な取引慣行も，ホールドアップ問題の解消の手段として有効である。関係特殊資産への投資は短期的には囚人のジレンマ的な構造になっていることが多い。部品の供給には関係特殊資産が必要になるものの，契約で規定されるのは部品の仕様や価格のみだとすると，メーカーは投資が終わった後の契約の段階で部品の価格を低く設定することが合理的となる。部品業者は，契約時に提示された価格が投資前に聞いていたものよりかなり低かったとしても，投資コストを少しでも回収するために，この提案を受け入れざるを得ない。

　この囚人のジレンマ的な状況を表したのが表10.1である。ここでは，最終製品の質を高めるために，追加的な関係特殊資産への投資が必要な状況を考えている。部品業者が投資せずメーカーが低価格を提示する場合，現状維持となり，このときの両者の利得を0と基準化している。

　今，部品業者が投資した後にメーカーが低価格を提案したとする。このとき，部品業者の利得は−10，メーカーは質の高い特殊部品を用いた財を販売でき，かつコストを抑えられるため10の利得を得ることができる。一方，投資後にメーカーがそれをきちんと高価格で買い取ってくれる場合，部品業者の利得は5，メーカーの利得も5となる。

---

[3]　他方で，垂直統合にはデメリットも存在する。その主なものとしては，競争がなくなることで，効率化に対するインセンティブが低下することである。また，組織が大きくなるほど組織内部でのモニタリングが難しくなるため，従業員と上司の間あるいは従業員間で情報の非対称性が存在する場合には，フリーライドなどさまざまな非効率性が発生する（垂直統合に関する詳細な議論は第11章を参照）。

部品業者が追加的な投資を行わない場合，既存の部品を卸すことになり，最終製品の質は高まらずメーカーは高価格で買い取ると損をする（−5の利得）一方で，部品業者は得をする（10の利得）。

　この場合のナッシュ均衡は，（投資しない，低価格）という戦略の組み合わせである。しかし，このゲームを何度も繰り返す場合，部品業者は関係特殊資産に投資し，メーカーは常に高価格を支払うという結果になりうる。話を簡単にするため，このゲームを無限回繰り返すとすれば，毎回（投資する，高価格）という行動をとり続ける戦略の方が，一度裏切って相手から二度と信用してもらえなくなる（したがって，一度は10の利得を得るものの，その後はずっと（投資しない，低価格）という状態が続く）よりは合計利得の割引現在価値が高くなる。終わりがないような長期的な取引慣行や，終身雇用制のような慣行も，関係特殊資産への投資インセンティブを保障するという意味では一定の合理性を持つのである。

10.4　企業組織と所有構造

　事業活動が大規模になってくると，活動を維持したり新たな投資をしたりするために，より多くの資金を調達する必要が生じる。資金調達の代表的な方法としては，銀行からの借り入れなど負債による調達と，投資家からの出資など株式発行による調達が挙げられる。前者は他人資本，後者は自己資本に分類されるが，この資本構成の最適値についても，取引費用の最小化の観点から導出することができる。

　この場合の取引費用としては，情報の非対称性から生じるモニタリング・コストなどが考えられる。会社の経営者と資金の提供者の間には通常，情報の非対称性が存在する。企業内部のことについては投資家よりも経営者の方がよく分かっており，また，経営者は事業に有益な専門知識や人的ネットワークなどの社会関係資本を有していると考えられる。他方で，株主や債権者は，提供した資金を経営者が自分たちにとって最も望ましい用途に使っているかどうかを完全に把握することは難しいだろう。こうした情報の非対称性がある場合，経営者は自身の評判を高めるためや個人的な欲求を満たすために資金を使ったり，近視眼的な投資や過度にリスクの高い投資を行ったりするインセンティブが生じる。これは，依頼人と代理人という関係性の中で，情報の非対称性を利用して代理人が自己の効

用のために依頼人の意図に反した行動をとるという，典型的なモラルハザードの問題である。

　ここで，株主と債権者の利害が対立する場合を考えてみよう。株主は株価を目的変数として短期的な投資効率の最大化を求めており，一方の債権者は返済確率を目的変数としてリスクの低い長期的な安定成長を求めているような場合である。

　先の図10.1を，ガバナンスコストの面から，他人資本と自己資本のバランスを考察した図と読み替えて議論していこう。横軸を右に行くほど自己資本比率が高く，左に行くほど他人資本比率が高いものとする。右上がりの費用（図中の「市場取引にかかる費用」）を債権者のガバナンスコスト，右下がりの費用（図中の「組織内取引にかかる費用」）を株主のガバナンスコストと読み替える。

　自己資本比率が高まるほど，債権者が経営者の活動を監視したり，情報を収集したりするコストは高まっていく。というのも，資金調達のほとんどを自己資本で賄っている場合，債権者とは異なる目的を持つ株主が多く存在するため，経営監視の強化，担保の見直しや追加要求，業績改善プログラムの提案など，債権者は自身の目的を達成するためにさまざまな活動や働きかけをする必要があるためである。

　それに対して，横軸の左の領域では（自己資本比率が低い場合には），利害の対立する株主の影響力が小さく，債権者のガバナンスは弱くて済むため，コストは小さくなる。

　一方，株主のガバナンスコストも同様に，他人資本比率が高い時には，経営者にとって株主の目的とは異なる債権者の利益を大きくするような圧力が強くなるため，それを是正するための株主のガバナンスコストは高くつく。株主のガバナンスコストには，経営監視の強化を始め，取締役会への介入や役員の交代要求，株主総会での議案提出や決議活動，アクティビスト[4]の活動支援などの活動費用が含まれ，そうしたコストは自己資本比率が高まるにつれて低くなる。

　両者のガバナンスコストの合計が，図中の「取引費用の合計」に対応している。したがって，それぞれのガバナンスコストの切片や傾きはさまざまな要因によって異なるものの，この合計コストが最小化される点で最適な資本構成（自己資本比率）が決まることになる。

---

[4]　企業に対し積極的に働きかけ，株主の利益を最大化しようとする投資家。「物言う株主」とも呼ばれる。

10.5 所有と経営の分離とガバナンス

●プリンシパル・エージェントモデル

所有と経営（あるいは支配と経営）が分離しており，情報の非対称性が存在する場合，経営者の機会主義的な行動をいかに防ぐかが所有者にとって大きな関心事となる。ここでは特に，株主と経営者の情報の非対称性に焦点をあて，コーポレートガバナンスの問題を検討する。

なお，情報の非対称性の問題を考える際には，情報の非対称性自体を緩和するという対応も考えられる。すなわち，情報量の差を埋めるような仕組みを導入することであり，例えば，経営者による積極的な情報開示を義務付けることや，社外取締役や監査役によるモニタリングの強度や頻度を高めることなどが考えられる。

しかしここでは，情報の非対称性のもとでの，経営者の規律付けの問題に焦点をあてる。その際に有用なフレームワークがプリンシパル・エージェントモデルである。プリンシパルは依頼人，エージェントは代理人を意味し，株式会社でいえば，企業の所有者である株主が依頼人であり，経営者に対して企業の運営を依頼していると考えるのである。

ここで，依頼人の目的は企業価値の最大化であり，単純化のために企業利潤の最大化と考える。一方，代理人である経営者の目的は自身の効用の最大化であり，必ずしも企業利潤の最大化という目的とは一致しない。前述の通り，経営者は自身の評判を高めたり，個人的な欲求を満たしたりすることを優先するかもしれないためである。

このように，経営者が株主から提供された資金を，株主利益を高めるための投資に用いることなく，私的な効用を高めるために使用することで生じる非効率性は，エージェンシー・コストと呼ばれる。このエージェンシー・コストの最小化がコーポレートガバナンスの最大の目的となる。

したがって，代理人の行動を完全に把握することはできないという情報の非対称性のもとで，いかに企業利潤に貢献するよう代理人を規律付けるかが依頼人にとって重要な課題となる。

単純に考えれば，代理人である経営者の報酬を企業利潤に連動させればよい。そうすることで，経営者の目的関数を株主の目的関数に近づけることができる。経営者の報酬を企業価値に連動させるストック・オプションもこの一種と考えら

れる。ただし，ストック・オプションの場合，株価が下がった場合には経営者にとって含み損は発生するものの，あくまでオプションであるから，権利行使をせず株価が回復するのを待つことができる。したがって，経営者にとっては，比較的ハイリスクなプロジェクトにも取り組みやすい規律付けとなる。

　一方で，利潤を増やし株価を上げるためには，コストを削減するというやり方もある。このとき，経営者には機会主義的な行動をとるインセンティブがある。例えば，企業の長期的な成長のための投資費用を削ることで，短期的には利潤を増やすことができる。この利潤の増加に株式市場が反応すれば，ストック・オプションの権利行使により，経営者は短期的に大きな報酬を得ることができる。さらに，株価を上げた実績をアピールして他社への転職が容易になる場合，そうした近視眼的な行動を抑制することはより難しくなる。

　株主としても，短期保有で株式を売買する投資家であれば，経営者のそうした近視眼的な行動はむしろ望ましいことになる。したがって，短期的な利潤を追求する所有者が増えると，経営者の交代などによる規律付けは弱まり，設備投資や研究開発投資，無形資産投資など，企業の長期的な成長に寄与するはずの投資が実行されにくくなるという問題が生じる。後述するように，メインバンクによるモニタリングや債権者による規律付けはこうした問題を緩和する手段となりうる。

●経営者の機会主義的行動

　ここでは，経営者の機会主義的行動の発生メカニズムとその抑止策について，経営者と株主の目的関数の違いや経営者の報酬体系に着目して，単純な効用最大化問題を使って考えていく。

　経営者の目的関数と株主の目的関数が完全に独立の場合　　まずは，経営者の目的関数と株主の目的関数がまったく一致していないケースを考える。例えば，経営者の効用Uが，金銭的報酬から得られる効用wと機会主義的な行動による非金銭的報酬から得られる効用z，及びそれらを得るための努力費用（不効用）に依存しているものとする。今，経営者の活動時間を1と基準化して，そのうちαの割合を企業利潤πを高めるため，$1-\alpha$を機会主義的行動から得られる効用zのために費やすものとする。どちらの行動も経営者にとっての限界不効用（単位時間あたりの努力費用等）は同じでcとする。

　このとき，経営者は，あらかじめ決められた活動時間1のもとで，効用$U=w+z(1-\alpha)-c$を最大化することになる。

ここで注意したいのは，経営者の金銭的報酬wが企業利潤πに依存していないことである。このとき，当然wはαにも依存しなくなる。すると，経営者にとっては，固定給としてのwを受け取りつつ，すべての時間を非金銭的報酬zのために費やすことが合理的となる。したがって，経営者の選択するαは0となり，企業利潤を高めるための努力をまったく行わなくなる。その代わり，機会主義的な行動に明け暮れることになる。

　ここでは，限界不効用cを一定としたが，本来，それぞれの活動費用（不効用）は費やす時間とともに逓増していくと考えられる。その場合には最適な$1-\alpha$の水準は1よりも小さくなる。しかしその場合でも，経営者の目的関数に企業利潤πが入っていない以上，株主の目的と経営者の目的はまったく異なり，株主が望むようなαは実現できないことになる。

経営者の目的関数が企業利潤に依存する場合　そこで，金銭的報酬wを企業利潤πに依存させることにする。このときの企業利潤は，経営者の活動時間の配分（企業利潤を高めるための努力水準）αによって変わってくることになる。すなわち，経営者の効用は

$$U = w(\pi(\alpha)) + z(1-\alpha) - c$$

と書ける。$w(\pi(\alpha))$を単純に$w(\alpha)$と書けば，

$$\frac{dw(\alpha^*)}{d\alpha^*} - z = 0$$

を満たすα^*が効用を最大化する時間配分となる。なお，zは正の数値であり，金銭的報酬は企業利潤が増えるほど大きくなり，その企業利潤は経営者の努力水準αが大きいほど増える（$w(\alpha)$がαの増加関数）ため，α^*も正の値となる。したがって，経営者の目的関数と株主の目的関数が完全に独立だったときとは異なり，こうした成果主義的な報酬体系を導入することで，経営者に企業利潤を高める行動をとらせることができる。

　しかし，実際の事業活動にはさまざまな不確実性がともなう。経営者がどの活動にどれだけの時間を費やすかを決めたとしても，それによって得られる利潤が確実に分かるということはまずないだろう。したがって，経営者のインセンティブを設計する際には，そうした不確実性にともなうリスク負担の問題も考える必要がある。賃金の期待値が同程度であれば，毎期賃金が大幅に変動する雇用契約

10　企業の境界・組織のガバナンス　　**177**

よりは，安定した賃金を得られる雇用契約の方が効用が高くなる人が多いだろう。そのため，あまりにリスクが大きい報酬体系では，そもそも経営者がそうした報酬体系を受け入れないか，報酬の期待値を大幅に増やさなければならなくなる可能性も出てくる（不確実性と期待効用との関係についてはコラム1を参照）。

コラム1　リスクプレミアム

期待値は同じでも確実な利得と不確実な利得では効用が異なるだろう。例えば，多くの人にとって，「確率50％で100万円がもらえ，確率50％で0円がもらえる」場合と「確実に50万円もらえる」場合では，期待値は同じ50万円でも，後者の方が効用が高いのではないだろうか。これは危険回避的な効用関数を持っていることを意味している。数式で書けば，以下の不等式が成り立つということである。

$$\frac{1}{2}u(100) + \frac{1}{2}u(0) < u\left(\frac{1}{2} \times 100 + \frac{1}{2} \times 0\right)$$

ここで，不確実な利得から得られる期待効用と同じ水準の効用を与える確実な利得は確実性等価と呼ばれ，リスクがない分，利得の期待値はより少なくて済む。利得を x としたとき，x から得られる効用 $u(x)$ の期待値 $E[u(x)]$ と等しい効用を与える確実な利得は，リスクプレミアムを利得の期待値 $E[x]$ から差し引く必要がある。すなわち，$E[u(x)] = u(E[x] - R)$ を満たす R がリスクプレミアムとなる。

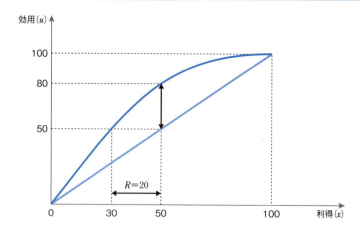

図10.2　リスクプレミアムの計算

この関係性を図示したのが，図10.2である。横軸が利得，縦軸は効用を意味する。今確率1/2で0の利得が得られ，1/2で100の利得が得られるくじがある。このくじの利得の期待値は50である。0の利得から得られる効用$u(0)$を0，100の利得から得られる効用$u(100)$を100とする。このとき，このくじの期待効用$\frac{1}{2}u(0) + \frac{1}{2}u(100)$は50となる。この個人が危険回避的だとすれば，期待値が同じ50であっても確実に50がもらえるくじの方が効用が高いはずである。すなわち，$u(50)$は$\frac{1}{2}u(0) + \frac{1}{2}u(100) = 50$よりも大きくなる。図では$u(50) = 80$としている。したがって，危険回避的な個人の効用関数は利得に対して上に凸の形をしている。

なお，不確実なくじから得られる期待効用$\frac{1}{2}u(0) + \frac{1}{2}u(100) = 50$と同じ水準の効用を与える利得は，$u(x) = 50$を満たす$x$であり，図では30である。すなわち，この個人にとって，不確実なくじと同じ効用を与える確実な利得は30であるから，$50 - 30 = 20$がリスクプレミアムということになる。

10.6　株主による規律付けと債権者による規律付け

高度成長期に確立していった日本的経営システムにおいては，メインバンク制度もシステムの構成要素として重要な役割を果たしてきたといわれている。特に日本的経営システムでは，株主やメインバンクだけでなく，従業員や長期的な取引先などさまざまな主体が相互に影響し合って，ガバナンスのシステムを構築していた。

資本市場では，都市銀行や地方銀行を中心とした株式持ち合いで企業グループが形成され，メインバンクが資金供給とガバナンス機能を引き受けていた。メインバンクによるガバナンスは，経営状態が悪化したときに初めて経営に関与してくる状態依存型ガバナンスと呼ばれる。したがって，通常は株主の権限行使は行われず，経営者は短期的な株主利益の最大化を目的とする必要はなく，長期的な観点から経営の安定・成長を図ることができた（青木・奥野，1996）[5]。しかし，経営状態が悪化すれば，メインバンクは株主としての権利を行使し，経営者の解任や役員の派遣など積極的な行動をとる。

こうしたメインバンクによるガバナンスは，市場を通じたガバナンスの代替的な手段と捉えることもできる。長期的な関係を構築することで，情報の非対称性

---

[5]　青木昌彦・奥野正寛編著（1996）『経済システムの比較制度分析』東京大学出版会.

や不確実性などから生じる取引費用を節約することができ，また，他の制度との補完関係もあり，日本ではメインバンクによるガバナンスが選択されたものと考えられる。

　市場によるガバナンスについても，先にみたように株式による規律付けと，負債による規律付けが考えられる。後者については，負債を返済できない場合には，経営権が債権者に移転することになるため，これが経営者に対する規律付けとなる。また，返済が必要な負債が存在することで，余分なキャッシュ・フローを削減し，経営を効率化するインセンティブを与えることもできる。他方で，株式による規律付けにおいては，株主がモニタリングを行い，経営者の解任など直接的な権利行使をしたり，資本市場での株式売却により株価を低下させたり買収のリスクを高めたりする。

　こうした規律付けに関して，岡部・藤井（2004）は，どのような規律付けが企業価値を高めるかについて実証的な分析を行っている[6]。そこでは，1989年と1999年の2時点について，日本の上場企業500社程度を対象として，企業価値（トービンのq）への影響を調べている。規律付けの変数としては，負債比率，メインバンク関係（融資額の最も多い銀行の融資額が負債額に占める割合），株式保有構成（役員持ち株比率，外国人持ち株比率，個人投資家持ち株比率，金融機関持ち株比率，その他法人持ち株比率）を用いている。

　その結果，負債比率は安定して企業価値を高める効果があることが明らかにされている。また，利潤率の向上圧力が強いと考えられる外国人による株式保有に，規律付けとしての効果があることも確認されている。他方で，メインバンクの存在については，規律付けを弱める効果があるとの結果が得られている。これは，メインバンクのガバナンスが状態依存型であり，そもそも業績が悪化したときにのみ発揮される機能であることや，他の規律付けが機能している場合には役割は小さいことなどが影響していると解釈されている。

---

[6]　岡部光明・藤井恵（2004）「日本企業のガバナンス構造と経営効率性──実証研究」総合政策学ワーキングペーパーシリーズ，No.34.

10.7 取締役会の構成

　我が国では，2021年にコーポレートガバナンス・コードが改訂された。東京証券取引所（2021）[7]によれば，「「コーポレートガバナンス」とは，会社が，株主をはじめ顧客・従業員・地域社会等の立場を踏まえた上で，透明・公正かつ迅速・果断な意思決定を行うための仕組み」を意味する。

　そして，コーポレートガバナンス・コードは，「実効的なコーポレートガバナンスの実現に資する主要な原則を取りまとめたもの」であり，それらの原則に従うことで企業価値の向上ひいては経済全体の発展に寄与することが期待されている。

　このコードの基本原則の一つには，取締役会が果たすべき責務として，

（1）企業戦略等の大きな方向性を示すこと

（2）経営陣幹部による適切なリスクテイクを支える環境整備を行うこと

（3）独立した客観的な立場から，経営陣（執行役及びいわゆる執行役員を含む）・取締役に対する実効性の高い監督を行うこと

が挙げられている。

　すなわち，取締役会は企業の内部から，企業戦略等に関してアドバイスを行い，また，経営陣に対して適切なインセンティブを与えつつ，モニタリングを行うという役割を期待されている。

　また，2021年に改訂されたコードでは，プライム市場上場会社は独立社外取締役を少なくとも3分の1（その他の市場の上場会社においては2名）以上選任すべきである旨が記載されている。この背景には，企業の内部出身者である社内取締役は，経営者の部下にあたり，適切なモニタリングが行いにくいという懸念があったと考えられる。また，社外取締役は社内にはない情報・知識・社会的資本を持っていることも多く，それらを活用した助言等を行うことができるというメリットもある。

　他方で，当然のことながら，企業内部の情報については社内取締役の方がよく知っており，社外取締役ばかりでは意思決定の効率が低下する可能性もある。したがって，社内取締役の持つ内部情報と社外取締役の持つ外部情報の重要性のバランスによって，最適な構成比率が決定されることになる。また，独立社外取締

---

[7]　東京証券取引所「コーポレートガバナンス・コード～会社の持続的な成長と中長期的な企業価値の向上のために～」2021年6月11日（https://www.jpx.co.jp/news/1020/nlsgeu000005ln9r-att/nlsgeu000005lne9.pdf）

役比率が高いほど経営者の解任・交代が容易になるため，モニタリングの機能は強くなると考えられる。一方，適切な報酬体系が設定されておらず，企業の財務状況も良い場合には，経営陣にはモニタリング能力の低い取締役を選定するインセンティブが生じる。

　他に，他社との間には戦略的な補完性も存在する。他社が企業価値を高めるために社外取締役のモニタリング機能の強化に努めている場合には，市場での自身の評価を高めるため自社の社外取締役もモニタリングを強めるインセンティブが働く。逆に，他社のモニタリング強度が低い場合には，他社における経営者は機会主義的行動をとりやすくなり，自社の経営者の留保賃金が上昇するため，自社もモニタリング強度を弱めることになる。

　このように，社内取締役と社外取締役の比率はさまざまな要因により影響を受けている（実際，さまざまな観点から取締役会の構成比率に関する実証分析も行われてきている）。したがって，コーポレートガバナンス・コードが求めるように，取締役会が会社の持続的成長と中長期的な企業価値の向上や，収益力・資本効率等の改善に寄与するためには，各社の置かれた状況に応じて，モニタリングやインセンティブの強度，情報の重要性等の観点から，社内取締役と社外取締役の構成比率を決めていく必要がある。

補論　インセンティブ設計とリスク負担

　この補論ではプリンシパル・エージェントモデルをベースに，経営者と投資家との間における，インセンティブとリスク負担の問題を考えていく。

　モデルでは，経営者は自分の努力水準は知っているが，株主や債権者には経営者の努力水準が完全には分からないという情報の非対称性が存在している状況を想定する。この時，情報優位にある経営者には仕事をサボるインセンティブが生じることになる。そこで，経営者の報酬を企業利潤への貢献分（経営者の成果）に一部連動させる必要がある。

　この時の問題は，経営者の報酬をどの程度成果に連動させ，どれだけを努力水準や成果に依存しない固定給として支払うかということである。この問題は，プリンシパルである投資家が，エージェントである経営者の賃金体系wに関して，次式（1）において，成果に連動させるウェイトβと，固定給部分θをどのような値に設定するかという問題として考えることができる。

182

$$w = \theta + \beta y(\alpha, \varepsilon) \tag{1}$$

　注意が必要なのは，経営者の成果yが$y(\alpha, \varepsilon)$という関数の形で表現されており，経営者の努力水準αによって増えるものの，それ以外の確率的な要因εによっても影響を受ける形になっている点である。したがって，経営者が努力していても業績が悪化することもあるし，逆に経営者がサボっていても他の要因で成果が上がることもある。

　単純化のため，経営者の報酬wにおいて経営者の成果yが，努力水準αと期待値が0の確率的変動εの和で表現されるものとする。すなわち，$y(\alpha, \varepsilon) = \alpha + \varepsilon$である。また，企業の利潤$\pi$は経営者の成果から経営者に支払う賃金$w$を引いた額とする。したがって，$\pi(\alpha, \varepsilon) = \alpha + \varepsilon - w$である。

　経営者は与えられた賃金体系のもとで，自分の効用を最大にするような努力水準を選択することになる。経営者の効用関数は，努力コストを$\frac{1}{2}c\alpha^2$とすれば，$U = U\left(\theta + \beta y - \frac{1}{2}c\alpha^2\right)$のような関数で表現できる。このとき，成果に対するウェイトβを高めれば，努力水準αを高めるインセンティブになる。他方で，εの影響が大きければ，自分の努力とは関係ない要因で利潤が変動し，また，それにともない賃金の変動も大きくなることから，リスクを嫌う人間であるほど効用が下がることになる。

　一般的な関数のままでは計算が複雑になるため，経営者の効用をリスクの分だけ期待利得を減らした確実性等価（不確実な利得から得られる効用と同じ効用を与える確実な利得に変換した値）に変換して，以下のような具体的な形に書き換える（コラム1も参照）。

$$U(\alpha) = \theta + \beta\alpha - \frac{1}{2}c\alpha^2 - \frac{1}{2}\lambda\beta^2\sigma^2 \tag{2}$$

　ここで，λは経営者のリスクを嫌う程度（危険回避度），σ^2は経営者の努力以外の要因で成果が変動する程度（εの分散）である。

　経営者はこの確実性等価を最大にするような努力水準αを選ぶことになる。これを解くと，経営者の最適努力水準α^*は，$\alpha^* = \frac{\beta}{c}$と計算できる。

　こうした経営者の努力水準の意思決定を読み込んだうえで，投資家はβとθの値を決定する。その際，注意が必要なのは，投資家が経営者へのインセンティブ付けを重視するあまり，経営者がその報酬体系のもとではリスクがありすぎると認識するようになると，そもそもこの投資家のもとで経営を担おうとは思わなくなってしまう点である。

　そこで，投資家としては，経営者のインセンティブ付けと同時に，経営者がこの契約に参加しなかった場合に得られる期待利得（外部賃金あるいは留保賃金[8]）以上の水

---

[8]　外部賃金とは他の職場に移ったときに得られる賃金であり，留保賃金とは労働者が仕事を引き受け

準となるように，固定給部分θを設定することになる（参加制約と呼ぶ）。

外部賃金を0と基準化した場合（定数としても結果は変わらない），参加制約を等号で満たすθは，$\theta = -\beta a + \frac{1}{2}c\alpha^2 + \frac{1}{2}\lambda\beta^2\sigma^2$と書ける。危険中立的な投資家の期待利潤は，企業利潤から経営者への報酬を支払った残りの部分となるから，$E[y-w] = E[y-\theta -\beta y] = (1-\beta)a - \theta$となる。ここに経営者の利潤最大化行動から得られる$\alpha^* = \frac{\beta}{c}$と参加制約を代入し，$\beta$について最大化すると最適な$\beta^*$は，次式のように，$\lambda$，$\sigma^2$，$c$の逆数として表すことができる。

$$\beta^* = \frac{1}{1 + \lambda c\sigma^2} \tag{3}$$

ここから分かることは，経営者に対する規律付けにおいて，リスク負担の観点から次のような場合には，インセンティブの強度βを小さくする必要があるということである。

まず，経営者の危険回避度λが高い場合である。このとき，依頼人がある程度リスクを負担してやらねば，代理人がこの契約に参加する効用が小さくなりすぎてしまう。したがって，情報の非対称性が存在し，株主と経営者の目的が一致しない恐れがある場合でも，あまりに株主利益を追求しすぎることは，最適な契約にならないということである。

続いて，成果に関するノイズσ^2が大きい場合である。経営者自身の努力と関係ない要因が企業利潤に大きな影響を及ぼしている場合（例えば，景気変動の影響を受けやすい場合や，従業員の能力や努力による影響を受けやすい場合など）には，固定給の割合を高めないと，危険回避的な経営者は契約を受け入れにくくなるということである。

最後に，努力コストcが大きい場合である。この場合にも，投資家が努力を求めすぎると，経営者にとって割に合わないということになる。経営者のインセンティブに対する反応度が小さい時には，βを高くすることのメリットが小さくなるということである。インセンティブに対する反応度が小さくなるのは，そもそもモラルハザードが生じる余地が小さい時（モニタリングがしやすい時）であると考えれば，成果給的な報酬体系を導入する必要性は低いということである。

るために必要と感じる最低賃金のことである。労働者がより高い賃金を得られる職場に移動すると考えると，労働者がその職場で働き続けるためには外部賃金以上の賃金を得られる必要がある。

コラム2　下請け関係を通じたガバナンス

　先の経営者と株主のプリンシパル・エージェントモデルによる分析は，下請け関係に基づく長期取引慣行におけるガバナンスにも応用できる。メーカーとその下請けであるサプライヤーとの関係において，サプライヤーのコスト削減努力を引き出しつつ，需要変動のリスクをシェアするという構造である。Asanuma and Kikutani（1992）は，日本の主要な自動車メーカーとその供給業者群についての1978年から87年の10年間のデータを用い，インセンティブ強度に対する供給業者の危険回避度，成果に関する不確実性，モラルハザードの余地の影響を実証的に分析している[9]。

　なお，これらの変数を直接的に測定するデータは存在しないため，それぞれ代理変数を用意している。危険回避度については企業規模やメーカーへの売上依存度を，不確実性については売上高の分散を，モラルハザードの余地については最終製品からの距離（より上流工程の部品ほど距離が大きい）などを用いている。

　分析結果によれば，この時期の日本の自動車メーカーは，サプライヤーへのインセンティブ強度（補論（3）式のβ^*）をかなり低く抑えており，リスクの大部分をメーカーが負担していたことが確認されている。また，サプライヤーの危険回避や不確実性が大きいほど，インセンティブ強度が低くなることも明らかにされている。さらに，モラルハザードの生じる余地が大きいほど，インセンティブ強度は高くなることも確認された。これらの結果は，プリンシパル・エージェントモデルの予測する結果と整合的である。すなわち，分析対象期間の日本の自動車産業における取引実態は，プリンシパル・エージェントモデルによってうまく説明できるということである。

◆　練習問題

問10.1　組織内取引にかかる費用が大きくなりやすい企業・産業の特徴を考えなさい。

問10.2　長期的な取引関係を構築することでホールドアップ問題を回避していると思われる例を挙げなさい。

問10.3　プリンシパル・エージェントモデルが当てはまる具体的状況を考えなさい。また，補論のモデルに基づいて，インセンティブ強度が高くなる例を挙げなさい。

---

[9]　Asanuma, B. and Kikutani, T.（1992）"Risk Absorption in Japanese Subcontracting: A Microeconometric Study of the Automobile Industry," *Journal of the Japanese and International Economics*, vol.6, pp.1-29.

第11章

企業成長

- ■11.1 企業成長の方向と手段
- ■11.2 多角的成長
- ■11.3 垂直的成長
- ■11.4 水平的成長
- ■11.5 国際的成長
- コラム1 企業成長の効果
- ■11.6 企業成長の決定要因

　本章は企業成長（組織境界の拡大）について，多角的・垂直的・水平的そして国際的な成長の視点から経済効果を考える。企業はどの事業分野に参入し，そしてどの地域へと進出するかを決定しなければならない。成長の方向を決めるとともに，自社の内部資源に依存して内部成長を行うのか，あるいは社外の外部資源を活用する外部成長を行うのか，成長の手段も考えていく。

【Key Point】
- ●多角的成長によって，企業は既存事業とは異なる事業に参入し，その製品構成の多様性を上げる。共有資源を活用し，範囲の経済の恩恵を得る。
- ●垂直連鎖の中で複数の段階の事業を同一企業が行うことを垂直的成長という。市場支配力の増大とともに，情報の不確実性に対処する。
- ●既存事業を強化する水平的成長は市場に多大な影響を与えるが，水平統合では効率性の向上が得られない場合，総余剰は減少する。
- ●企業成長は海外事業を拡大するケースもあり，国際的成長という。企業はさまざまな形態で国際化し，市場競争や知識・技術の普及に影響する。
- ●企業成長には限界があり，ある水準を超えると規模の不経済が発生する。成長の程度と手段は取引費用の程度，そして企業の組織能力に依存する。

11.1 企業成長の方向と手段

　第10章では，企業組織の存在意義とその境界問題（どこまでの取引・活動を自社の内部で行い，どの部分を他社に任せるか）について，主に取引費用と組織ガバナンスの視点から説明した。

　すべてを組織内取引のみ，あるいは市場取引のみに依存して行うことは現実的ではなく，最適な企業規模においては両方の取引を活用し，適切な配分を行うことが重要である。本章では，規模（境界）の拡大に関連して，多角的成長，垂直的成長，水平的成長，そして国際的成長の視点から，成長がもたらす経済効果を考える。

　企業はどの事業分野に拡大し，あるいはどの地域に進出するべきだろうか。このような成長の方向について，企業は意思決定を行わなければならない。さらに，自社の内部資源に依存して内部成長するのか，あるいは社外の外部資源を活用して外部成長するのかを決めなければならない。この成長の手段についても考えよう。まずは，それぞれのキーワードを説明していく。

●成長の方向

　企業は規模の拡大において，どのような事業分野へと進出していくだろうか。まず，現在既に操業している分野の能力を強化するという水平的成長が挙げられる。例えば，同一製品の生産機能を拡張するため，工場を増設する，あるいは既存工場の規模を拡大することは水平的成長といえる。次に，垂直的取引または垂直連鎖（原料となる資源採掘から最終製品・サービスとなって消費者にわたるまでの一連の流れ）の中で，上流・下流へと事業範囲を拡大することを垂直的成長という。例えば，メーカーが自社の製品を自ら流通，販売するために流通部門と販売部門を社内に設置するケースである。また，水平的あるいは垂直的な分野以外の異なる事業に進出する場合，それは多角的成長となる。例えば，食品や写真フイルム事業に取り組む企業が，基盤技術を活用して，医薬品や化粧品分野へと新たに進出することである。さらに，地理的範囲も重要な意思決定の軸となる。国内に限らず，海外へと事業拡大するケースもあり，これを国際的成長という。

●成長の手段

　企業成長の手段は大まかに2通りある。組織内で事業拡大あるいは新規事業の

表11.1　企業成長の方向と手段の組み合わせ

		方向			
手段	内部成長	内部 水平的成長	内部 垂直的成長	内部 多角的成長	内部 国際的成長
	外部成長	外部 水平的成長	外部 垂直的成長	外部 多角的成長	外部 国際的成長

展開を企てて内部成長するのか，あるいは市場に存在する事業の一部あるいは全部を組織内に取り込むことで外部成長するのか[1]，である。

　表11.1に示すように，企業成長は成長の方向と手段の組み合わせによって類型化される。水平的成長の場合，自社工場の拡張は内部・水平的成長だが，生産を外部企業に委託あるいは共同生産することは外部・水平的成長となる。垂直的成長では，メーカーが自ら流通や販売部門を社内に新規設置することは内部・垂直的成長だが，外部企業の流通や販売機能を活用する（共同販売などの）場合は外部・垂直的成長となる。多角的成長の場合，社内資源のみを活用して進出する場合は内部・多角的成長であるが，外部企業と連携して，あるいは買収によって進出することは外部・多角的成長となる。最後に，国際的成長では，自社単独で海外に子会社を設立することは内部・国際的成長だが，外部企業と市場取引（共同販売や合弁会社の設立など）を行い進出すると外部・国際的成長となる。以上はそれぞれの成長の方向と手段の組み合わせの一例であり，その内容はさまざまにありうる。

11.2　多角的成長

　多角的成長あるいは多角化は，企業が既存事業とは異なる事業分野に参入し，その製品構成の多様性を増加させることを意味する。例えば，富士フイルム株式会社は創業以来，写真フイルム事業に取り組んできたが，デジタル化の進展と写

---

[1]　外部成長の方法はさまざまにある。典型的には，企業結合（合併，買収，資本参加，事業譲渡）のように，複数企業の株式を保有し，あるいは合併などにより一定程度または完全に一体化して事業活動を行う関係が形成されることをさす。それ以外に，契約に基づく提携関係なども外部成長に含まれる。

真需要の急減から多彩な分野へと事業を拡張してきた。2001年には富士ゼロックスを子会社化しドキュメント事業を設立，2008年には富山化学工業を連結子会社とし医薬品事業に本格参入を果たした。その後もバイオ医薬品や医療機器関連のメーカーを買収し，トータルヘルスケアカンパニーとして幅広い事業に参入している。

　多角的成長の度合い（多角化度）は，第5章で学んだハーフィンダール指数（HHI）の考えを応用して測定できる。ある企業の事業分野の集中度は，当該企業の事業分野別の売上高占有率（シェア）を利用し，それぞれの売上高のシェア S_i（iは事業分野を示す）の2乗和を求める。

$$\text{HHI} = S_1^2 + S_2^2 + \cdots + S_N^2 = \sum_{i=1}^{N} S_i^2$$

これは事業分野の集中度指標であり，多角化度 d は，$d = 1 - \text{HHI}$ となる。

●多角的成長の経済効果

　企業はなぜ多角的成長を行うのだろうか。時代や環境変化に応じて，企業が直面する競争環境は変わる。時には既存事業が伸び悩み，新たな事業で成長を求めることが必要になるだろう。企業が長期的に生存し，拡大していくために多角的成長は有効な戦略となりうる。しかし，多角的成長によって必ずしも生存，拡大できるわけではなく，参入した市場で新たな競争に直面する。その競争に勝ち抜くには多角的成長の経済効果（いわば利益）が得られなければならない。その効果として，範囲の経済とリスク分散を説明しよう。

　範囲の経済　　範囲の経済とは，複数の財を1企業で生産する方が，それぞれの財を別々の企業で生産するよりも総費用が低くなることを意味する。今，第1財を q_1，第2財を q_2 だけ生産する時の総費用を $C(q_1, q_2)$ とする。この時，範囲の経済は下記の式で表される。

$$C(q_1, q_2) < C(q_1, 0) + C(0, q_2)$$

すなわち，第1財と第2財を1企業でまとめて生産する方が総費用は低くなる[2]。範囲の経済はシナジー効果ともいわれる。

---

[2]　第1章で規模の経済を学んだ。同じ状況で規模の経済は以下の式で表現できる。
$C(kq_1, kq_2) < kC(q_1, q_2)$
すなわち，すべての財を k 倍した時に，総費用が k 倍未満にしか増加しない。

リスク分散　リスク分散とは，収益が逆相関している事業を1企業が同時に実施することで，全体の業績を安定させることを意味する。一般的には資産運用における分散投資などの手法として知られている。例えば，為替に影響されやすい輸出型産業（自動車など）と影響されにくい内需型産業（通信やインフラなど）に分散して投資することは典型例である。企業もリスクが分散されれば経営は安定するため，多角的成長を行う誘因となる[3]。

●範囲の経済の源泉

　範囲の経済が生じるのは，複数事業間で資源の共有がなされ，かつその資源は分割不可能性（資源の分割が不可能あるいは無理に分割すると非効率的になるという特性）を有することが考えられる。例えば内部・多角的成長において，A事業とB事業の異なる事業を1企業が営んでおり，それぞれの事業で用いる原材料は部分的に共通している。その資源の共有ゆえに，一括で購入調達する方が割引価格での調達が可能であったり，契約書を結ぶ取引費用を節約できたり，流通経路を同時に利用することも可能になったりする。それぞれの事業を別々の企業で行うと非効率的であり，分割不可能性という特性もある。

　外部・多角的成長でも，例えばA事業を社内で営んでいるが，B事業については外部機関と共同研究に取り組むことで範囲の経済を得られる。A事業とB事業は基盤技術が類似しており資源の共有がある。さらに，自社と外部の研究者が交流することで，知識の移転（スピルオーバー）や学習効果が発生する。それぞれの事業を別々の企業で切り離して行うと，このような交流は生まれないので，やはり分割不可能性という特性がある。

11.3　垂直的成長

　最終製品が生産，消費されるまでには，原料採取・開発・生産・加工から半製品の開発・生産・加工，最終製品の開発・生産・流通販売まで多くのプロセスを経る。この垂直的取引の中で，連続する複数段階の事業を同一企業が行うこと，

---

[3]　例えば，帽子と傘を同時販売することで天候に依存せず売上が見込める。また研究開発では，複数の事業分野（成功確率が高いが期待利益が低い分野と成功確率が低いが期待利益が高い分野）への投資を行うことでリスク分散を行える。

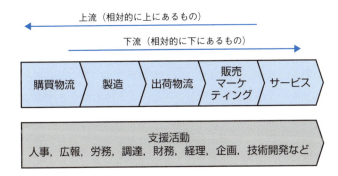

図11.1 企業の事業活動における垂直連鎖

またその境界を拡げることを垂直的成長または垂直統合という。

図11.1は一般的な企業のバリューチェーン（事業による価値創造の一連の流れ）のイメージを描いている。原料の購買調達に近い段階を上流，販売に近い段階を下流と表現する。例えば自動車の部品業者にとっては，素材を供給する企業は上流（川上企業）であり，最終製品を生産するメーカーは下流（川下企業）になる。ある企業が上流の事業を統合する場合には上流統合，下流の事業を統合する場合には下流統合という。

どの程度，垂直的成長するかは財または産業の特性に応じて異なる。例えば，食料品や雑貨などの日用品のような消費財では，垂直統合度が低い傾向にある。それは，スーパーマーケットのような大型小売店が多様な財を取り扱うことで範囲の経済を活用しやすい（バラエティある財で消費者を引き寄せる）ことが考えられる。一方で，機械部品や装置のような生産財では，垂直統合度が高い傾向にある。1企業が研究開発，生産，販売までの部門を所有し，市場で得られた情報を素早く下流部門で活用する利点が大きい。垂直統合度は同一産業における企業間で異なること，また，国や地域によっても変化することが観察されている。例えば，日本の自動車産業では長期的な市場取引関係（系列取引）を活用して部品の内部調達率が低いが，欧米では規模の経済を生かした部品の内部調達率が高い。垂直的成長の程度は，財や産業，企業や地域とその環境などの異質性に応じて多様である。

11 企業成長　　**191**

●垂直的成長の経済効果

　垂直的成長は企業や経済社会にさまざまな経済効果をもたらす。その経済効果を考えるには，第10章で学んだ取引費用を思い出すとよい。市場取引にはさまざまな費用（労力や時間などを含む）がかかり，その費用の程度は，情報の不確実性が大きい場合や契約の不完備性が深刻な場合に高くなる。垂直的成長によって，1企業が上流・下流の事業を行うことは，効率性の向上と市場支配力の強化をもたらす。以下ではその効果についてみていく。

　情報伝達と決定遅延　　市場取引にはさまざまな不確実性がつきまとう。例えば，需要の不確実性があり，ある財の生産に部品発注をどの程度行えばよいのか。さらに，部品となる投入要素の価格も環境や時期によって変化していくので価格交渉は難航する。このような状況では，中間投入物の最適な価格と数量を契約書で明記していくことは困難である。この結果，契約は不完備なものとならざるを得ない。そこで，不確実性への対処として部品供給業者を自社に吸収統合（外部・垂直的成長）する，あるいは部品製造部門を社内に新規設置（内部・垂直的成長）することで，企業内での権限関係を用いた内部調整を行う方が効率的になるかもしれない。これは不確実性の程度が緩和されるまで決定を遅らせることができるため，決定遅延の利益ともいう。

　機会主義的行動の抑制　　第10章で説明したホールドアップ問題を解消することも垂直的成長の経済効果といえる。契約締結後に必ずしも契約内容通りに取引が履行されるとは限らない。とりわけ，関係特殊資産に投資した場合にホールドアップ問題は深刻となりうるため，機会主義的行動を抑制しないと投資へのインセンティブが過小となる。これは社会的にも，より良い財が市場に供給されなくなることで損失になる。内部あるいは外部・垂直的成長によって，上流・下流の事業を同一企業が行うことは，市場取引における機会主義的行動を抑制し，投資インセンティブを確保する。

　垂直的外部性の内部化　　垂直的成長は市場の失敗である外部経済を内部化し，その解消に役立つ。例えば，鉄道事業とその沿線の住宅開発事業は，消費者にとって補完財の供給といえる（鉄道が発展し住民が増加すれば沿線開発は促進され，一方で沿線開発が促進されれば鉄道も発展する）。補完財の供給では，別々の企業がそれぞれの事業を独立に行うことは，外部経済ゆえに，事業への投資が過小となりうる[4]。よって，補完財の供給では1企業が供給する（外部経済を内部化する）ことで効率的な経営が行える。また，垂直的成長は二重マージンの解消にも

有用である。二重マージンは，川上企業（メーカー）と川下企業（小売店）がそれぞれ市場支配力を持つことで深刻になる。川上企業は生産の限界費用を考慮して利潤を最大化する卸売価格を設定する。川下企業はその卸売価格を限界費用と考え，利潤を最大化する小売価格を設定する。このような構造では二重の市場支配力が発生するため，消費者が直面する小売価格は独占企業が直販する場合より高くなる。川上・川下企業が垂直統合することで二重マージンを回避することができる。

水平的外部性の内部化　　メーカーが複数の小売店と取引し，小売店は財の小売価格や提供するサービス（財の説明など）を自由に決められるとする。この時，各小売店は同じ財を扱っているため**ブランド内競争**が起こり，価格設定において小売店間で負の外部性が発生する（ある小売店が価格を下げると，他の小売店の需要が減少する）。すべての小売店が自社利潤だけを考えて価格設定すると，小売価格は全小売店の利潤合計が最大となる水準よりも低くなるだろう。このような小売店間の価格競争を解消するため，メーカーと小売店が垂直統合すれば，負の外部性がなくなり価格を高くすることができる[5]。

また，ある小売店が販売サービスを提供すると，同じ財を供給している他の小売店は正の外部性を受ける（他の小売店の需要も増加する）。この場合，他の小売店のサービス提供にタダ乗り（**フリーライド**）してサービス提供を行わない小売店がいるかもしれない。もしすべての小売店がフリーライドしようとすると，どの小売店もサービス提供しなくなるので，財の魅力が減じられるため，需要の拡大が見込めなくなる。そこで，メーカーと小売店が垂直統合し，小売店間のサービス提供におけるフリーライドを解消することで需要は増加し，財の供給量が増加する[6]。

---

[4]　ある企業がある事業に投資することで得られる利益を私的収益率という。一方で，その事業が経済社会全体へと波及する効果（外部経済）を持つ場合，経済社会が享受する社会的収益率が存在し，往々にして，社会的収益率は私的収益率を上回る。この場合，企業にとって，その事業に投資することの専有可能性が低いため，投資インセンティブが減じる。典型的には，研究開発投資はこのような外部経済ゆえに投資インセンティブが社会的に望ましい水準より低くなる。

[5]　垂直統合によって市場価格が上がるかどうかは，統合による二重マージン解消の効果と小売店間の価格競争排除の効果のどちらが大きいかに依存する。もしメーカーと小売店の統合によって価格が上昇するならば，生産者余剰は増加する一方で消費者余剰は減少する。

[6]　これは生産者余剰のみならず，消費者余剰の増加にもつながるだろう。ただし，垂直統合によって総余剰がどう変化するかは，価格上昇による消費者余剰の減少と，サービス増加による消費者・生産者余剰の変化のどちらが大きいかを評価する必要がある。なお，複数の異なるメーカーが垂直統合によっ

市場支配力の強化　ある企業が販売部門のような下流部門まで社内で行うことで，販路の管理が容易になり，さらには需要の情報を入手しやすくなるため，価格差別が実施しやすくなる。価格差別は既に学んだように生産者余剰を高める効果が見込める。また，原材料などの上流部門を統合することは，ライバル企業への原材料の供給を不利にする効果（囲い込み）があり，これも市場支配力の強化になる。

11.4　水平的成長

　水平的成長は同一産業における競争環境に直接的に影響を与え，また，大型の水平統合のように，有名なライバル企業同士が統合することから社会的にも注目を受けやすい。例えば，金融業において，東京三菱銀行とUFJ銀行が合併し，現在の三菱UFJ銀行が生まれた。製薬業では，山之内製薬と藤沢薬品工業が合併し，アステラス製薬が設立した。コンビニ業では，サークルKサンクスがファミリーマートに吸収合併され，ファミリーマートを業界2位に押し上げた。さまざまな業界では，熾烈な市場競争を勝ち抜くために，ライバル企業同士が合併，買収や提携などの戦略的な対応を行っている。

　内部・水平的成長として，既存事業の規模を自ら拡張することは，当該企業の市場占有率（シェア）を高め，また，外部・水平的成長の手段として，統合によってライバル企業が減少することは，より独占的な市場構造へと近づくことを学んだ。その結果，市場集中度が増加し，企業の市場支配力は高まると予想され，第14章で学ぶ競争政策と関連性が高い。本節では，外部・水平的成長である水平統合に注目し，その経済効果を考えていこう[7]。

●水平的成長の経済効果

　水平統合の基礎　クールノーモデルを想定し，企業N社それぞれの技術や費用関数は同一であり，たとえN社のうち2社が水平統合しても，統合後の各企業の技術や費用関数に変化がない場合を考えよう。この時，統合によるライバル企

　て，ブランド間競争を行う場合，サービス競争の激化によって消費者余剰が高くなる。

[7]　ここで紹介する経済効果は，合併に限らず，買収や提携など，さまざまな外部・水平的成長に応用できる内容である。

業の減少は総生産量の減少と価格の上昇をもたらし（より独占的な市場構造に近づき），消費者余剰も減少する。統合企業は（統合前の2社合計の市場占有率よりも）市場占有率が低くなる[8]。そのため，価格が上昇しても，統合企業の生産量の減少が大きいため，統合企業の（統合前の2社合計の利潤よりも）利潤は減少する。それに対して，非統合企業の市場占有率は増加するため利潤は増加する。

　この状況では，統合は（総余剰からみて）社会的に望ましいとは考えられず，また，統合企業にとっても望ましいといえない。しかし，エージェンシー問題によって経営者の機会主義的行動が発生する場合，このような統合は起こりうる。経営者は必ずしも株主や社会全体の余剰を重視するのではなく，自己利潤を追求し，規模を拡大することで得られる名声や達成感を重んじるかもしれないからである（いわば「帝国建設の夢」）[9]。

効率性向上とその源泉　　水平統合が社会的に望ましい経済効果をもたらすには，統合による効率性の向上がなくてはならない。統合によってより低費用で生産することが可能になること，あるいは高品質，革新的な新製品を創出することが求められる。効率性向上の主たる源泉は，規模の経済，範囲の経済，そして学習効果に見出すことができる。例えば，規模の経済によって平均費用は引き下げられる。ライバル企業同士の知的財産を共有し，研究開発人材の交流が生まれれば，取引費用の節約と範囲の経済が機能し，より低価格あるいは革新的な製品が創出される。相対的に効率的な企業と，非効率的な企業が統合し，非効率的な企業は経営手法などを学ぶ機会を得られ，学習効果ゆえに限界費用の低下も見込める。このような効率性の向上が達成される場合には，統合は社会的に望ましい結果をもたらすかもしれない。

---

[8]　各企業の技術や費用関数が等しい場合，均衡における対称性から，各企業の均衡生産量は等しくなる（第3章参照）。この時，統合前の1社あたりの市場占有率は$1/N$で2社合計では$2/N$になる。N社のうち2社が統合した場合でも，均衡における対称性が確保されているため，統合後の1社あたりの市場占有率は$1/(N-1)$である。よって，$N \geq 3$において
$$\frac{2}{N} - \frac{1}{N-1} = \frac{N-2}{N(N-1)} > 0$$
が成立するため，統合企業は（統合前の2社合計の市場占有率よりも）市場占有率が低くなる。これは直感的には，非統合企業が販売拡大によって，統合企業から顧客を奪取するインセンティブが高いことによる。

[9]　ライバル企業の減少によって市場集中度が増加することは，企業間の協調行動もとりやすくなることを示唆する。よって，競争を実質的に制限するような共謀行為が行いやすくなる。これは統合企業にとって有利な状況をつくりだすため，統合へのインセンティブになる。

11　企業成長　　**195**

図11.2 ウィリアムソンのトレードオフ

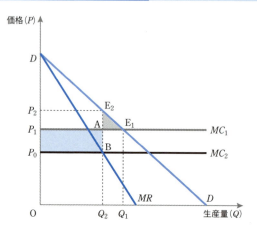

ウィリアムソンのトレードオフ　統合による市場支配力の増加（死荷重の増加）と効率性向上による生産者余剰増加のトレードオフを指摘しておく。図11.2は当初の市場均衡がE_1で競争市場が成立しており、統合の結果、市場均衡がE_2へと変化し独占市場となったケースを描いている。統合前の限界費用はMC_1であり、完全競争ゆえに均衡価格はP_1、均衡生産量はQ_1となる。統合後の限界費用は効率性向上が達成されMC_2へと下にシフトしており、その結果、均衡価格はP_2、均衡生産量はQ_2となる。この時、統合によって発生する死荷重はAE_1E_2の三角形の面積である（統合前は消費者余剰DP_1E_1が総余剰だが、統合によって失われた面積がAE_1E_2）。一方で、効率性向上の結果、総余剰の増加分はABP_0P_1の四角形の面積である（$AE_2P_2P_1$も生産者余剰だが、これはもともと消費者余剰であり、余剰の移転が起きただけである）。ウィリアムソンは、これらの死荷重と生産者余剰の増加分を比べて、総余剰が増加するのであれば統合は容認されるべきと述べている[10]。

---

[10] Williamson, O.E. (1968) "Economies as an antitrust defense: the welfare tradeoffs," *American Economic Review*, Vol. 58 (1), pp.407-426.

11.5 国際的成長

　これまでに多角的，垂直的，そして水平的成長という事業分野に焦点をあてたが，これらの成長は国内市場に限定されない。いずれの成長においても，企業はその活動の場を国内または海外まで進出して行うのかを決める必要がある。同質財であっても，事業を営む地域が異なれば，制度，政策，文化，慣習など市場を取り巻く環境は異なる。地理的範囲も意思決定の重要な軸であり，国内の事業拡大と国外への事業拡大には大きな違いがある。

　本節では国際的成長（国際化）を取り上げる。国際的成長を果たした企業は多国籍企業といわれる。多国籍企業は本国（本社が所在する国）以外の複数の国で事業活動を行う企業をさす。多国籍企業は各国の支社がその国の文化や慣習に合った販売活動を行うため，それぞれの国でカスタマイズされた財を提供する。多国籍企業は国際的成長の一形態であるが，他にもさまざまにある。以下では，国際的成長の形態とその要因を述べ，その後，国際的成長がもたらす経済効果についてまとめる。

●国際的成長の形態とその要因

　図11.3は国際的成長の形態とその要因をまとめたものである。国際的成長には，自社単独で海外に現地法人を設立すること（内部・国際的成長），あるいは海外企業と連携して進出すること（外部・国際的成長）に大きく分けられる。外部・国際的成長では，海外企業とジョイントベンチャーを設立したり，合併や買収のように資本関係をともなう提携[11]を結んだり，あるいは資本関係をともなわない契約に基づく提携関係を構築したりする。これらは自ら海外で事業を営むことを意味するが，輸出のように，貿易活動を通して海外に進出するケースもありうる。

　費用優位性　　図11.3では，国際的成長の形態を左右する要因として3つ挙げている[12]。ある企業が国際的成長に取り組むかは，費用優位性を有するかどう

---

[11]　例えば，2社以上の間において一方あるいは双方の株式を保有する関係をさす。

[12]　ダニングのOLIフレームワークでは，所有権固有の優位性（現地企業に対する多国籍企業の費用優位性），現地固有の優位性（比較優位，政治・政策的要因など），内部化誘因の優位性（内部化による外部連携に対する自社単独の優位性）ともいわれる（Dunning, J. H.（1979）"Explaining Changing Patterns of International Production," *Oxford Bulletin of Economics and Statistics*, 41, pp.269-295）。

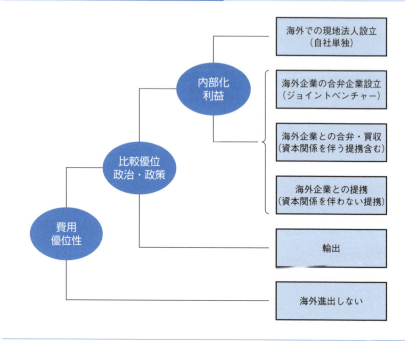

図11.3 国際的成長の形態とその要因

かに依存する。費用優位性は，何らかの理由で，ある企業が絶対的に低い費用で生産可能であることを意味する。国内企業が海外で事業活動を行う際，国内とは異なる文化や慣習を理解し，一から事業を行う必要があるため，海外企業と比べて費用面で不利に立っていると予想される。そのような不利な局面で競争に勝つには，海外企業と比べて費用優位性を持たなければならない。例えば，技術面で優れており生産費用が低い，あるいはより高品質な製品を供給することが可能である場合に国際的成長が可能となる。

　比較優位　さまざまな生産要素（土地，原材料，労働，資本など）の相対的な賦存量によって，各国の比較優位が決定される。ある国に相対的に豊富な生産要素がある場合，その生産要素価格は引き下げられ，それを必要とする財に比較優位を持つ（例えば，中国に多くの労働者が存在する場合，労働賃金が抑制され，労働集約的な産業に比較優位を持つ）。比較優位の理論は，ある生産要素について比較優位を有する国で（輸出ではなく）自ら生産活動に取り組むことの利点を説明する。また，政治的あるいは政策的な要因によっても国際的成長の形態は影響

を受ける。例えば，輸出に対する関税や非関税障壁，企業誘致に関わる税制上の優遇措置などが挙げられるだろう。

内部化利益　最後に内部化利益である。これは自社が有する費用優位性を効果的に発揮するために，外部連携するよりも自社単独で取り組む方が望ましいことを意味する。例えば，知識や技術のような無形資産は個人に体化され，組織能力を形成する。無形資産は容易に外部に持ち出すことはできないし，仮に持ち出したとしても，それを外部の企業が効果的に活用することは困難である。無形資産（とりわけ個人に体化された暗然知）は模倣しづらく，競争優位の源泉にもなるので，外部に持ち出すことは望ましくないかもしれない。そのため，内部化利益が発揮される場合には内部・国際的成長が志向され，内部化利益が十分に期待されない場合には外部・国際的成長が選ばれる[13]。

●国際的成長の経済効果

国際的成長によって事業活動を行う地理的範囲を拡大することは企業にさまざまな経済効果をもたらす。まず，国内既存市場に加えて，海外の新規需要を取り込むことができる。需要の拡大は企業に規模の経済をもたらすだろう。また，海外に存在する豊富な生産要素へのアクセスを可能とする。それはより高品質あるいは低価格な，原材料，人材，設備，知識や技術などを含む。さらに海外企業の優れた経営手法などを学ぶことで学習効果も見込める。

国際的成長は経済社会にもさまざまな恩恵をもたらす。例えば，ある企業が海外進出することは，その海外現地国における企業の増加（市場集中度の引き下げ）を意味する。競争促進による供給拡大効果や，より効率的な企業が参入することの生産費用効果が見込める。また，費用優位性を持つ企業が海外進出する場合，その企業が有する知識や技術が現地企業へと波及する効果も見込める。この効果は，例えば，親会社から海外子会社へと知的財産権が供与されたり，優秀な技術者や経営者が現地国へと派遣されることで現地労働者のスキルが向上し，その労働者が現地企業に転職・移動することで発生する。さらに，国際化を果たすような企業は費用優位性ゆえに高品質な部品などを現地国で提供し，それを中間財として現地企業が利用することで最終財の品質を（自らが品質向上の努力をしなく

---

[13]　外部・国際的成長によって，海外市場への参入障壁（言語，制度，文化，慣習の違いによる障害）を緩和したり，市場での（連携に要する）取引費用が低いような場合には内部化の利益を上回るかもしれない。

11　企業成長　　**199**

とも）向上させることも可能だし，そのような高品質な部品を分解（リバースエンジニアリング）することによっても知識や技術を学ぶことができる。

コラム1　企業成長の効果

　企業成長とその経済効果について，さまざまな視点から実証分析が行われてきた。ここでは記述的な結果を幾つか取り上げてみよう。まず，多角化について，金・長岡（2012）は日米において，企業の主たる事業が製造業，情報通信業，運輸業のいずれかの上場企業について，連結ベースで，かつ統一された産業分類によって多角化度を比較できるデータベースを構築した[14]。表11.2は事業部門数とHHIで計算された日米企業の多角化度の比較である。日本は米国と比べて多角化が進展していることが分かる。

　表11.3は多角化企業の経済社会におけるプレゼンス（重要性）を示している。日本では事業部門数が2以上の企業が全体の93％でほとんどを占めており，従業員数，売

表11.2　日米における多角化度の比較

年	事業部門数		多角化度指数	
	米国	日本	米国	日本
1997	1.25	2.70	0.08	0.36
2006	1.39	2.87	0.08	0.37

（出所）　金・長岡（2012）を基に筆者作成

表11.3　日米における多角化企業のプレゼンス（単位：％）

事業部門数	米　国				日　本			
	企業数	従業員数	売上高	研究開発費	企業数	従業員数	売上高	研究開発費
1	74	36	29	41	7	5	7	5
2以上	26	64	71	59	93	96	93	96

（出所）　金・長岡（2012）を基に筆者作成

---

[14]　金榮愨・長岡貞男（2012）「日米上場企業の連結ベースでの多角化データベースの構築と基本的な知見」IIR Working Paper 12-07，一橋大学イノベーション研究センター．

	利益率			成長率	
	小田切（1992）	松岡（1997）	小本（2002）	小田切（1992）	松岡（1997）
合併　3年前	1.151	1.09	−0.29	1.019	1.99
合併　3年後	1.110	1.46	−0.36	1.001	1.01

表11.4　統合企業の統合前後3年における業績比較

（注）　小田切（1992）では類似の合併・買収非実施企業に対する比率，松岡（1997）では業界平均値に対する比率，小本（2002）ではライバル企業に対する相対ROAを示す。それぞれ，1980～1987年に合併・買収を実施した企業26社（小田切），1977～1995年の合併15社（松岡），1981～1995年の合併48社が分析対象である。
（出所）　小田切（1992），松岡（1997），小本（2002）を基に筆者作成

上高，研究開発費のような指標でみても経済社会への影響が大きい。一方で，米国のように多角化企業の比率が少ない場合でも，これらの指標からみると，多角化企業のプレゼンスが大きいことが分かる[15]。

　次に，水平統合の経済効果については，経済社会への効果を直接測定することは難しいため，しばしば統合企業の統合前後における業績比較で代替される。本文でも述べたように，水平統合では統合企業の効率性向上が見込めない場合，総余剰の観点から望ましい結果をもたらすとは考えにくいからである。表11.4は日本企業を対象とした幾つかの分析結果である[16]。統合企業の統合前後3年で業績比較を行っているが，統合による明確な効果があったとは言い難い。長岡（2005）は日本における上場企業間の対等合併がとりわけ業績の低下を導いていることを指摘している[17]。一方で，滝澤他（2012）では非上場企業も含めた製造業における異業種間，関係会社間での統合が業績向上を促していることも指摘している[18]。対象となる企業の特性や，統合のあり方のような異質性が，その後の影響の程度を左右するといえるだろう。

　最後に，国際化の影響についてみていこう。表11.5は経済産業省の企業活動基本調査を用いて，輸出企業とFDI（海外直接投資）企業について，非国際化企業と比べたさまざまな業績指標のプレミアを測定した分析結果である[19]。すべての指標において，

---

[15]　多角化と経営成果の関係については，例えば淺羽茂（2023）『新版　経営戦略の経済学』日本評論社を参照。

[16]　小田切宏之（1992）『日本の企業戦略と組織』東洋経済新報社．松岡憲司（1997）「合併・企業結合規制──支配力の維持・獲得」財団法人関西経済研究センター『日本の独占禁止政策50年に関する調査研究』公正取引委員会事務総局．小本恵照（2002）「合併によって企業業績は改善したか？──財務データによるアプローチ」ニッセイ基礎研究所報，vol.24, pp.1-22.

[17]　長岡貞男（2005）「合併・買収は企業成長を促すか」『一橋ビジネスレビュー』53巻2号，pp.32–45。

[18]　滝澤美帆・鶴光太郎・細野薫（2012）「企業のパフォーマンスは合併によって向上するか──非上場企業を含む企業活動基本調査を使った分析」経済研究，vol.63, pp.28-41.

表11.5　国際化による業績プレミア

	雇用者数プレミア	付加価値プレミア	賃金プレミア	資本集約度プレミア	技能集約度プレミア
輸出企業	3.02	5.22	1.25	1.29	1.58
FDI（海外直接投資）企業	4.79	8.79	1.26	1.53	1.52

（注）　国際化企業の平均値と非国際化企業の平均値との比をプレミアと定義
（出所）　若杉・戸堂（2010）を基に筆者作成

このプレミアが1を上回っていることから，国際化企業，特に自ら海外へと進出するFDI企業は高い成果を創出していることが分かる[20]。

　国際化が及ぼす経済効果はさまざまであるが，日本では対内直接投資が対外直接投資と比べて顕著に少なく，内なる国際化が進展していないことが問題視されている。実際に，対内直接投資と日本企業の生産性の向上を指摘する研究も多く[21]，今後の課題といえるだろう。

11.6　企業成長の決定要因

　多角的，垂直的，水平的，そして国際的成長は，内部成長にしろ外部成長にしろ，さまざまな経済効果をもたらすため，企業は事業分野あるいは地理的範囲の視点から成長を追求する。企業はどこまで成長を続けるだろうか。まさに組織の境界問題である。成長によって正の経済効果が得られるならば，企業は際限なく成長を続けるだろう。しかし実際には限界があり，ある水準を超えると負の経済効果（規模の不経済）が発生する。

　調整コスト　　規模の不経済の源泉はさまざまにある。第一に，企業文化の衝突や調整コストの発生である。規模が拡大し，異なる事業間で経営資源が共有さ

---

[19]　若杉隆平・戸堂康之（2010）「国際化する日本企業の実像——企業レベルデータに基づく分析」RIETI Policy Discussion Paper Series, 10-P-027.

[20]　本コラムでは記述的な概要を紹介しており，企業成長とその経済効果についてはより因果関係を考慮する必要がある。例えば，業績の良し悪しによって，企業成長の戦略も影響を受けるからである。業績の良い企業ほど国際化に取り組んだり，業績の悪い企業ほど水平統合を行うかもしれない。

[21]　渡邉翔（2021）「外資企業の参入と日本の上場製造企業の生産性——事業所別，都道府県別，産業内スピルオーバーの分析」国際経済，第72巻，pp.161-194.

れていない，あるいは補完的な関係にない場合，範囲の経済の恩恵は少なく，む
しろ，それぞれの事業間での情報の共有や意思疎通に要するコストが膨大になる
かもしれない[22]。

　最小効率規模　　第二に，規模の経済を十分に発揮できない可能性がある。異
なる事業間では生産における最小効率規模（平均費用が最小になる生産量水準）
に著しい差があるかもしれない。そのような場合，垂直連鎖において規模の経済
を効果的に発揮できない。例えば，鉄鋼生産と自動車組み立て作業では最小効率
規模は異なり，上流の鉄鋼生産においては高炉の設置による大量生産によって，
より平均費用を最小化できる。

　インセンティブ・コスト　　第三に，**インセンティブ・コスト**が発生する。外
部成長による規模の拡大は市場競争圧力を低下させ，企業が効率性を追求する誘
因を弱める。市場取引から内部取引へと切り替わることで，契約破棄の恐れが減
少し，それぞれの事業部門は費用削減や品質向上へのインセンティブが失われる。
また，大企業では一事業部門の業績が全体の業績に与える影響が相対的に小さく
なるため，各部門の評価が曖昧となり業績向上へのインセンティブが失われる。
このインセンティブ・コストに関連してさまざまな企業統治に関わるコストが引
き起こされる[23]。

　市場の不完全競争の助長　　経済社会の側面からみても，企業成長にともなう
負の経済効果が生じる可能性がある。特に，外部成長による企業成長の場合，市
場競争が緩和されるかもしれない。これは不完全競争を助長し，市場集中度を高
め，高価格，低生産量のように市場支配力の増大につながる。その結果，競争を
実質的に制限する行為が起こりやすくなる。

　企業がどこまで成長するのかは，正と負の経済効果を天秤にかけて決定される。

---

[22]　例えば，高度な技術を要する部品生産と標準化された部品生産を同一企業内で行う場合，共有資源
は少ないので範囲の経済は得にくい。また，資金や人材などの資源制約ゆえに両事業間の擦り合わせが
必要になる。他にも，異なる事業間であれば，労働条件（賃金，昇進，配置転換など）や経営方針・ス
タイルの違いがあるだろう。これらの違いがそれぞれの事業間の文化や慣習の衝突をもたらすかもし
れない。

[23]　典型的にはモニタリング・コストがある。インセンティブ・コストを抑制するための監視コストで
ある。各事業部門が上層部に高く評価してもらうためにレント・シーキングのような非効率的な活動を
行うかもしれない。これはインフルエンス・コストという。第10章で学んだエージェンシー・コスト
も発生する。

社会的には市場競争への影響も配慮して，合併や買収などの統合の是非を判断していく。この経済効果の程度は，市場における取引費用の程度，そしてその企業が持つ経営資源の内容や程度（いわば組織能力）に大きく依存する。さらに企業成長は経路依存性の特徴を持ち，これまでの成長過程にも依存する。これらは企業成長の方向（多角的，垂直的，水平的，国際的成長）と手段（内部成長か外部成長）の意思決定に影響する。

◆ 練習問題

問11.1　多角的成長では，内部成長より外部成長の手段がとられやすい傾向にある。その理由について，取引費用と経営資源（組織能力）の視点から考えなさい。

問11.2　以下のカネボウ（本社事業）の売上構成変化（%）を参考に各年における多角化度指数を計算しなさい。

事業分野	1061年	1970年	1980年	1990年	2000年	2005年
綿・毛・絹	83	47	24	18	–	–
化学繊維	17	34	47	19	–	–
化粧品	–	11	24	27	49	–
食品	–	3	–	10	–	
薬品	–	–	3	4	6	10
ファッション	–	–	–	16	14	26
ホームプロダクツ	–	–	–	–	20	38
新素材・その他	–	5	4	7	12	14

（注）「－」は該当項目なし。
（出所）日本経済新聞社『会社年鑑』各年版，カネボウHPより筆者作成

問11.3　垂直的成長にはさまざまな経済効果があるが，一方で，規模の不経済や，市場競争への悪影響も懸念される。日本においては垂直的成長の利益を生かしつつ，不利益を小さくする方法として系列取引がさまざまな企業間取引で観察されてきた。系列取引とは売り手と買い手の長期的な市場取引関係といわれるが，その利点について考えなさい。

問11.4　ある同質財の市場で，費用関数が同一である3社がクールノー寡占競争の状況にあるとする。市場の需要関数は，$P = 120 - Q$ である（Pは市場価格，Qは市場需要または生産量）。限界費用は3社とも40であり，生産量にかかわらず一定とする。この時，3社のうち2社が合併（水平統合）し，効率性が向上した結果，合併企業の限界費用は20になり，非合併企業の限界費用には変化がないとする。また，合併後もク

ールノー競争が行われるとする。以下の問いに答えなさい。

① 合併の前後で，市場価格はどう変化したか。

② 合併の前後で，総生産量と各社の市場占有率はどう変化したか。

③ 合併の前後で，各社の利潤はどう変化したか。

④ あなたは総余剰の観点から，この合併を支持するか。

問11.5　　国際化は国内における産業の空洞化や技術の空洞化を促し，長期的にみて国の競争力を損なう可能性が指摘されている。この点について，国際化の経済効果も考慮しつつ考えなさい。

第12章

競争優位のための戦略的行動

- ■12.1　競争優位とは
- ■12.2　参入障壁と競争優位
- ■12.3　サンクコストとコミットメント戦略
- ■12.4　逐次決定ゲーム
- ■12.5　コミットメントの価値
- コラム1　コンビニの出店と戦略的行動がもたらす効果
- ■12.6　先行者の優位性
- ■12.7　ライバルのコストを引き上げる戦略
- ■12.8　戦略的行動と競争のルール
- 補論　シュタッケルベルグ・モデル

　本章は市場行動のまとめとして，企業が競争優位を獲得するための戦略的行動を考える。長期的にみて，ライバル企業より優位に立つには，サンクコストをともなう投資による費用優位性の獲得と戦略的障壁の形成が欠かせない。そのような投資の効果をみるため，逐次決定ゲームを用いたコミットメント戦略と先行者の優位性について述べる。戦略的行動は競争のルールに則って行われるべきであり，競争に関わる公共政策や独占禁止法への理解も必要になる。

【Key Point】
- ●企業の競争優位は外部環境（市場構造）と内部資源の活用（市場行動）に依存する。長期的な競争優位の獲得のために，戦略的障壁の形成が欠かせない。
- ●サンクコストをともなう投資によって費用優位性を獲得し，戦略的障壁が形成される。このコミットメント戦略はライバル企業の行動を変化させる。
- ●逐次決定ゲームでは後ろ向き帰納法が用いられる。その例として，先行者の過剰な生産能力の増強は追随者の参入を阻止する。
- ●戦略的行動は総余剰に正または負いずれの効果も及ぼすが，社会の倫理基準や公共政策，特に競争政策のような競争のルールに基づいて行われるべきである。

12.1 競争優位とは

企業のパフォーマンス（利潤などの業績）はいかに競争優位を築き上げるかに依存している。競争優位を築くということは，ライバル企業とうまく競争する（競争の脅威を減らす）ような戦略を追求することで，市場における自らの地位を強化し，ライバル企業に対して優位に立つことを意味する[1]。

競争優位の形成にはさまざまな分析枠組みが展開されてきたが，経営戦略の観点から主たる2つの考え方が提唱されてきた[2]。一つはポジショニング・ビュー（またはポジショニング・スクール）であり，これは企業の競争優位（ひいてはパフォーマンス）が，直面する外部環境によって決定されるという考え方である。もう一つはリソース・ベースト・ビュー（またはケイパビリティ理論）であり，企業が持つ有形あるいは無形の内部資源によって競争優位が決定されるという考え方である。

これらの考え方は産業組織論のSCPパラダイムと親和性が高い。ポジショニング・ビューは，市場構造（S）が市場成果（P）に影響するという考え方と整合的である。また，リソース・ベースト・ビューについては，市場行動（C）が市場成果（P）に影響するということと整合的といえる。本書ではSCPパラダイムの枠組みで，市場構造と市場成果の関係（第Ⅰ部），そして市場行動と市場成果の関係（第Ⅱ部）を考えてきた。以下では，簡潔に振り返っておこう。

●市場構造，市場行動と競争優位

第Ⅰ部では市場構造が市場成果にどのように影響するかを考えた。例えば，独占市場では企業は独占価格によって高い利潤（強い市場支配力）を得る一方で，完全競争市場では企業は価格支配力を有しないため，低い利潤（弱い市場支配力）

---

[1] 競争優位のための戦略的行動はライバル企業に対して限定されるものではなく，自社と補完的な関係（例えば，垂直的な取引関係）にある企業に対しても行われる。例えば，自社の事業分野を上流へと拡大し，上流における競争を活発化させることが可能である。ただし，本章ではライバル企業を対象とする戦略的行動を取り上げていく。

[2] 経営戦略における基本戦略として，ポーターはコストリーダーシップ戦略，差別化戦略，集中戦略を挙げている（Porter, M.E.（1980）*Competitive strategy: techniques for analyzing industries and competitors*, Free Press）。この基本戦略を基に，さまざまな分析枠組みが検討されてきたが，詳細は経営戦略の専門書を参考にされたい（例えば，淺羽茂（2023）『新版　経営戦略の経済学』日本評論社）。

12　競争優位のための戦略的行動　**207**

となる。市場構造は大きく3つの要因，市場集中度（企業数など），競争パターン（数量，価格，差別化競争など），参入障壁によって規定される。特に，差別化や参入障壁の程度が増すほど，ライバル企業からの競争の脅威は緩和され，自らの競争優位を形成することが可能になる。

第Ⅱ部では市場行動が市場成果にどのような影響を及ぼすかをみてきた。価格戦略では，さまざまな価格差別が利潤を高め，消費者の財の入手可能性を高めることで総余剰が増加する可能性を議論した。イノベーション戦略では，さまざまなイノベーションへの取り組みと利潤や生産性向上，さらに経済成長率への貢献を考えた。製品戦略では，製品差別化による価格支配力の強化と製品多様化がもたらす市場構造への影響を考えた。広告・流通戦略では，ブランディングと価格支配力の強化や，情報の非対称性の軽減による効率的な資源配分の達成，さらに流通チャネルの構築と取引費用の削減についてみた。組織マネジメントでは，コーポレートガバナンスの視点から，効率的な組織運営に向けたインセンティブ設計とリスク分担を検討した。企業成長では，多角化，垂直統合，水平統合，国際化の経済効果をみてきた。

これらの企業戦略はすべて競争優位の源泉といえる。戦略的行動は，ライバル企業の行動を変えることで自らの利潤を高めることを目的とする。競争優位の獲得に向けて，これらの戦略的行動に共通するのは，自社の強みを生かしつつ，他社からの模倣が困難であるユニークな資源を蓄積することである[3]。企業は競争優位のため，参入障壁を形成し，ライバル企業（潜在的参入企業含む）による参入（模倣）をいかに阻止するかが重要となる。参入障壁がないと，企業は市場支配力を獲得できず，競争優位を築くことも困難となる。

12.2　参入障壁と競争優位

参入障壁がない場合，企業は長期的に競争優位を得ることは困難となる。企業が戦略的行動によって意図的に参入障壁を形成することを戦略的障壁という[4]。戦

---

[3]　経営戦略の観点から，戦略的行動がもたらす効果を直接効果，戦略効果，ライバル効果に分けて議論することがある。これについてはコラム1参照。

[4]　企業の戦略に拠らない参入障壁を構造的障壁という。例えば，生産に必要な工場や機械設備の導入など，必要資本量が膨大である産業では構造的障壁が大きくなる。

略的障壁の程度は，参入障壁を生む一つの要因である費用優位性をいかに企業が
獲得していくかに依存する。

　費用優位性とは，第2章で述べたとおり，何らかの理由で既存企業が新規参入
企業よりも絶対的に低い費用で生産可能であることを意味する。第Ⅱ部で概観し
たさまざまな戦略に関していえば，例えば価格戦略によって，より多くの消費者
に財を購入してもらうことで市場占有率を高め，規模の経済や学習効果から生産
費用を削減する。イノベーション戦略では，研究開発投資によって知的財産権を
排他的に所有し，ライバル企業の模倣を阻止する（技術使用料を課すことで知的
財産権を所持する企業は費用面で優位となる）。製品戦略では，製品の多様化（製
品増殖）を通じて市場セグメントを細分化し，ライバル企業の参入メリットを低
下させる。広告・流通戦略では，ブランディングによって財の品質が保証され取
引費用を軽減し，また流通網や販売網を排他的に所有することで費用面の優位性
がもたらされる。組織マネジメントや企業成長では，適切なインセンティブ設計
とガバナンスコストの削減による最適組織規模の達成，そして規模の経済や範囲
の経済などの恩恵は費用面の優位性となる。

●参入阻止価格戦略と略奪的価格戦略

　競争優位の構築における費用優位性と参入障壁の重要性をより具体的に確認す
るため，参入阻止価格戦略と略奪的価格戦略について述べておこう。

　　参入阻止価格戦略　　今，既存の独占企業Aと潜在的参入企業Bがいて，それ
ぞれの限界費用（または平均費用）をc_Aとc_Bとする（生産量にかかわらず一定で
固定費用はなし）。まず，企業Aに費用優位性がなく（$c_A = c_B$），コンテスタブル
市場である場合，価格は限界費用に等しく，市場支配力はないので競争優位を築
くことはできない。次に，企業Aに（例えばプロセス・イノベーションによる生
産費用削減あるいは特許取得による）費用優位性がある（$c_A < c_B$）場合，企業A
はc_Bよりも微小に低い価格（$p_A = c_B - \varepsilon$, εは微小な正の値）を付けることで企業
Bの参入を阻止できる。これを参入阻止価格という。参入阻止価格では，企業A
は独占価格を付けないため，最大の独占利潤を得ることはできない。しかし，企
業Bの参入を許し複占競争となる場合よりも，参入阻止価格によって得られる利
潤の方が高いため合理的な戦略となりうる[5]。

---

[5]　企業Aの独占価格がc_Bよりも低い場合は参入がブロックされるケースという。

略奪的価格戦略　　それでは企業Cと企業Dが既存のライバル企業同士の場合に，ライバル企業を市場から退出させ，競争優位を獲得することが可能だろうか。先と同様にそれぞれの限界費用をc_Cとc_Dとする。もし企業Cに費用優位性がある（$c_C < c_D$）場合，企業Cはc_Dよりも微小に低い価格（$p_C = c_D - \varepsilon$，εは微小な正の値）を設定することで企業Dを市場から退出させ，利潤を得られる（$c_C < p_C$で，より効率的な生産費用を持つ企業が存在しない限り）。一方で，企業Cに費用優位性がない（$c_C = c_D$）場合，複占競争となることも考えられるが，企業Cが先と同様に（利潤はマイナスになるが）$p_C = c_D - \varepsilon$となる価格を設定し，企業Dを市場から追い出すような価格（略奪的価格）をとるかもしれない。この価格戦略は一時的に企業Cが赤字になるため，長期的にみてその損失をプラスの利潤で回収できる場合に実施されるものである。これを略奪的価格戦略という[6]。つまり，企業Cは企業Dの退出後に，平均費用よりも高い価格を将来的に維持できることが必要で，企業Dが退出後に再度，市場へと容易に参入することができない（参入障壁がある）ことを意味する。

　以上のような価格戦略からも分かるように，費用優位性の獲得や参入障壁があってこそ，企業は長期的に競争優位を得られる。

12.3　サンクコストとコミットメント戦略

　それでは費用優位性や参入障壁を生む要因は何だろうか。2.3で既に指摘したように，サンクコストの存在が必要である。リソース・ベースト・ビューが重視する，既存企業が所有する資源や能力は，その獲得のために企業が（ライバル企業に先駆けて）費用を既に支払っており，それはサンクコストに他ならない。サンクコストをともなう投資を行うことで費用優位性が獲得され，戦略的障壁が形成されていく。

　サンクコストをともなう投資は，回収不可能（不可逆的）な投資を行うことであり，それは企業自らの行動を拘束することを意味する。通常，自らの行動に制限を設けず，自由に戦略を練る方が望ましいように考えられる。しかし，逆にと

---

[6]　略奪的価格戦略に限らず，原価割れ覚悟の低価格で市場占有率の獲得と認知度の向上を目指す価格戦略（浸透価格戦略など）もある。詳細は第6章のコラム1参照。

りうる戦略を拘束し，選択肢を狭める方が競争上，優位な立場に立つことがある。このような戦略を**コミットメント戦略**という。

四字熟語の背水之陣はコミットメント戦略をうまく表現している。背水之陣とは，もう一歩も後には退けないぎりぎりの状況に身を置いて，必死に物事に取り組むことを意味する。漢王朝の武将，韓信は趙との決戦の際，わざと川を背にした陣を敷いて退却できないようにし，自軍に決死の覚悟をさせて大勝利をおさめたという故事に由来する。このような自ら退路を断つというコミットメントによって，兵士の奮起を促したのである。

口先だけで「一生懸命戦う」と述べることは**空脅し**（信憑性のない脅し）になりやすい。自らの行動を拘束することで，それを観察するライバル企業は，コミットメントを行った企業が本気で勝負を仕掛けてくるという**信頼できる脅し**として考えるだろう。このような行為を**クレディブル・コミットメント**という。ある企業が何かしらのクレディブル・コミットメントを行うと，ライバル企業はそれを前提にして自らの戦略を考えざるを得ない。これはライバル企業が**追随者**となり，コミットメントを行った企業が**先行者**になることを意味する[7]。先行者は追随者の行動を予測し，自らにとって最適な戦略を立てることができるため競争優位を獲得しやすい。次節では，先行者と追随者の関係を理解するため，逐次決定ゲームについて考えていこう。

12.4　逐次決定ゲーム

第3章では相手の行動がわからない状況で各主体が同時に意思決定を行う同時決定ゲームを考え，そのもとでクールノー（数量）競争とベルトラン（価格）競争の均衡を解いた。これは相手の行動が長期にわたって観察困難な状況では現実的であるが，相手の行動が観察できるほど時間差が十分にある状況では，各プレイヤーは逐次的に戦略を選ぶ方が現実的といえる。

ここでは生産量を戦略変数とする逐次決定ゲームの均衡を考えよう。今，市場には2企業存在し，企業1は先行者で先に生産量を決定する。企業2は追随者で

---

[7]　しばしばこのような先行者は業界におけるリーダーといわれる。リーダーは市場占有率がトップの企業であったり，技術能力が優れた費用優位性の高い企業であったり，歴史的に先行した企業であったりする。

図12.1 展開型逐次決定ゲームの例

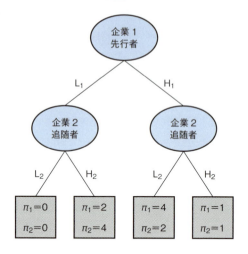

あり，企業1の生産量の水準を観察した後に生産量を決定する。追随者は先行者の生産量を観察した後に最適反応し，先行者はそれを見込んで最適な行動をあらかじめ選択できる[8]。

図12.1は逐次決定ゲームを表現する際によく用いられる展開型ゲームである（ゲームツリーともいわれる）。各プレイヤーは大規模な設備投資を行い過剰な生産能力を持つか（H），あるいは持たないか（L）を選択する[9]。先行者である企業1がH_1またはL_1を選択し，その戦略を観察後に企業2がH_2またはL_2を選択する。4つの戦略の組み合わせがあるが，それぞれに対応する企業1の利潤π_1と企業2の利潤π_2が示されている。

逐次決定ゲームの均衡を解く前に，このゲームが仮に第3章で述べた標準型の同時決定ゲームであり，同様の利得表が得られる場合の状況を表12.1に示した。第3章で学んだように，この標準型のナッシュ均衡を解くと，（H_1, L_2）と（L_1,

---

[8] 生産量に関する逐次決定ゲームを応用したモデルとしてシュタッケルベルグ・モデルがある。数式を用いたモデルの概要については補論にまとめておく。

[9] ここでの「過剰」とは，自社の投資によるライバル企業の行動変化を通じて自社の利潤にプラスの影響を与える場合に，そうでない場合の時の投資水準と比べて大きい投資水準をいう。よって，過剰な生産能力を持たないこと（L）は最適な投資水準を意味しない。むしろ長期的には，過剰な生産能力を持つことが，自社の利潤にとっての最適な投資水準になるともいえる。

212

表12.1 標準型同時決定ゲームの場合

		企業2	
		H_2	L_2
企業1	H_1	1 / 1 / 4	2 / 4
	L_1	4 / 2	0 / 0

H_2）の2つ存在する。しかし，もし企業1が先行して戦略を選ぶことができる場合，企業1にとって（L_1, H_2）の戦略の組み合わせは合理的とはいえない（いわば不合理な均衡である）。なぜなら，（H_1, L_2）であれば企業1は利潤4を獲得できるのに，（L_1, H_2）の場合は利潤2しか獲得できないからである。よって，逐次決定ゲームにおいて実現する唯一のナッシュ均衡は（H_1, L_2）である。

逐次決定ゲームにおいて不合理な均衡を排除して均衡を導く方法として，後ろ向き帰納法が用いられる。まず追随者である企業2の最適戦略を求める。そして企業2の戦略を所与として，先行者の企業1の最適な選択を求める。図12.1を再度みよう。追随者である企業2は，企業1がH_1を選んだ場合はL_2を選ぶ方がπ_2が高くなる。一方で企業1がL_1を選んだ場合はH_2を選ぶ方が望ましい。次に，先行者である企業1は企業2の選択を所与として，より高いπ_1が得られるH_1を選ぶはずである。結果として，（H_1, L_2）が均衡経路上の（実現する）結果となる[10]。

同時決定ゲームでは，企業1は必ずしも高い利潤を得られないが，逐次決定ゲームでは，先行者である企業1は高い利潤を得られる。この違いは，企業1がサンクコストとなる設備投資を先行して行うことに起因している。企業1が過剰生産能力を持って，生産の下方調整を行うという選択肢をなくし，ライバル企業に対して生産能力一杯まで生産を行うという信頼できる脅しを与えている。これは

---

[10] 展開型ゲームにおいて，特定の手番を初期点とする一部分が単独で展開型ゲームとして分析可能である場合，その一部分を部分ゲーム（いわば全体の中の小さなゲーム）という。後ろ向き帰納法では，最初に部分ゲーム（企業2の意思決定）のナッシュ均衡を解き，次にその部分ゲームの解を所与として，ゲーム全体（企業1の意思決定）を解くことに等しい。このような均衡を部分ゲーム完全均衡という。部分ゲーム完全均衡は，全体のゲームも含めてすべての部分ゲームにナッシュ均衡をもたらす戦略の組み合わせであり，均衡経路外の（実際には到達しない）行動も含めて（H_1, （L_2, H_2））のような形で書かれる。

12 競争優位のための戦略的行動 **213**

まさにクレディブル・コミットメントといえる[11]。

　なぜ企業2は企業1同様に，過剰な設備投資を行い，生産能力の拡大を行う（それによって競争を仕掛ける）という戦略をとらないのだろうか。企業2がH_2を選ぶ場合，（H_1，H_2）の組み合わせとなり，企業1と企業2の利潤はともに1となる。これは（H_1，L_2）の時の利潤を下回る。両企業が過剰生産能力を持つと，数量競争をより活発にさせ，均衡価格が下がる結果，自らの利潤が減少してしまう。企業2が合理的であればそのような選択はとらない。企業2が企業1に，過剰な設備投資を行うという通知を行ったとしても，それはサンクコストをともなわない投資であり，信憑性のない空脅しになる。

12.5　コミットメントの価値

　12.4節では，市場に存在している2企業のケースで過剰生産能力に関する逐次決定ゲームを考えた。このような過剰生産能力を先行者が持つことは時に潜在的参入企業による参入を阻止する効果を持つ。以下では，市場に独占的な既存企業1が存在し，潜在的に参入を考えている企業2がいる場合を想定し，過剰生産能力をもつというコミットメントの価値を考えてみよう。

　図12.2は参入に関する逐次決定ゲームを描いている。まず企業2が参入する（E_2）か，参入しない（NE_2）かを選ぶ。企業1は企業2が参入した場合に，過剰な生産能力で企業2に競争を仕掛ける（H_1）か，仕掛けない（L_1）かを決定する。この状況における合理的な均衡はどのようなものだろうか。企業2が参入した場合，企業1はより利潤が高いL_1を選ぶはずである。過剰生産の場合，複占競争における価格が下落し，得られる利潤が減少してしまうからである。次に，企業2は企業1がL_1を選ぶことを見込んだうえでE_2かNE_2かを決定する。企業2は参入した方が利潤が高くなるのでE_2を選ぶだろう。よって，（L_1，E_2）がナッシュ均衡で，それぞれの利潤は企業1が3，企業2が1となる。

　上記では企業1がコミットメントを行っていない状況だった。そこで次は，企業1が企業2の意思決定の前に，設備投資の増強によって過剰な生産能力を持つ

---

[11]　このような時間差のある設備投資と生産能力決定のモデルを精緻化したものはディキシット・モデルといわれる。

図12.2　参入の逐次決定ゲーム

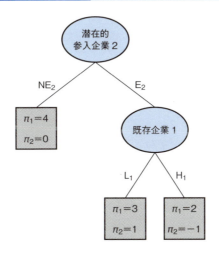

図12.3　企業1のコミットメント戦略と参入阻止

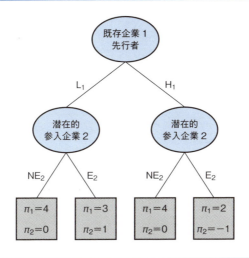

というコミットメント戦略を行うことの価値をみていこう。

　図12.3では企業2の意思決定前に，企業1が先行者となってH_1かL_1を決定し，その選択を観察後，企業2がE_2かNE_2かを決定する逐次決定ゲームである。後ろ向き帰納法によって解こう。まず企業1がH_1を選択した場合，企業2はNE_2を選

12　競争優位のための戦略的行動　**215**

択する。一方で企業1がL_1を選択した場合，企業2はE_2が望ましい。企業1は先行者として行動するので，H_1を選ぶ方がL_1よりも得られる利潤が大きいため，実現するナッシュ均衡は（H_1，NE_2）である。この均衡のもとで得られる利潤は企業1が4，企業2が0である。

　以上の結果を先のゲームの結果と比べてみよう。企業1が先行者として生産能力を決定する場合，そうでない場合と比べて，利潤は3から4へと増加した。よって，先行者としてのコミットメント戦略の価値は1といえる。企業2は参入した場合，自社の反応関数にしたがって自ら最適な生産量を決定する。企業1はそのことを参入前に知っているため，企業2の利潤がマイナスになるような過剰な設備投資による生産能力を選ぶことができる。この場合，企業1は参入阻止に成功する。これは，企業1がサンクコストをともなう投資を行うことで得たクレディブル・コミットメントの効果といえる[12]。

コラム1　コンビニの出店と戦略的行動がもたらす効果

　筆者が勤務する学習院大学の近くに池袋駅がある。池袋駅は東京都駅別のコンビニ数ランキングで第2位に位置するほどコンビニが多い（第1位は渋谷駅だが，その店舗数の差は1店舗だけである）[13]。池袋駅付近にはコンビニが53店舗あるが，筆者がその店舗の内訳を調べたところ，ファミリーマートが圧倒的に多く，26店舗（約5割）を占めていた。次いで，日本で全国的に最も店舗数が多いセブン-イレブンが14店舗，ローソンが9店舗となっていた（残りはミニストップなどの別ブランド）。さらに，その店舗の配置をみると興味深い。多くのコンビニは，同じブランドであっても道路を挟んだ向かい側，交差点のコーナー付近やその向かい側，道路のワンブロックごとに集中的に配置されている（図12.4参照）。

　このような出店方法は直感的には競争ゆえの共食い（カニバリゼーション）が発生するので望ましくないように思えるが，実際に多くのコンビニブランドでとられる戦略である。なぜこのような出店方法が行われるのだろうか。

　池袋駅ではファミリーマートが多く出店していた。これはファミリーマートが以前，西友の子会社であり，西友の本部が当時，池袋のサンシャイン60にあったことが影響

---

[12]　クレディブル・コミットメントはサンクコストをともなう設備投資以外にも事前の契約締結や評判形成によってもなされる。これについては練習問題を参照。

[13]　https://www.apamanshop.com/tokyo/townpage/ranking/station-convenience/ （2024年9月アクセス）

216

図12.4 池袋駅付近のコンビニ店舗立地

（出所）アパマンショップHP「池袋駅周辺の地図」
https://www.apamanshop.com/tokyo/station/2172180/townpage/

していると考えられる。コンビニを出店することは賃料や店舗設置に関わる投資（人材雇用，設備など）が必要で，これらはサンクコストである。これらのサンクコストをともなう投資を本部周辺に積極的に行うことは，その地域における競争優位を築くためのコミットメント戦略といえる。もちろん，このようなコミットメントは共食いのようなデメリットはあるが，戦略的にもメリットが考えられる。例えば，本部を通じた情報伝達の円滑化，フランチャイズ店舗の管理・指導における効率化，物資配送の効率化，当該地域におけるブランドイメージの向上やエリアマーケティングの効率化である。これらはいずれにせよ，サンクコストをともなう投資を行い，当該地域における費用優位性を生み出す戦略的な行動といえる。その結果，ライバル企業の当該地域への参入を抑制する効果も見込めるだろう[14]。

　経営戦略の視点から，上記の戦略的行動がもたらす効果を直接効果，戦略効果，ライバル効果に分けてみよう（丸山（2017）[15]）。直接効果とは，長期の戦略が直接的に自己の利得に与える影響である。ファミリーマートの集中的な出店は先に述べたような費用優位性を自社にもたらす。この結果，事業実施における費用削減，効率性やサービスの向上が見込まれ，ファミリーマートの利潤を直接的に高める。戦略効果とは，長期戦略によってライバル企業の行動が変化し，その変化によって自己の利得に与える影響をいう。ここでは，ファミリーマートの集中的な出店によって，セブン-イレブンやローソンのようなライバル企業の池袋駅付近への参入を抑制することで，ファミ

---

[14] 参入阻止をもたらすことから集中的な出店はドミナント戦略ともいわれる。
[15] 丸山雅祥（2017）『経営の経済学　第3版』有斐閣．

リーマートの利潤を間接的に高める。このように，戦略効果が自己にとってプラスに働く場合，（直接効果だけを考えた投資と比べて）投資をより多く行うことが有利になる。最後にライバル効果とは，長期戦略がライバル企業の利得に与える効果をさす。ここでは，ライバル企業の（利潤が見込める地域への）参入が抑制されるので，ライバル企業の利潤を低くする。

12.6　先行者の優位性

　これまでみてきたように，先行者はライバル企業に先駆けてコミットメント戦略をとることで，しばしば競争優位を獲得することが可能である。12.5では生産量に注目し，過剰投資によるコミットメント戦略の価値を述べてきたが，このような先行者の優位性は経営戦略の観点からも議論されている。特に重要なものを以下で説明しよう。

　まず技術上の優位性とは，企業が研究開発やイノベーションへの投資を行い，新しい財を生み出すことで得られる。そのような財に関わる技術や知識は特許などの知的財産権で保護される。あるいは企業秘密として外部に流出しにくいため他社が模倣しにくい。その技術を他社が使用する場合，ライセンスを受ける必要がある。この専有可能性が先行者の優位性を生み出す。

　ブランドや評判構築は，市場取引における売り手と買い手の情報の非対称性を緩和する。通常，買い手は財の品質について不確実な情報を有し，より安い価格での取引を望む。しかし，一度購入済みの財については品質の情報を入手しているため，（その財に満足していれば）安心して市場価格で購入する。一方で後発者の財については，品質の情報がないため不良品を疑う。その結果，先行者の財と品質が同一でも，価格帯が同じであれば先行者の財を選ぶだろう。このようなブランドや評判構築は広告投資によっても促進される。多額の広告投資はそれ自体，品質のシグナリングになるからである。

　学習効果（経験効果）も先行者の優位性をもたらす重要な要素である。通常，より多くの生産活動に取り組むことで，効率的な生産方法や手順へと改善されていく。現場で働く従業員も繰り返し作業に取り組むことで，経験を深め技能の向上がみられる。この結果，生産費用は生産量の拡大にしたがって逓減していくだろう。いち早く市場に財を投入し，生産量を拡大することでこのような（リードタ

イムの）恩恵を享受できるかが先行者の優位性を左右する。

市場に財を先駆けて投入し，市場占有率を高めることでネットワーク効果を得ることも先行者の優位性の源泉となる。ネットワーク効果とは，財の価値や効用がその利用者の数に依存する現象であり，利用者が多くなるほど，財の利用から得られる価値や効用が高まる。典型的にはLINEのような通信アプリが挙げられるだろう。ネットワーク効果は，当該財から他の代替財へと切り替える際のスイッチングコストをもたらし，当該財へのロックインによって，代替財と容易に切り替えることを困難なものとする。

以上は先行者の優位性をもたらす代表的な要因であるが，これらは12.2で述べたように，第Ⅱ部のさまざまな市場行動と密接に関係している。重要なことはサンクコストをともなう投資を率先して行うことで，当該企業の費用優位性を確保し，戦略的障壁を形成するという点で共通している。

12.7　ライバルのコストを引き上げる戦略

競争優位のための戦略的行動は，自社の持つ内部資源や（生産能力などの）能力水準を変えることによって，ライバル企業の行動を変える間接的な方法もあれば，ライバル企業の生産にかかるコスト水準に直接影響を与えて自社の利潤を高める方法もある。このような戦略をライバルのコストを引き上げる戦略（Raising Rival's Costs, RRC戦略）という。

RRC戦略の典型としては市場閉鎖あるいは囲い込みがある。これはライバル企業が利用可能な市場を閉鎖する（あるいは自社が囲い込んでライバル企業に使わせない）ことに由来する。例えば垂直統合によって，上流または下流の事業分野を統合し，ライバル企業が上流や下流にある資源へとアクセスすることを難しくする戦略がある。

上流には原材料等の必要となる投入物があるが，自社がそれらの投入物を排他的に所有する場合，ライバル企業は新規に原材料供給相手を見つける手間を要したり，あるいはより高価格で取引する必要が生じるかもしれない。一方で，下流では流通網や販売網を開拓し構築する必要があるが，卸小売りや流通業者などの販売先を統合することで，ライバル企業によるそれらの取引先へのアクセスを困難なものにするかもしれない。この場合，ライバル企業は新規に流通網や販売網

⑫　競争優位のための戦略的行動　**219**

を構築する必要が生じる。これらの市場閉鎖によって，ライバル企業の活動に要する費用が増加するため，時には市場からの退出を促し，または潜在的参入企業の参入を阻止するかもしれない。

　RRC戦略が有効に機能するには幾つかの条件がある。当然であるが，この戦略によって，ライバル企業のコストを引き上げることが可能でなければならない。もし上流あるいは下流において事業を営む企業が多く，市場競争が活発に行われている状況では，垂直統合によって部分的に市場閉鎖をしても，ライバル企業のコストに大きな変化はみられないかもしれない。第二に，RRC戦略を行う企業は強い市場支配力を持っているほど効果的である。ライバル企業が非常に多く存在し，それらの企業との生産費用水準の差があまりみられない（明確な費用優位性がない）場合，特定のライバル企業のコストを引き上げても，十分に利潤を高めることは難しい。最後にRRC戦略によって，ライバル企業が対抗策をとる可能性があり，その報復行動が非常に強力である場合にはこの戦略をとるメリットが失われるだろう。

12.8　戦略的行動と競争のルール

　これまで述べてきた戦略的行動は，市場成果，すなわち総余剰の観点からは正と負いずれの効果も及ぼす可能性がある。企業が費用優位性を形成することは，新しい財やサービスを市場に提供し，より効率的な生産方法や市場取引が実施できることを示唆する。これによって総余剰は増加するかもしれない。他方で，戦略的行動は新規参入を阻止する，あるいはライバル企業を市場から退出させることで競争が弱まる可能性があり，また，ライバル企業のコストを引き上げることで，市場全体の総供給量を減少させるかもしれない[16]。総余剰への負の効果が強く作用すると予想される場合には，政府が企業の戦略的行動に制限を課す必要が生じるだろう。

　戦略的行動は，あまねく，競争のルールに基づいて行われるべきである。例えば，市場支配力が強い企業がさらなる市場独占化のため，参入阻止戦略をとった

---

[16] 本章ではライバル企業との競争を前提に議論してきたが，ライバル企業と協調するという戦略的行動もありうる。例えば，ライバル企業と価格や生産量，販売テリトリー等について取り決めを行い，競争を実質的に制限するような行為がある。このようなカルテルの問題については第14章でも指摘する。

り，ライバル企業を退出に追い込むことで競争を実質的に制限するような行為は独占禁止法によって制限されている。ライバル企業に対する直接的な営業妨害行為は刑事上の処罰の対象になりうるし，民事上の損害賠償の責任を負うことにもなりうる。競争のルールは社会の倫理基準や政府の公共政策，特に競争政策に基づいて決められている。企業の戦略的行動と政府による競争ルールのための公共政策は相互依存関係にあり，それぞれの理解を深めることで，効果的な戦略的行動の立案と政策制度の設計が可能となる。

戦略的行動は常に，競争を実質的に制限することで，経済社会に負の効果をもたらすわけではない。原則，市場メカニズムに応じた自由な競争を推進することで経済は活性化していくものであり，独占禁止法や競争のルールを過度に押し付けることは競争のメリットを失わせるかもしれない。第Ⅲ部では，このような問題意識を持ちつつ，政府の役割について考えていく。

補論　シュタッケルベルグ・モデル

基本的な設定は3.3節のクールノー複占競争と同様である。市場に2企業が存在し，同質財を同じ費用関数（一定の限界費用）のもとで生産して数量競争が行われている。ただし企業1は先行者，企業2は追随者とする。市場における生産量Q，需要関数$P(Q)$，各企業の総費用関数$C(q)$は以下の通りとする。

$$Q = q_1 + q_2 \qquad q_i は企業 i \ (i = 1, 2) の生産量$$
$$P(Q) = a - bQ \qquad a と b は正のパラメータ$$
$$C(q_1) = cq_1, \quad C(q_2) = cq_2 \qquad a > c > 0$$

先行者と追随者が存在する場合，追随者は先行者の生産量を観察した後に自らの最適な生産量を決定する。先行者は追随者の行動を予想し，最適な生産量を決定する。つまり，追随者の反応関数を考慮して先行者は自社の利潤を最大化するような生産量を先に決定できる（図12.5を参照）。

この時，シュタッケルベルグ複占競争における企業1（先行者）の利潤π_1は下記のように表せる。

$$\pi_1(q_1, q_2) = (a - bq_1 - bR_2(q_1))q_1 - cq_1$$

ここで，$R_2(q_1)$は3.3節(2)式で得られた企業2の反応関数であり下記である。

12　競争優位のための戦略的行動　　**221**

図12.5　シュタッケルベルグ・モデルと後ろ向き帰納法

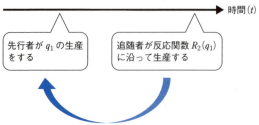

$$q_2 = \frac{a-c-bq_1}{2b} = R_2(q_1)$$

これを企業1の利潤関数に代入し，以下を得る。

$$\pi_1(q_1, q_2) = \left(a - bq_1 - b\left(\frac{a-c-bq_1}{2b}\right)\right)q_1 \quad cq_1$$

この利潤を最大化するようなq_1を導く。q_1で微分し，限界収入と限界費用が等しくなるように計算すると，

$$\frac{a+c}{2} - bq_1 = c$$

となり，これを解くと企業1の最適な均衡生産量q_1^Sは以下となる。

$$q_1^S = \frac{a-c}{2b}$$

これを$R_2(q_1)$に代入して，企業2の最適な均衡生産量q_2^Sを得る。

$$q_2^S = \frac{a-c}{4b}$$

以上から，市場全体の均衡生産量と価格は下記となる。

$$Q^S = q_1^S + q_2^S = \frac{3(a-c)}{4b} \qquad P^S = \frac{a+3c}{4}$$

図12.6 クールノー均衡とシュタッケルベルグ均衡の比較

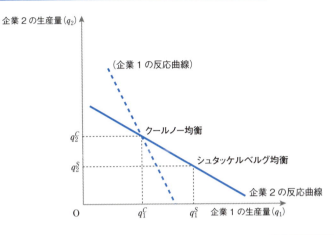

　以上の結果を図12.6に示す。企業1は先行者であり，反応曲線を持たないので，クールノー複占競争で得られた反応曲線を参考までに破線で示している。先行者はクールノー複占競争における均衡よりも多く生産して高い利潤を得るが，追随者は生産量が減少し利潤が下がる（12.3節で述べたように，追随者が生産量を決定する時点で先行者の生産量は観察できるので，追随者が大量生産することは不利になる）[17]。

　また，シュタッケルベルグ複占競争ではクールノー複占競争と比べて，市場全体の総生産量は拡大し価格は低下する。よって，死荷重もシュタッケルベルグ均衡の方が小さくなる。これは，企業2の反応曲線の傾きが通常45度線より緩やか（傾きが1未満）なので，追随者の反応曲線に沿って，先行者が生産量を拡大する分ほど，追随者は生産量を減らさないためである。

---

[17] 概して，数量競争のように戦略的代替関係の場合は攻撃的な行動が望ましい。対して，価格競争のように戦略的補完関係の場合には友好的な行動が望ましい。先行者（リーダー）のいる価格競争モデルとして，プライスリーダーシップ・モデルがある。このモデルでは，追随者は先行者の決定する価格に従って行動し，その価格は独占価格よりも低いが，ベルトラン複占競争時の価格（限界費用）より高くなる。

◆ 練習問題

問12.1 クレディブル・コミットメントの例について考えてみよう。企業の行動や戦略にかかわらず，身近な例でも構わない。

問12.2 先行者の優位性をもたらす要因について，本文を参考に，具体例を考えてみよう。

問12.3 本文と同様に，コミットメントの価値について以下の図から計算しなさい。ここでは企業1が先行者で，企業2が参入を考えている追随者（E_2：参入，NE_2：参入しない）である。企業1は企業2が参入することを防ぐため，参入が生じた場合に報復活動（R_1：報復，NR_1：報復しない）を検討している。その報復活動を周知するため，例えば企業1は参入が生じた場合の対応を企業2の意思決定前に対外的に公表し評判形成を行うか（PR_1：事前の対応），あるいは評判形成を行わないか（NPR_1：事前の対応しない）を決定する（あるいは企業1が事前に契約を結ぶことで，報復しない場合には違約金を支払うことを義務付けるか（PR_1），義務付けないか（NPR_1）を決定する）。企業1がPR_1を選びながら，NR_1を実際に選ぶ場合，ペナルティが課されるものとする。

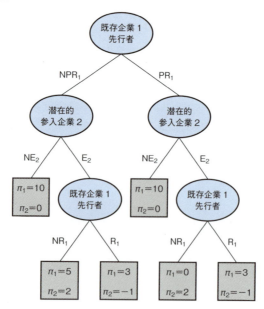

第III部

政策制度

第13章　規制とその改革

第14章　産業政策，競争政策

第15章　イノベーション政策

第13章

規制とその改革

- ■13.1 規制の意義
- ■13.2 費用逓減産業と自然独占
- ■13.3 公正報酬率規制
- コラム1 電力・ガス事業における公正報酬率の測定
- ■13.4 インセンティブ規制
- ■13.5 規制改革の流れと価格規制の代替策
- コラム2 規制改革の経緯とその効果

　政府は市場の失敗に対処し経済活動を円滑に行うため，さまざまな規制を施した環境整備に取り組んでいる。例えば自然独占に対して，価格規制や参入規制などの直接規制を行い，実行可能な公正報酬率規制を実施してきた。しかし，直接規制の効果的な実施における政府のモニタリングは十分といえず，政府の失敗が懸念される。そこで，競争原理の考えを導入したインセンティブ規制や，価格規制の代替策が講じられてきた。

【Key Point】
- ●規制は政府による市場への介入であり，市場競争の制限に関わる規制は経済的規制といわれ，市場の失敗を是正することから正当化される。
- ●自然独占では莫大な初期投資と規模の経済ゆえに独占による事業が望ましいが，独占の弊害を緩和するため，平均費用価格規制（直接規制）が施される。
- ●平均費用価格規制として総括原価方式（公正報酬率規制）が用いられてきたが，政府の失敗の温床であり，競争原理を導入した規制のあり方が問われる。
- ●直接規制では企業の生産性向上へのインセンティブを阻害することから，インセンティブ規制や価格規制の代替策，例えば上下分離が活用されてきた。

226

13.1 規制の意義

これまでの章では市場構造と企業戦略である市場行動，それらと市場成果との関係に注目してきた。第Ⅲ部では，これらの連関に影響を与える政府の役割に言及していく。政府の主な役割は，さまざまな政策・制度を通じて一国の経済活動が円滑に行われるよう環境整備に努めることである。日本では戦後の経済の復興と発展を目指し，国民生活や企業活動の安全と安定のため，多くの規制や国営事業が生まれ，政府の役割とその領域は規制緩和（または規制改革）が本格化する1980年代前半まで拡大してきた。なぜ，規制による政府の介入が正当化されるのだろうか。その理由に，市場は万能ではないことが指摘できる。まず，規制のタイプとその存在意義を考えていこう。

●規制のタイプ

一口に規制といってもそのタイプはさまざまである。例えば，さまざまな産業における参入や価格などの競争の制限に関わる規制は経済的規制であり，安全，労働，環境などの社会的価値を重視し，あるいは消費者を保護する目的でなされる規制は社会的規制といわれる。経済的規制について，多くの国で1980年代頃から，通信，運輸，エネルギーなどの分野で規制緩和が進んできたが，社会的規制は社会情勢やメディアの注目を集める事件，企業の不祥事などを反映して増加傾向にあるといわれる[1]。実際に，総務省の許認可等現況表によれば，許認可等の根拠条項等数は2002年に10621件だったが，2017年には15475件と約50%も増加している[2]。

なお，この許認可等現況表では，強い規制，中間の規制，弱い規制という3分類を行っており，その割合の推移でみると，2002年と比べて2017年では強い規制が37.5%から31.9%へと減少し，弱い規制が44.7%から50.9%へと増加している。この傾向から，規制緩和が継続して行われていることが予想される[3]。

---

[1] 法的なもの以外にも，ガイドラインや要請といった行政指導や，業界や社内のルールを含めるとその数は莫大なものとなる。

[2] 利用可能なデータである2017年4月1日時点で把握した国の許認可等の根拠となる法令（告示を含む）の条項等の数である（2024年9月時点）。許認可とは，身近な例でいえば運転免許証が当てはまる。運転免許証を持っているすべての方は，日本国内で自動車・バイクなどを運転するために，公安委員会という行政庁に対して免許申請という許認可申請を行っている。

[3] 許認可等現況表に対応する規制シート（規制所管府省による規制の見直しの結果について，一覧性を

本章では市場競争とそのルールに密接に関わる経済的規制に注目する。経済的規制は大まかに4つに分類される。第一に，狭義の経済的規制である直接規制である。これは許認可型の規制で，参入規制，価格規制，独占的事業権の付与などが含まれる。第二に，間接規制がある。これは政府が事業に直接介入しない，独占禁止法や製造物責任法などのいわゆるルール型の規制である。第三に，インセンティブ（誘因型）規制である。これは規制でありながらも，競争促進への誘因を向上させる目的で行われ，プライスキャップ規制やヤードスティック規制などが該当する。最後に，誘導型規制である。これは一般的に政策・制度といわれ，課税や補助金などの経済的手段による規制である。本章では，直接規制とインセンティブ規制に注目し，政策・制度，さらにはルール型の規制については第14章でみていく。

●市場の失敗と規制の意義

　どのような規制にせよ，政府が市場に介入することに変わりはない。なぜ，このような規制が正当化されるのだろうか。その理由は市場の失敗にある。市場の失敗とは，市場メカニズム（競争）がうまく機能せずに効率的資源配分が実現されないことをさす。なぜ市場メカニズムが機能しないのだろうか。ここでは市場の失敗をもたらす代表的な理由を4つみていこう。

　まず，公共財（国防，警察，消防など）の供給では市場メカニズムがうまく機能しない。公共財には非競合性（同じ財を同時に複数の人が利用できる）と非排除性（対価を払わない人に財の利用を認めないことができない）という特徴がある。このような財では，市場メカニズムに任せると利用者のフリーライド（ただ乗り）が発生し，企業は投資に対する十分な利益を得られないため過小供給となる。そのため直接規制によって，国営や公営事業として運営する。

　次に，外部性による問題が生じる。典型的には，公害（大気汚染など）や騒音のような外部性があり，住民の生活満足度への負の効果（外部不経済）を与える。よって，外部性をもたらす生産活動に対して，環境汚染排出物への排出基準や規

持ってみることができるようにまとめた資料）は内閣府規制改革HP（https://www8.cao.go.jp/kisei-kaikaku/kaigi/review/review.html#sheet）で公開されている。また，業種別の規制指標は日本産業生産性（JIP）データベース（RIETI）の付帯表として公開されている（ただし1995～2005年のデータ）。さらに，OECDは規制関連の法令などに関する各国政府への質問に基づく市場規制（PMR：indicators of Product Market Regulation）指標などを作成している。

制値を設定したり，環境税などの課税措置や排出権取引市場の整備など，間接規制や誘導型規制を実施する。

情報の非対称性（不完全性）も市場メカニズムが十分に機能しなくなる要因である。情報の非対称性のもとでは第9章で解説した逆選択（逆淘汰）の問題が生じる可能性があり，市場がそもそも成立しないかもしれない。そこで，財に対する景品表示法などで商品内容の適切な開示を促し，消費者の利益を保護したり，金融商品取引法に基づく情報開示制度を設けることで投資者と有価証券発行者との間にある情報の非対称性を緩和するような間接規制を設ける。

最後に市場独占の弊害がある。独占の弊害は第2章で既に説明しているので，詳細はそちらを参考にされたい。独占の弊害を緩和するため，独占禁止法や競争政策などの間接規制や誘導型規制，さらには競争促進を目指したインセンティブ規制が実施される。関連して自然独占という状況も起こりうる。これは複数企業で競争するよりも，1社単独で生産する方が効率的であるため，自然と独占へといきつく状況をさす。自然独占は13.2節で説明するが，この状況では参入規制や価格規制などの直接規制が実施される。

13.2 費用逓減産業と自然独占

●自然独占とその要因

ここでは自然独占に注目し規制の意義を考えよう。自然独占では，ある財を複数の企業で生産するよりも単一企業で生産した方が総費用が低い状態にある。これを劣加法性が成立するといい，下記の式のようにn社で分割して生産するよりも，1社ですべて生産する方が総費用が低くなる。

$$C(Q) < C(q_1) + C(q_2) + \cdots + C(q_n)$$

ただし，q_iはi社の生産量とし，総供給量$Q = q_1 + q_2 + \cdots + q_n$である。

自然独占は，電気，ガス，水道，通信，鉄道などのインフラに関わる公益事業で成立する場合が多く，参入規制による地域独占権の付与によって，各地域に1社単独で事業を営むことが許容されてきた。なぜこのような自然独占が発生するのか，その要因について考えていこう。

莫大な初期投資　　まず産業の設立費用，つまり初期投資が莫大にかかること

図13.1　通常の産業と費用逓減産業における平均費用曲線

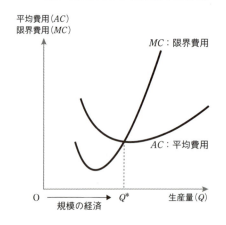
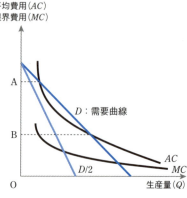

が自然独占の要因である。インフラ産業では，ローカルライン，結節点，メインラインにおいて大きな設備投資を要する。例えば，通信（電話）の場合，発信者から加入者回線（ローカルライン），収容局（結節点），基幹回線（メインライン）を通じて受信者へとつながる。電力であれば，発電者から地域送配電網（ローカルライン），変電所（結節点），基幹送配電網（メインライン）を通じて利用者が電気を使える。この垂直連鎖のもと，不可欠設備（エッセンシャル・ファシリティ）への投資が必要になる。特にローカルラインは莫大な費用を要するため，複数企業が重複して供給することは社会的に望ましくないだろう。

　規模の経済と費用逓減産業　　次に規模の経済が大きく働く産業ほど自然独占になりやすい。規模の経済の恩恵が大きい産業は費用逓減産業といわれる。費用逓減産業では最小効率規模となる生産量が大きい。図13.1の左図は第1章で説明した通常の産業における平均費用曲線と限界費用曲線を描いている。ここではQ^*まで規模の経済が働いている（平均費用が生産量拡大とともに減少）。右図は費用逓減産業の場合を描いている。平均費用曲線は生産量の拡大とともに下がり続け，規模の経済が働く余地が大きい。このもとでは，単一企業が生産を行う方が望ましくなる。例えば，価格帯がA～Bの範囲にあれば，需要曲線が平均費用曲線を上回っているため利潤を確保できる。しかし2社で均等に生産量を分割する場合，1社あたりが直面する需要曲線は$D/2$となる。この需要曲線（に沿った

図13.2 費用逓減産業における限界費用価格のもとでの企業の損失

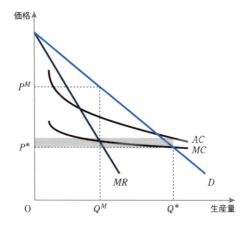

価格）はいずれも平均費用曲線を下回り，いかなる価格でも赤字となる。よって，1社のみが市場に残る。

●自然独占の問題と政府の対応

　自然独占では参入障壁がある場合に，独占と同様の問題が生じる。独占企業は独占価格を設定し，総余剰を最大化する（限界費用価格の）場合と比べて高価格，過小生産となる。その結果，死荷重が発生する。

　総余剰を最大化させる条件は限界効用と限界費用が等しくなることである。この時，需要曲線と供給曲線は交わる。しかし自然独占では，需要曲線と供給曲線が交わる，すなわち価格を限界費用に等しくすると，負の生産者余剰が発生する（図13.2参照）。価格を限界費用に等しい p^*（生産量は Q^*）にする場合，価格は平均費用を下回り，灰色の面積部分だけ損失が発生する。

　この状況では，政府は直接規制によって，最善（ファーストベスト）とはいかないまでも次善（セカンドベスト）の市場均衡を目指す。費用逓減産業では，単一企業による規模の経済の発揮が重要となるため，参入規制や独占的事業権の付与を行う。しかし政府が独占状態を容認することで大きな死荷重が発生するかもしれない。そこで平均費用価格規制を設ける。この価格規制は費用逓減産業において，企業が赤字になることを避ける（いわば独立採算）というもとで死荷重を最小化する。総余剰を最大化する（最善となる）のは限界費用価格であるが，こ

の価格では企業は長期存続ができない。平均費用価格規制によって，死荷重を軽減しつつ，市場支配力も抑制する。このように企業の利潤が非負となる条件のもと，総余剰を最大化する考え方をラムゼイ最適という[4]。最後に，参入規制と価格規制によって事業の継続を保証することから，当該企業に供給義務（ユニバーサル・サービスの達成）を課す。特に生活インフラは経済社会の基盤であり，消費者（地域の住民）のみではなく，さまざまな産業の発展においても重要である。

平均費用価格規制は社会的に最適解とはいえない。限界費用による効率的価格形成と独立採算のトレードオフがある。また，平均費用価格規制を実施するには，政府は需要曲線と各企業の平均費用（あるいは平均費用曲線）を厳密に把握する必要がある。事業経営や市場に直接関与していない政府がこのような情報を得ることは困難である。そこで実行可能な価格規制として，原価主義に基づく総括原価方式を採用してきた。次節で詳しくみていこう。

13.3 公正報酬率規制

総括原価方式では，総括原価と総収入が等しくなるように価格が規制される。ここで総括原価とは以下の式で定義される。

総括原価＝営業費用＋公正報酬率×事業資産（レートベース）

営業費用は売上原価と営業費（売上原価を除く営業経費全般の費用）で，事業資産は設備投資による有形固定資産でレートベースといわれる。この事業資産に公正報酬率が掛け合わされる。公正報酬率は資本の機会費用（あるいは正常利潤）として考えられている。すなわち，事業に必要となる設備の建設や維持などの資金調達に必要な支払利息である。総括原価方式では公正報酬率の決定が中心になるため，別称として公正報酬率規制ともいわれる[5]。

●アバーチ・ジョンソン効果

公正報酬率規制のもとでは，事業資産の大きさに依存して総括原価が左右され

---

[4] この考えに基づく価格設定をラムゼイ価格という。

[5] 公正報酬率が資本の機会費用に等しく，効率的な経営のもとで営業費用が決定されるならば，総括原価は平均費用に等しい。よって，総括原価方式は平均費用価格規制を目指したものといえる。

る。被規制企業は必要以上に多くの事業資産を保有することで総括原価を増加させ、それに応じて価格を上昇させる（生産量に大きな変化がないとすれば総収入は価格に依存）。このような投資誘発効果を**アバーチ・ジョンソン効果**という。これは費用が最小化されておらず、また価格上昇による死荷重が発生することから、静学的にみて非効率といえる。

　しかし産業設立の初期時点において、過剰投資による急速な生活インフラの整備は将来的な効率性を高める可能性がある。インフラ整備は他産業の育成や発展に貢献し、住民の満足度を高めるため経済発展の基盤となる。そのため動学的効率性を高めるかもしれない。政府は被規制企業の設備投資を積極的に行わせるため、公正報酬率を当初は高めに設定し、その後、インフラが整い、サービスの供給が十分に普及した段階で公正報酬率を引き下げていく傾向がみられる。

●公正報酬率規制の実行における問題と限界

　公正報酬率規制は実行可能な手段であるが、さまざまな非効率性をもたらすかもしれない。まず、営業費用も総括原価を左右する要因であり、営業費用が増加しても総収入（価格）を増加すればよいので、被規制企業にとっては効率的な生産活動に取り組むインセンティブが付与されていない。これは第2章で学んだX非効率性という静学的非効率性の問題といえる。

　第二に、被規制企業への競争圧力が弱く、将来に向けたイノベーションや設備投資が実施されにくい。これは動学的非効率性であり、長期的にみれば競争的な産業と比べて生産性の成長率が低くなる。

　第三に、政府と被規制企業の間にある情報の非対称は完全に払しょくされないので、営業費用や事業資産を基にした事業採算性の検査は困難である。そもそも営業費用や事業資産の適切な水準を、政府が判断する能力を持っているかどうかも疑わしい。この結果、企業が提出する資料に依存しがちで、政府の判断は（消費者の利害よりも）被規制企業の利害に囚われがちになる。これを規制における**囚われ理論**という。

　最後に、上記に関連して官民癒着を生むかもしれない。政府の規制に関わる検査官は消費者よりも被規制企業と日々接触することが普通であり、検査官にとっては自分に有利な条件で天下りをするために、検査の水準を緩くしたり、便宜を図ったりするかもしれない。

　価格規制のような直接規制が効果的に行われるには、政府の**監視（モニタリン**

グ）が十分に機能する必要がある。しかし政府は万能ではなく，社会的に非生産的で無駄な費用が生じるかもしれない。市場の失敗のみではなく，政府の失敗も現実には発生していると批判されてきた。そこで総括原価方式の枠組みを原則維持しながらも，競争原理を導入するインセンティブ規制が実施されてきた。次節ではインセンティブ規制の代表例をみていく。

コラム1　電力・ガス事業における公正報酬率の測定

　総括原価方式では公正報酬率と事業資産（レートベース）で計算される事業報酬が組み込まれている。この資金調達コストである事業報酬は，効率的な経営のために必要かつ有効であると認められるレートベースに，債権者や株主が期待するリターンである公正（事業）報酬率を乗じることで算定される。この公正報酬率は現行の仕組みでは以下の通り計算されている（電力・ガス取引監視等委員会料金制度専門会合資料（2023年4月）による）。

> 公正報酬率＝自己資本報酬率×30％＋他人資本報酬率×70％

ただし，

> 自己資本報酬率＝公社債利回り実績率×（1－β）
> 　　　　　　　　＋全産業（全電力除き）自己資本利益率×β
> 他人資本報酬率＝10電力会社の平均有利子負債利子率

　ここでβは事業者の事業経営リスク（市場全体の株価が1％上昇する時の当該事業者の株価の平均上昇率）である。

　例えば，東京電力エナジーパートナー株式会社の規制料金値上げ申請等の概要（2023年4月）によれば，2020年度の公社債利回りは0.09％，βは0.81，自己資本利益率は7.60で上記の計算によれば自己資本報酬率は6.17％，さらに他人資本報酬率（2021年度）は0.66％となっている。観測期間である2014〜2020年度の自己資本報酬率の平均値7.72％を用いて公正報酬率を計算すると2.8％となる（2023年1月認可申請時点）。これにレートベース合計額82741億円を乗じると事業報酬は2317億円である。

　本文でも述べたように公正報酬率はインフラの整備が進むとともに減少する傾向にある。例えば，1996年時点では5.25％，2000年時点では3.8％，2004年時点では3.2％，2008年時点では3％，2012年時点では2.9％となっている。

13.4 インセンティブ規制

　直接規制のもとでは，企業が効率性を高めること，すなわち生産性向上へのインセンティブが欠如する。原価主義に拠る限り，企業が努力して生産性を向上して総費用を引き下げても，その分だけ価格の引き下げが発生し利潤は変化しない。生産性向上へのインセンティブを確保する規制の方法として，プライスキャップ規制やヤードスティック規制が実際に組み込まれてきた。

●プライスキャップ規制

　プライスキャップ規制は上限価格規制の一種で，価格の変化率に上限（キャップ）を設ける価格規制である。上限は以下の式の通り表される。

$$\frac{p_{t+1} - p_t}{p_t} \leq I - X$$

ここで，p_tはt期の価格，Iは物価指数変化率，Xは生産性向上の努力目標値である。上式は以下のように変形できる。

$$p_{t+1} \leq p_t + p_t(I - X)$$

企業は官民合意で設定された価格水準の上限内で自由に価格を設定できる。表13.1はプライスキャップ規制の簡単な数値例を示している。

表13.1　プライスキャップ規制の数値例

	企業が精一杯努力する場合	企業が努力しない場合
今期の価格（p_t）	100	
今期の平均費用（AC_t）	100	
物価上昇率（I）	2%	
官民で事前に合意した生産性向上率（X）	2%	
来期の上限価格（p_{t+1}）	100	
現実に達成された生産性向上率（X）	10%	2%
来期の平均費用（AC_{t+1}）	90	98
利潤（π）	（100－90）×生産量	（100－98）×生産量

表では，今期の価格p_tを100，今期の平均費用AC_tを100，小売物価上昇率Iを2%，官民で事前に合意され公表された生産性向上の目標値Xを2%としている。このもとで来期の上限価格p_{t+1}は100となる。

企業が努力するケースと努力しないケースを考える。企業が精一杯努力し，現実に達成された生産性向上率Xが10%となる場合，来期の平均費用AC_{t+1}は90である。よって，この場合の企業の利潤は（100 − 90）×生産量となり，1個生産すると10の儲けが得られる。一方で企業が努力しないケースでは，Xは当初合意された2%に等しく，この場合のAC_{t+1}は98となる。よって，この場合の利潤は（100 − 98）×生産量となり，努力するケースよりも利潤が減少する。イノベーションや経営努力によってXを超える費用削減ができれば，その削減分はすべて企業の利潤となるので，生産性向上へのインセンティブがある。

その他の利点と問題点　企業は上限価格内であれば柔軟な価格設定が可能で，価格差別も行えるので消費者余剰を高める余地もある。さらに，政府は毎年，原価算定を行う必要がないため行政コストの削減になる。一方で，焦点となるXを合理的かつ客観的に決めることは難しい。費用削減の余地が大きい産業で低いXを設定すれば企業に大きな利潤を与えてしまい，費用削減の余地が小さい産業で高いXを設定すれば多くの企業は経営危機に陥る。上限価格の制約を緩くするため，企業はXを低くするよう要請するが，このXの改定時期（数年間はXは固定値）に合わせて，意図的に実際の生産性向上率を直前に下げるかもしれない。つまり費用削減の努力を十分行わず，期待ほどの生産性向上が見込めないかもしれない。これをラチェット効果という。

●ヤードスティック規制

ヤードスティック規制では，政府が企業の申請価格を査定する時に，優良企業を基準尺度として，他企業はその水準に追いつくよう改善を求める。同業他社よりも費用削減努力が足りない企業にはペナルティを与える（被規制企業間で費用削減競争を促す）価格規制といえる。図13.3では単純な数値例を示している。

事業内容が互いに似ているA，B，C社から新しい（利潤を最大化する）価格の申請が行われたとする。政府は3社のうち，最も低い価格を新しい価格として認可する。例えば，その価格がC社（優良企業）によって提案された80としよう。C社は原価が最も低いので利潤を得られる。B社は原価と価格が等しく利潤は得られず，A社は原価の方が価格より高いため市場から退出せざるを得ない。この

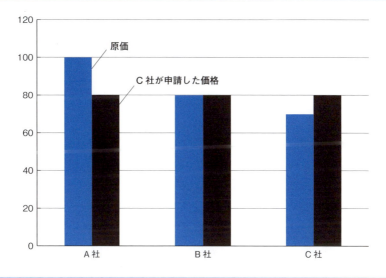

図13.3 ヤードスティック規制の数値例

規制のもとでは，企業間の費用削減競争を促すことで生産性向上へのインセンティブが配慮されている。

その他の利点と問題点　政府は提案された価格を基に決定するため，原価算定の必要なく行政コストを削減できる。しかし，その価格が企業間の共謀（カルテル）によってなされると費用削減競争を促す効果がない。さらに，ヤードスティック規制では比較対象とする企業の選定が困難である。各企業は別の地域で事業を営むことが多く，地域性の違いから単純比較はできない。しかし事業環境の違いを補正しようとすると（例えば原価計算の仕方を変えるなど），この規制が本来持つ単純さが失われてしまう。

13.5　規制改革の流れと価格規制の代替策

　規制は市場の失敗を是正するために正当化される。これまで直接規制とインセンティブ規制を取り上げ，ラムゼイ最適を達成するために規制ありきで説明してきた。しかし第4章で学んだように，市場への参入障壁の撤廃または緩和は独占企業の効率的生産を促し総余剰を高める。このコンテスタブル市場理論が導く帰

13　規制とその改革　**237**

結は自然独占であっても成立し，規制改革の理論的支柱といわれる[6]。市場がコンテスタブルであれば，（政府の失敗が発生しやすい）直接規制を実施せずに，ラムゼイ最適となる価格が形成される。この背景から，経済的規制は1980年代以降徐々に緩和され，従来の規制産業に価格規制に拠らない競争原理を導入する流れへとなってきた。

●上下分離

価格規制の代替策として，不可欠設備の分離による構造改革をともなう上下分離が導入されてきた。この手法の理解には，自然独占をもたらす要素と参入障壁の要因であるサンクコストについて振り返る必要がある。

被規制企業の事業では，真に自然独占の要素が大きい部分とそうでない部分に分かれる。13.2節でみたように，真に自然独占の要素が大きい部分を不可欠設備といい，大規模な設備投資が必要で規模の経済が発揮される余地が大きい。さらに，サンクコストをともなう投資（設備建設など）が必要であるため参入障壁を形成しやすい。電力事業であれば，ローカル・インである地域送配電網が該当する。発電所から需要地へ送電し，消費者に配電するための送配電網は，1社が包括的に整備することが望ましい。この送配電網は各世帯への特殊な投資であり，建設費の回収が困難なサンクコストとなる。

真に不可欠設備となる事業部分では独占的な設備保有とサービスが望ましく，また参入障壁が存在するため，価格規制（例えば，当該設備を利用したい企業が誰でも適正な価格で利用できるようにすること）が必要といえる。しかしその他の事業部分では参入障壁が相対的に低く，新規参入あるいは潜在的参入の脅威による競争圧力が期待できる。よって，その部分では規制を撤廃し，競争メカニズムを働かせることが望ましい。一般的に，下部構造であるインフラでは価格規制を維持し，その上で提供されるサービスは分離されることで新規参入を促す仕組みを作ることが上下分離である[7]。

---

[6] 自然独占であっても，市場がコンテスタブル（競争可能）であるということは，独占企業が価格を平均費用よりも高くすることができないことを意味する。図13.2でみられるように，独占企業が独占価格p^Mを付けた場合，新規参入企業はそれよりも微小に低い価格を設定すればすべての需要を奪う。よって，独占企業は市場から退出するか，対抗して値下げ競争を行うしかない。これは価格が平均費用に等しくなるまで続く。

[7] 例えば，電力であれば下部構造は地域送配電網，その上のサービスは電気を生み出す発電やその小売事業である。鉄道であれば下部構造は線路網，その上のサービスは鉄道運行である。航空であれば下部

新規参入を促すには，参入障壁を形成するサンクコストをともなう投資を減らすような制度設計が望まれる。不可欠設備の分離による構造改革によって，規制を撤廃あるいは緩和し，競争メカニズムを生かせるよう独占禁止法などのルール型の間接規制を活用していく流れがある。このような取り組みは，民間企業の積極的な創意工夫と生産性向上を促すものである。

コラム2　規制改革の経緯とその効果

規制改革は1970年代後半から急速に注目されてきた政策課題である（当時は規制緩和の言葉が用いられていた）。

規制改革は当初，行政のスリム化や国民負担の軽減を目的に，許認可等の見直しから始められた（1964年「第1次臨調」，1968年，69年「行政改革計画（第1次，第2次）」）。1980年代からは，経済的規制を中心とした規制改革が，国内的要因に加えて，対外貿易摩擦の激化による市場開放の要請や経済のグローバル化等の国際的要因を受けて推進された（1981年「第2次臨調」，1983年「第1次行革審」，1987年「第3次行革審」）。

1995年以降は，3か年のアクション・プログラムに基づく規制改革が，第三者機関の手によって進められ，特定事業の規制緩和，特区制度導入，市場化テスト導入など，規制改革が民間活動の活性化や国内景気対策の手段として一層認識されてきた（1995年「規制緩和推進計画」，1998年「規制緩和推進3か年計画」，2001年「規制改革推進3か年計画」，2004年「規制改革・民間開放推進3か年計画」，2007年「規制改革推進のための3か年計画」）。

2010年以降，民主党政権のもと行政刷新会議が設置され（2012年に同党が下野すると廃止），その後も規制改革実施計画のもと，規制改革会議，規制改革推進会議など，3か年ごとの計画の見直しと推進が図られてきた。

これまでの経過から規制改革のメニューは出揃ってきているが，その実効的な改革ではあまり進展がみられないものもある。2000年代前半に強まるかにみえた規制改革の勢いは次第に失われ，2000年代後半以降，市場競争を主体とする民主導の競争を通じた成長という考え方は後退し，産業構造調整，ターゲティング，イノベーション政策など，政府が積極的な役割を果たすべき官民連携の考え方が強まっているとも考えられる。

このような規制改革は経済社会にどのような影響を及ぼしてきたのだろうか。例え

構造は空港，その上のサービスは航空飛行である。電気通信であれば下部構造は電話線網，その上のサービスは電波の発信や収容局の設置である。

ば，内閣府では政策効果分析レポート（2007年まで）の中で規制改革の経済効果を推計してきた。また，政策課題分析シリーズの第6回において「規制・制度改革の経済効果―規制・制度改革の利用者メリットはどの程度あったか―」が公開されている。本報告書では，特定の15分野を対象に，規制・制度改革が価格・料金の低下などを通じて利用者にもたらした消費者余剰の増加分を推計している。その結果，2005年度から2008年度にかけての利用者メリットの増加分は5兆4420億円であることを示した。

規制改革の効果は学術的にも注目されてきており，森川（2022）は各国の先行研究の結果をまとめている[8]。多くの先行研究では競争を促進する規制改革が経済成長に正の効果を持つことを示している。例えば，分析ではOECDの規制指標（PMRなど）が頻繁に利用されており，多数国の企業データとOECDの規制データを組み合わせた推計の結果，規制が資源配分の効率性を阻害し，生産性に負の影響を持っていることが示されている。

また，社会的規制を広くカバーした分析もあり，米国の連邦政府規制集のページ数を規制の指標として用いた研究では，運輸，通信，エネルギーの分野で規制緩和が行われたものの，環境規制や安全規制の増加がそれを上回り，結果として政府規制の総量は増加傾向にあることを示している。そして規制の増加は生産性を大きく低下させており，戦後米国の経済成長率を年率2%低下させたと試算している。

◆ 練習問題
問13.1　市場の失敗の例について考えなさい。

問13.2　総括原価方式の仕組みを説明せよ。また，総括原価方式がとられている事例について調べなさい。

問13.3　OECDによる市場規制（PMR）指標を参考に，日本におけるその数値が減少傾向にあるかどうか確認しなさい。

問13.4　インセンティブ規制を説明せよ。また，それを取り入れている例を調べなさい。

---

[8]　森川正之（2022）「規制のコンプライアンス・コストと生産性」RIETI Policy Discussion Paper Series, 22-P-022.

第14章

産業政策，競争政策

- ■14.1　産業政策
  - 14.1.1　産業政策の目的
  - 14.1.2　政策の手段
  - 14.1.3　産業政策の変遷
- ■14.2　競争政策
  - 14.2.1　競争政策の目的
  - 14.2.2　競争政策による対応
  - 14.2.3　カルテルの摘発とリニエンシー制度
  - 14.2.4　競争政策の変遷
- コラム1　巨大IT企業への規制強化

　この章では，産業政策と競争政策という2つの重要な政策について解説する。これらの政策は，経済成長や市場競争の促進等を目的としており，時代ごとに異なる課題に応じてその内容が進化してきた。本章では，それぞれの政策の目的や手段，歴史的な変遷について解説し，背後にある経済学的な意義について理解する。

【Key Point】
- ●産業政策は，政府が特定の産業を保護・支援することで経済成長や市場の失敗の是正を促すことを目的としている。
- ●日本では戦後復興から高度成長期にかけて自動車や鉄鋼産業を重点的に支援し，不況期には産業再編を進めるなど，産業政策が競争政策より優先されることが多かった。
- ●競争政策は，市場の公正かつ自由な競争を促進することを目的とし，独占禁止法を通じて市場の効率性を保っている。近年では，競争政策は産業政策に優先するものとして捉えられている。
- ●カルテルの摘発には多くの社会的コストがかかるが，リニエンシー制度はカルテルの摘発確率を高めることで，競争の促進に寄与している。

14.1 産業政策

14.1.1 産業政策の目的

産業政策に確定的な定義はないが，ここでは，「政府が産業を対象に行う直接的・間接的な政策の総称」として考える。産業政策は，それぞれの時代や地域における経済的，社会的，政治的な課題やニーズに応じて，政策の重点や適切な手段が変わる。したがって，産業政策を理解する際には，その歴史的背景や地域的な特性を考慮することが重要である。

産業政策の目的もまた，時代や地域によって重視されるところは異なるものの，究極的には産業及び一国の成長を促し競争力を高めることと考えられる。より具体的には，（1）特定産業の保護，（2）重点産業の支援，（3）市場の失敗の是正，といったことが挙げられる（浅田，2005）[1]。

（1）特定産業の保護は，戦略的に重要な産業や新興産業を外部の競争圧力から守ることを目的としている。これにより，国の経済や安全保障にとって重要な産業が安定的に成長し，発展できるようにすることを目指すものである。例えば，高度経済成長期における自動車産業のように，新興産業が市場で競争力を持つまでの間，関税，輸入制限，補助金などで保護することである（幼稚産業の保護）。また，かつての日本の石炭産業や鉄鋼業の再編成のように，不況産業の再編成を支援し，過剰設備の整理や企業間の合併・統合を促進することもある（産業再編成支援）。他にも，国防やエネルギーなど，国家の安全保障に直結する産業を保護することもここに含まれる（戦略産業保護）。

（2）重点産業の支援については，経済成長のエンジンとなる産業を選択し，その発展を支援することである。重点産業が一国経済全体を牽引し，持続可能な成長を実現することを目的としている。例えば，輸出優遇金融や輸出振興税制を通じた輸出振興，研究開発補助金などによる技術開発支援，輸送インフラの整備などが挙げられる。日本の自動車産業も重点産業としての支援により，国際競争力を向上させてきた。

（3）市場の失敗の是正自体は，産業政策に限らず，後述の競争政策やイノベーション政策とも深く関連するが，市場メカニズムに任せていては効率的な資源配

---

[1] 浅田正雄（2005）「産業政策論の争点——定義と有効性をめぐる問題」関西大学『経済論集』第55巻第1号.

分が実現しない場合に，政府が介入してその是正を図ることである。特に不完全競争市場に関する問題に対しては，競争政策による対応が重要となる。産業政策の観点からは，特定産業において，排出権取引制度や環境規制などのように，公害や環境汚染などの負の外部性を是正するため，企業がそのコストを内部化するように促すといったことが挙げられる。また，重点産業において，市場の不確実性が高すぎて民間企業では投資や参入が過小となる場合に，政府が投資への補助・助成を行うことなども含まれる。

　こうした政策の背景には，競争市場における均衡状態に現実を近づけることで効率性を高めるという考え方がある。他方で，政策には格差の是正など経済学（効率性）とは異なる価値基準に基づいて実施されるものもある。ただし，それらは必ずしも矛盾するものではなく，例えば公平性と効率性いずれの観点からも望ましい場合などもある。

14.1.2　政策の手段

　産業政策や競争政策の手段としては，ハードやソフトといった分類の他に，直接的な手段と間接的な手段という観点からの分類もある。直接的な手段としては，外部性の解消や情報の非対称性の解消等のための直接規制（例えば，環境規制や資格・免許制度など）や，国・地方自治体が直接公共財を供給する直接供給がある。これらは比較的ハードな政策手段といえる。また，間接的な手段としては，独占禁止法や製造物責任法などルールを策定して，従わない場合に何かしらのペナルティを設けるといった手段がある。他にも，第13章でみたように，税制や補助金など経済主体のインセンティブを変えることで行動変容を促す誘導型の手段，競争促進への誘因を与える誘因型の手段などもある。さらに，ガイドラインの公開やビジョンの提示，ネットワーク構築など比較的ソフトな政策手段も存在する。

　直接規制は，市場の失敗を是正し，公正な競争市場への接近を図るために，政府が特定の産業や企業の行動を制御・監督する制度や基準である。電気通信事業法に基づく電気通信事業者の許認可，銀行法に基づく銀行業の認可，建築基準法に基づく建築許可などもここに含まれる。補助金は，産業の保護や発展のために，政府が特定の産業やプロジェクトに対して金銭的支援を行う手段である。再生可能エネルギーの普及を促進するための補助金や，中小企業の技術革新を支援するための資金援助などが考えられる。

　直接供給としてのインフラ投資は，道路，鉄道，港湾，通信ネットワークなど，

経済活動の基盤となるインフラの整備に対する政府の投資である。これにより，物流の効率化，地域間のアクセス向上，産業活動の円滑化が図られる。

また，直接供給としては，教育，医療，公共交通など，政府が直接提供するサービスもある。技術者や科学者の育成を支援する教育プログラムなども含まれる。

税制は，税金に関する法律や規則を通じて経済活動に影響を与える手法である。研究開発費に対する税額控除，新規設備投資に対する減税措置，経済特区での税制優遇措置などがある。

他にも，産業クラスターや経済特区のように，集積によるスピルオーバー効果の創出やネットワーク構築によるオープンイノベーション[2]の促進などを目的とした手段もある。

14.1.3　産業政策の変遷

日本の産業政策は，時代ごとの経済状況や社会的ニーズに応じて変化してきた。和田（2022）[3]を参考に，戦後から現代までの我が国の産業政策の変遷を整理すると以下のようになる（後に表14.1として年表を掲載している）。

●戦後復興期（1945年～1950年代）

第二次世界大戦後，日本は戦争によって破壊された経済を再建するため，政府主導で産業政策を実施した。そこでは，石炭や鉄鋼などの基幹産業に資源を集中投下する傾斜生産方式が採られた。それは戦後の業種別産業支援政策の始まりともいえる。特に，1949年に商工省と貿易庁が統合し，通商産業省（現在の経済産業省）となり，産業政策の基幹官庁としての役割を果たすこととなった。

1950年代は，鉄鋼業合理化計画や企業合理化促進法などの産業合理化政策が進められた。また，輸出振興政策として輸出保険制度が導入され，日本輸出入銀行・日本貿易振興会（JETRO）が設立された。この時期には，品質管理政策の強化により，日本製品の国際競争力が向上した。さらに，新産業育成政策として石

---

[2]　オープンイノベーションとは，社内外の知識を結合させ価値を創出することである。自社にない知識を外部から調達したり，自社の知識を外部で活用したりすることで，イノベーションの実現を図る手法といえる。

[3]　和田正武（2022）「日本における戦後産業復興，発展の中での産業政策の役割：産業政策を有効なものとするための条件」JICA緒方研究所（https://www.jica.go.jp/Resource/jica-ri/ja/publication/other/b5696e0000002vmk-att/policy_learning.pdf）

油化学事業が推進され，1950年代後半には合成繊維やプラスチックなどの新産業の育成が重要な政策目標となった。

なお，この時期は，産業政策を重視し独占禁止法の適用除外となるケースが増えていった時期でもある。

●高度経済成長期（1960年代〜1970年代前半）

1960年代には，高度経済成長期の中で，貿易・資本の自由化に対応するための政策が展開された。1956年に5年間の時限付きで制定された機械工業振興臨時措置法は，1961年に貿易の自由化に対処するため，そして1966年には輸出の振興を目的として改正・延長された。この法律は，外国に後れを取っていた日本機械工業の生産技術向上や製品性能・品質の改善など，近代化促進を目的としていた。また，電子工業についても，1956年に制定された電子工業振興臨時措置法が，産業用電子機器の振興を目的として1964年に改正・延長された。

さらに，この時期には日米貿易摩擦が表面化し，特定産業振興臨時措置法（特振法）の議論が行われた。特振法は，1963年に通産省によって提案された法律で，国内産業の国際競争力を強化し，貿易自由化に対応するために，特定の産業に対して再編や合理化を促すことを目的としていた。具体的には，設備の近代化投資や技術開発支援を行い，企業規模の拡大や過当競争の排除を目指していた。しかし，政府主導での業界再編に対する産業からの反対が強く，法律の成立には至らなかった。他方で，産業側も国際競争力強化の必要性は感じており，自主的に再編や合併を進める動きがみられた。また，石油化学工業など一部の産業では「官民協調懇談会」が設けられ，企業間の投資計画や生産計画を官民協調で調整することもあった。これらの活動は法的根拠を持たないものの，行政指導として行われ，独禁法で禁じられたカルテルには該当しないものとされた。

一方，こうした産業政策による大企業への経営資源の集中化・大規模化は，中小企業との格差を拡大させる一因にもなった。特に，中小企業は自動車産業などを中心に下請構造が定着化し，大企業と比べて賃金や労働条件が悪く，取引条件も不利なものが多かった。こうした大企業と中小企業との間の二重構造を解消するため，1963年に中小企業基本法が成立し，中小企業の設備の近代化，技術の向上，経営管理の合理化などが図られた。また，中小企業近代化促進法も制定され，特定の産業を政令で指定し，その産業の実態調査に基づく近代化計画を策定し，金融や税制上の措置を講じることで，産業単位で中小企業の近代化を促進した。

●オイルショックと産業再編期（1970年代後半～1980年代前半）

　成長期の我が国は経済成長を最優先とし，大規模な設備投資と生産拡大を推進していたが，1970年代に入り，石油危機を契機に経済環境が大きく変化した。エネルギー価格の高騰や環境問題への意識の高まりにより，従来の大量生産・大量消費型の経済モデルが見直されることになったのである。これにともない，政策の焦点は「成長追求型」から，これまでの成長によって得られた成果や資源を有効に活用し，持続可能でバランスのとれた経済発展を目指す「成長活用型」へと変化していった。また，新エネルギー開発としてサンシャイン計画やムーンライト計画も開始された。

　サンシャイン計画は，1970年代に政府が推進したエネルギー政策の一環で，新エネルギーの開発を目的とした大型プロジェクトである。特に，石油依存からの脱却と安定的なエネルギー供給の確保を目的としていた。このプロジェクトは，太陽光，風力，地熱，バイオマスなどの再生可能エネルギーの研究開発を中心に据え，エネルギーの多様化と環境負荷の低減を目指した。

　また，ムーンライト計画は，サンシャイン計画と並行して進められたエネルギー政策で，主に省エネルギー技術の開発と普及を目的としていた。この計画は1970年代後半に始まり，エネルギー効率の向上を図るための技術開発が行われた。具体的には，高効率な電気機器や省エネルギー型の工業プロセスの開発，省エネ住宅の推進などが含まれる。

　他にも，この時期には特定の産業が不況に陥った場合に，その産業の安定化を図るために一時的な措置を講じることを目的として，特定不況産業安定化臨時措置法が制定された。そこでは，不況によって深刻な影響を受ける産業に対して金融支援，税制上の優遇措置，技術支援などが行われ，雇用の維持や生産活動の継続が図られた。

●バブル経済とその崩壊（1980年代後半～1990年代）

　1980年代には，急速な円高と経済活動のグローバル化が進行し，産業政策もそれへの対応が求められた。そこで政府は，特定の産業が国際競争力を失い，経済的な衰退が顕著になった場合に，その産業の構造改善を図るために一時的な措置を講じることを目的として，1983年に特定産業構造改善臨時措置法を制定した。また，経済のグローバル化や技術革新の進展にともない，産業構造の移行を支援するため，1987年に産業構造転換円滑化法が制定された。そこでは，特定

246

表14.1　主な産業政策

年	産業政策
1949	通商産業省（現在の経済産業省）設置
1956	機械工業振興臨時措置法（一次）
	電子工業振興臨時措置法（一次）
1961	機械工業振興臨時措置法（二次）
1963	特定産業振興臨時措置法の提案（後に廃案）
	中小企業基本法
1964	電子工業振興臨時措置法（二次）
1966	機械工業振興臨時措置法（三次）
1974	サンシャイン計画
1978	ムーンライト計画
	特定不況産業安定化臨時措置法
1983	特定産業構造改善臨時措置法
	テクノポリス法（高度技術工業集積地域開発促進法）
1987	産業構造転換円滑化法
1988	頭脳立地法（地域産業の高度化に寄与する特定事業の集積の促進に関する法律）

業者の事業分野の自主的転換の支援，労働力の再配置支援，技術開発の支援などが行われた。これは，産業単位ではなく特定の事業者や地方を対象としており，それまで産業の育成・強化，産業合理化の推進などの理由で認めてきた独占禁止法の適用除外規定の適用を受けなかった点で，産業政策の一つの転機ともいえる。

さらに，この時期には，重厚長大産業から軽薄短小産業への転換等を背景に，地方における知識集約化産業の拠点開発のため，テクノポリス法（高度技術工業集積地域開発促進法）や頭脳立地法（地域産業の高度化に寄与する特定事業の集積の促進に関する法律）が施行されている。テクノポリス法は，1983年に制定され，日本の地方都市において高度な技術を持つ産業を集積し，地域経済の発展と国際競争力の強化を図ることを目的としていた。頭脳立地法は1988年に施行され，地方における情報処理，産業サービス関連機能等の立地促進が図られた。

バブル崩壊後の1990年代以降，グローバル経済の進展や情報処理技術の進化により，日本の産業政策は大きな見直しを迫られた。政府の直接的関与を限定し，規制緩和による企業の自主的活動の活発化が進められた。中小企業政策も，救済

型から自立支援型に転換し，中小企業の活力を引き出す方向へと変化した。行政改革により，中央官庁の再編が進み，産業政策の実施手法にも大きな制限が加えられた。政策の考え方としても，市場原理がより尊重されるようになり，特定産業のみを対象とした政策ではなく，産業横断的な政策が重視されるようになった。

●近年の動向（2000年代以降）

経済産業省（2021）[4] によれば，上述のように1980年代半ばから，政府による直接的関与が限定され，市場機能の強化を目指した構造改革（規制緩和，民営化，競争政策など）に重点が移り，産業政策への関心も長期的にみて失われていくことになる。しかし，2008年以降の世界的な金融危機の発生や2019年以降の新型コロナウイルス感染症の流行など，さまざまな要因による世界的な不確実性の高まりとともに，先進国経済の長期停滞，地政学リスクの増大（米中技術競争や経済安全保障など），デジタルトランスフォーメーションのような技術の進展によって，日本，ひいては世界の経済社会の背景も大きく変化してきた。

このような背景の中，欧米や中国において，国民の生活と安全を確保すべく，大規模な財政支出を伴う強力な産業政策が展開されてきている。日本においても，伝統的な産業政策のアプローチ（特定産業の振興・保護）や，相対的に政府の関与を狭める構造改革アプローチとも異なる，新しい産業政策が現在模索されているところである。この政策においては，気候変動対策，経済安保，格差是正など，多様化する将来の経済社会課題の解決を志し（ミッション志向），鍵となる技術，戦略的な重要物資，規制や制度などに着目し，イノベーティブな社会環境の整備に向けて政策ツールを総動員していくことを目指している。このような動きは，市場競争のメカニズムを重視した小さな政府から，ガバメント・リーチ（政府の仕事や責任・権限の範囲）の拡張を目指す大きな政府へと転換していくことを示唆している。

4　経済産業省（2021）「経済産業政策の新機軸」産業構造審議会総会（2021年6月4日）

14.2　競争政策

14.2.1　競争政策の目的

　競争政策とは,「競争的な市場環境を維持・促進することにより望ましい経済成果を実現するための政策」である（公正取引委員会競争政策研究センター,2012）[5]。これまでの章でも,完全競争市場における資源配分は効率的になる（部分均衡分析でいえば社会の総余剰が最大になる）という話を繰り返ししてきた。

　完全競争市場が成立する条件としては,その市場において,（1）売り手と買い手が無数に存在する,（2）財が同質的である,（3）参入と退出が自由である,（4）情報は完全である,という4つの条件があった。そして,これら4つの条件が満たされるときには,望ましい資源配分が実現することになる。しかし現実の市場ではこの4つの条件が満たされることは稀である。すなわち,現実の市場は不完全競争市場であることがほとんどである。

　そのため,不完全競争市場を完全競争市場に近づけるべく競争政策や規制が必要になる。例えば,売り手が少ない場合,市場は寡占市場となっているが,この時市場に供給される財は競争均衡の時よりも少なく,価格は高くなっている。したがって社会厚生（総余剰）が悪化することになる。そこで,公正取引委員会による監視や罰則により,新規参入を促し競争市場に近づけようという話になる。

　競争政策とはまさに,市場を完全競争市場に近づけるための政策といえる。特に,競合企業の数や市場の独占度に着目した政策が最も分かりやすく,狭義の競争政策は独占の抑制の観点からの政策を指すことが多い。経済学の教科書で議論される競争政策も独占禁止法の規制対象を中心として,多くはこの観点からのものである。

14.2.2　競争政策による対応

　競争政策は,さまざまな法律や規制を通じて実施されるが,日本では公正取引委員会が競争政策の執行機関となっている。公正取引委員会は,1947年の独占禁止法の制定・施行にともない,同年設置され,以来独占禁止法の執行や競争制限行為の調査・取り締まりを行い,公正な競争環境の維持に努めている。また,企

---

[5]　公正取引委員会競争政策研究センター（2012）「競争政策で使う経済分析ハンドブック－CPRCハンドブックシリーズ No.1－」（https://www.jftc.go.jp/cprc/reports/index_files/cr-0611.pdf）

業結合の審査や市場の監視も行い，競争政策の実効性を確保している。

競争政策の代表的な手段である独占禁止法は，正式名称を「私的独占の禁止及び公正取引の確保に関する法律」といい，公正かつ自由な競争を促進し，事業者が自主的な判断で自由に活動できることを目的としている。

より具体的に，独占禁止法は事業者による競争を制限するような4類型の行為を禁止している。それらは独占禁止法の4本柱といわれ，私的独占，不当な取引制限，不公正な取引方法などの行為を規制し，また，過度な市場支配力の集中の防止（過度に市場支配力を高める合併の禁止等）を通じて，市場の公正な競争を維持するための枠組みを提供している。

●私的独占の態様

私的独占とは，有力な企業が，取引先への圧力など不当な方法を用いることにより，ライバル企業を市場から追い出したり，新規参入を妨害したりして市場を独占しようとする行為である。また，不当な取引制限とは，ライバル企業と連絡を取り合って，価格あるいは販売量・販売地域などを取り決めて，お互いに市場で競争しないようにする行為である。これにはカルテルや入札談合などがある。こうした行為は市場競争を歪め，価格の高騰や消費者の選択肢の減少をもたらす。

カルテルによって競争が制限されると，市場価格が上昇し，消費者の選択肢が減少する。これにより，消費者余剰が減少し死荷重が発生する。しかし，カルテルは規制がなくても崩壊しやすいという性質も持っている。なぜなら，カルテルの構造が囚人のジレンマ的な利得構造になりやすいからである。

メンバー全体で生産量を減らして価格を上げている状態で，一企業だけが生産量を増やした場合，それによる価格低下の影響はメンバー全員で負担する。それに対し，生産量を増やした企業は，増やした生産量×価格の分だけ売上を高めることができる。そのため，カルテルによって決められた生産量の割当を守らないインセンティブが生じるのである（カルテルの内在的不安定性）。特に，全体の生産量に対するシェアの低い企業ほど，生産量全体や価格への影響は小さくなるため，逸脱のインセンティブは強くなる。他方で，シェアの高い企業ほど，カルテルの割当を守るインセンティブは強くなる。ただし，カルテルが無限期間の繰り返しゲームとみなせるほど長く続くと信じることができれば，逸脱のインセンティブはなくなることが多い[6]。

企業結合（合併や買収）は，規模の経済や範囲の経済を通じて効率性を向上さ

せる可能性がある。これにより，企業はコスト削減や生産性向上を実現し，市場全体の効率性は向上する。一方で，ライバル企業同士の企業結合は市場集中度を高め，競争を制限するリスクもある。市場集中度の上昇は，価格引き上げや品質低下の可能性をもたらし，消費者の利益が損なわれることがある。したがって，競争政策当局は，合併や買収が市場競争に与える影響を評価し，必要に応じて規制や条件を課すことで，公正な競争を維持する必要がある。

●不当な取引制限・取引方法の規制

市場支配力の高い企業が競争者を排除するための行為（例：参入阻止価格，排除契約など）は，市場の競争を制限し新規参入を妨げる。これにより，市場支配力が強化され，長期的には効率性が低下することになる。また，支配的企業が複数の商品を抱き合わせて販売（バンドリング）することも，競争を制限する行為とみなされる場合がある。

例えば，OSで圧倒的シェアを誇るマイクロソフト社は，1995年時点で表計算ソフト市場においては「Excel」で最大の市場シェアを持っていた。しかし，ワープロソフト市場では「Word」がジャストシステム社の国産ソフト「一太郎」にシェアで負けていた。そこで，マイクロソフト社は，1995年以降，パソコンメーカーに，「Excel」と「Word」をセットで搭載あるいは同梱したうえでパソコンの販売をさせていた。その契約においては，「Excel」のみの搭載・同梱や，「Excel」と「一太郎」の組み合わせでの搭載・同梱は認めなかった。こうした契約の影響もあって，1997年には「Word」の市場シェアは首位となった。公正取引委員会は1999年に，マイクロソフト社のこれらの抱き合わせ行為は不公正な取引方法に該当すると判断し，排除措置命令を出した。

このように，参入障壁の低減や新規企業の参入促進により，競争を活発化する

6　例えば，以下のような同時決定の標準型ゲームを想定しよう。2企業がカルテルの割当を守る場合に両社は450の利得を得て，片方がカルテルから逸脱する場合に逸脱企業の利得は500（逸脱された企業の利得は375），両企業が逸脱した場合の両企業の利得は400とする。このゲームが1回限り行われる場合のナッシュ均衡は両企業とも逸脱することである（両企業の利得400）。しかし，このゲームが無限回繰り返し行われる場合，今，割引因子を0.9とすると，無限回カルテルを維持した時の各企業の期待利得は4500（450/(1−0.9)）となる。他方で，1期目からカルテルを逸脱しその後トリガー戦略の結果，以後はクールノー複占競争となる場合の逸脱企業の期待利得は4100（500＋0.9×(400/(1−0.9))）となる。この結果，両企業はカルテルの割当を守る方が合理的な選択となる。無限回繰り返しゲームについては第9章も参照されたい。

14　産業政策，競争政策　**251**

ことで効率性を高めることは，政策当局の重要な役割である。一方で，一見すると競争制限的な行為にみえても，長期的には効率性を高める行為もあり，その判断は難しい。例えば，コンテスタブル市場の説明でも述べた通り，企業結合によって圧倒的な市場シェアを持つ企業が生まれる場合でも，参入障壁が存在しないのであれば競争制限効果は起きないと考えられる。

　また，メーカーが販売店に対して販売価格を約束させるような拘束（小売店での価格競争を制限するような行為）も，フリーライドを防ぐことが目的の場合などには正当な理由として許容される可能性がある。例えば，メーカーが自社製品の品質向上に多大な投資を行ってブランドを構築している状況で，ある販売店だけがその商品を廉価で販売すれば，値下げをした販売店は売上を大きく伸ばすことができる。これは，メーカーのブランド構築への投資にフリーライドしていることになる。また，1社が値下げすれば，消費者はその販売店からしか買わなくなるため，他の販売店も値下げをせざるを得なくなり，最終的にブランド価値が毀損されることになる。

　このように，情報の非対称性がある中で高品質な財・サービスへの投資インセンティブを高めるためには，拘束的な価格での販売契約を認めることが，社会厚生（総余剰）の増加につながる可能性がある。したがって，競争政策による社会厚生の改善にあたっては，政策当局による市場競争への影響の評価が極めて重要となる。

14.2.3　カルテルの摘発とリニエンシー制度

●カルテルのインセンティブ

　競争政策は，カルテルの発見と取り締まりを通じて市場競争を維持している。しかし，すべてのカルテルが発見され摘発されるわけではないため，仮に摘発された際に不当利得を没収されるだけであれば，カルテルを結成し不当利得を得ることが合理的となってしまう。

　したがって，公正取引委員会が摘発し裁判で独占禁止法違反が確定した場合には，犯罪行為に対する刑事告発として法人には5億円以下の罰金，個人には5年以下の懲役または500万円以下の罰金が科される[7]。法人としてだけでなく，当該

---

[7]　法人に所属する従業員などが法人の業務に関連して違法行為を行った場合，個人だけでなく法人も併せて罰せられる規定を両罰規定という。

業務の担当者に懲役刑が科される可能性があるのは，かなり強い抑止効果となることが期待される。

　他方で，法人に対してカルテルの抑止効果を持たせるためには，カルテルを行ったときの不当利得よりも摘発されたときの期待コストが大きくなる必要がある。期待コストは，摘発される確率に摘発された際の課徴金をかけたものとなる。したがって，カルテルを抑止するためには，摘発確率を高めることと課徴金を大きくすることという2通りの方法が考えられる。

　しかし，公正取引委員会が不当利得の金額を正確に把握することは難しい。その金額を知るには，カルテルが行われた場合と行われなかった場合の売上高や費用がそれぞれ分からなければならない。さらに，それら売上高や費用も，カルテルに対する市場の反応によって異なるし，そもそもカルテルの有無によって市場の反応自体も変わってくるだろう。

　こうした情報の不完全性を解消するのは非常に難しい。仮に可能だったとしても時間的・金銭的なコストはかなり大きくなるはずである。そこで，独占禁止法では，より簡便な方法として，カルテルを行った期間（最長10年間）について，当該製品・サービス及びそれらと密接に関連する業務での売上高の10％（これらの業務を行うグループ企業の売上高も含む）を課徴金として科すことで，こうしたコストを節約しつつ抑止効果を高めている[8]。

　非常に単純化した試算をしてみよう。仮にカルテルを実施しない場合の利益率が4％で，カルテルを実施したときの不当な利益が売上高の6％（したがって利益率は通常の4％＋カルテルによる不当利益率6％の計10％）であるとする。このとき，売上高の10％が課徴金であるから，摘発される確率が60％以上でないと期待利益を最大化する企業のカルテルを防げないことになる。

　カルテルの真の件数は（摘発されないケースもあるため）分からないので，摘発率60％が高いかどうかは正確には分からないが，公正取引委員会の「令和5年度における独占禁止法違反事件の処理状況について（令和6年5月28日）」によ

---

[8]　売上高以外にも談合金など財産上の利益については全額が課徴金に算入される。また，違反を繰り返した場合や主導的役割を果たした場合など悪質なケースでは割増算定率が適用される。なお，この売上高に10％をかけた額の納付は不当な取引制限を行った大企業に対しての課徴金であり，中小企業には4％の額の納付が命令される。また，違反行為の内容によって売上高に乗じられる率も異なる。例えば，不公正な取引方法の再販売価格維持行為などでは3％，優越的地位の濫用では1％となり，私的独占では排除型の6％から支配型の10％と変化する。

れば，2019年から2023年の5年間において，価格カルテルに対して排除措置命令が発出された件数はわずか14件に過ぎない。

●リニエンシー制度の概要

摘発の確率を高めるには，多くの人員と時間を割き情報収集や調査等を行ったうえで裁判を行う必要があり，社会的コストは大きい。そのため，我が国では2006年から課徴金減免制度（リニエンシー制度）の運用が開始された。リニエンシー制度とは，事業者が自ら関与したカルテル・入札談合について，その違反内容を公正取引委員会の立ち入り検査前に自主的に報告した場合，課徴金が減免される制度である。本書の執筆時点（2024年12月）では，公正取引委員会の調査開始前であれば，最初に申請した事業者は課徴金の全額が免除され，2番目の事業者は課徴金の20%，3〜5番目は10%，6番目以降は5%が減免される。また，立ち入り検査開始後の自主的な報告については，最大3社まで10%が減免（ただし，調査開始前の申請者と合わせて5社以内の場合），それ以降の事業者は5%が減免される仕組みである。

ただし，導入時の制度のもとでは，減免額はいったん申告すれば変わらなかったため，申告後に非協力的な態度に転じることもあった。そこで，2019年の独占禁止法改正において，減免額について公正取引委員会に裁量が認められるようになった。事業者の調査協力への貢献度が大きい場合，立ち入り検査開始前であれば最大40%，検査開始後であれば最大20%を公正取引委員会が追加的に減免できるようにしたのである。これにより，事業者自らがその違反内容を報告したり資料を提出したりするなど，カルテル・入札談合を発見しやすくし，効率的な真相解明を可能にするなど，摘発確率を高めることができるようになった（2006〜2022年度末までに累計1417件，年あたり約87件の制度の利用があった）。

●リニエンシー制度の合理性

リニエンシー制度は囚人のジレンマに似た状況を作り出すことで，自主的な申告を促していると考えることもできる。例えば，カルテルを行ったA社とB社の2社があり，どちらも申告をしない状況でカルテルが摘発される確率をpとする。摘発されたときの課徴金（売上高×10%）をXとする。このとき，どちらも黙っていた場合には，課徴金による期待コストはpXとなる。いずれか一方でも申告す

| 表14.2 | リニエンシー制度におけるＡ社の利得構造 |

		B	
		申告しない	申告する
A	申告しない	$-pX$	$-X$
	申告する	0	$-0.8X$

ればカルテルは確実に摘発されるとすると，Ａ社が申告せずＢ社のみが申告した場合には，Ａ社はXの課徴金を科され，Ｂ社はリニエンシー制度の下で課徴金を全額免れることになる。一方，先にＢ社が申告している状況では，Ａ社も申告すれば2番目に申告することになるため課徴金は20％減額され$0.8X$となる。この利得構造をＡ社についてまとめたのが表14.2である。ここで，カルテルによって得られる不当利得を定数として足しても同じ結果となるため，表では期待コストのみを記載している。

　なお，囚人のジレンマは同時手番の標準型ゲームであるが，リニエンシー制度の場合には順番が減免額に影響するため，ＡとＢ両者の利得を同時に表に書くことはできない。

　表14.2において，Ａ社の意思決定を考えると，Ｂ社が「申告しない」と考えればＡ社の最適反応は「申告する」ことであり，Ｂ社が先に「申告する」という選択をした場合には，Ａ社の最適反応はやはり「申告する」ということになる。したがって，「申告する」ことが支配戦略になっている。後から申告する場合でも，調査に協力すれば減免額を大きくすることができるから，申告する誘因はさらに大きくなる。

　なお，国際的に競争法・独占禁止法に基づく罰金の高額化は進んでいる（コラム1参照）。我が国の事例においても，関西電力が主導して，中部電力，九州電力，中国電力の各社と結んだとされる電力カルテル事件に対して，公正取引委員会が2023年に合計1000億円以上の課徴金を科す決定をした。この事件では，カルテルを主導した関西電力がリニエンシー制度を活用して自主申告を行い，課徴金を免れたが，他の3社は巨額の課徴金を課されることとなった。リニエンシー制度はカルテルの崩壊を促進する効果がある一方で，主導者が罰を免れることに対して不公平感が残る問題点も指摘されている。実際，課徴金を課された3社は行

14　産業政策，競争政策　　**255**

政処分の取り消し訴訟を起こしており，リニエンシー制度の有益性を認めつつも制度改革に向けた議論の必要性が指摘されている。

14.2.4　競争政策の変遷
●戦後～1960年代

　日本の独占禁止法は1947年に制定された。この時は，GHQの指導のもと，戦後の経済民主化と市場経済の再生を目的として導入された。独占禁止法施行後の1950年代には，朝鮮戦争休戦後の不況や産業育成のため，カルテルの許容や競争制限的な行政指導が行われていた。すなわち，この時期は，産業の保護と育成が重視され，競争政策より産業政策が優先されていたといえる（公正取引委員会,2017）[9]。

　高度経済成長期にかけても，政府の産業政策優先のスタンスは変わらなかった。そこでは重点産業の育成や技術革新を支援するための政策が推進され，独占禁止法はその中で二次的な位置づけにあった。他方で，この時期は，多くの製造業で市場競争は活発で，新規参入も多くみられていた（岡田,2013）[10]。

●1970年代

　1970年代には，石油危機を受けて競争政策が見直された。1977年には独占禁止法の改正が行われ，カルテルを抑止するための課徴金制度が導入された。この制度は，カルテルなどの競争制限行為に対して金銭的なペナルティを科す制度である。違反行為が発覚した場合に課徴金を科すことで，違反行為によって得られた不当利得をはく奪することで，違反の抑止効果を強化することが目的であった。また，公正取引委員会が，課徴金を科す権限を持つことで，より効果的に市場の競争を監視・維持することが可能となった。

●1980年代

　1980年代後半のバブル経済期には，企業結合や再編が活発化した。公正取引委員会は企業結合の審査を強化し，市場競争の維持に努めた。また，1980年代

---

[9]　公正取引委員会（2017）「独占禁止法施行70周年を迎えるに当たって～イノベーション推進による経済成長の実現～」(https://www.jftc.go.jp/houdou/pressrelease/h29/jul/170720_1_files/170720sp.pdf)

[10]　岡田羊祐（2013）「日本の競争政策：歴史的概観」『公正取引』752号，pp.4-11.

には日米貿易摩擦の影響で，日本市場の閉鎖性が問題視され，規制改革が進められた。この頃から，それまでの産業政策優先の姿勢に変化がみられるようになってきた。

●1990年代

1990年代初頭のバブル崩壊により，経済は長期不況に突入した。この時期，規制緩和と市場開放が進められ，競争政策を重視する機運はさらに強まっていった。1997年には持株会社の設立が解禁され，独占禁止法の適用除外制度の見直しが行われた。日本では，戦後の経済民主化の過程で，財閥解体を目的として1947年に制定された独占禁止法により，持株会社の設立は原則禁止されていた。この禁止は，持株会社が市場支配力を強化し，独占や寡占を助長するリスクがあると考えられたためである。

しかし，1997年にこの規制が見直され，持株会社の設立が解禁された。これは，経済のグローバル化と競争激化に対応するために，企業が経営の自由度を高め，迅速な意思決定や柔軟な経営戦略を実現できるようにする必要性があったためである。持株会社の設立解禁により，企業グループの再編や組織の効率化が促進されると期待されていた。

また，同時に，独占禁止法に対する多くの適用除外が廃止または縮小された。これは，適用除外制度が競争制限の温床となり，市場の効率性を損なうリスクがあると考えられたためである。具体的には，産業合理化や不況対策としてのカルテルの適用除外が大幅に削減され，公正で自由な競争環境の確保が図られた。

●2000年代以降

2000年代は，経済のグローバル化が加速し，多国籍企業が世界各地で活動するようになった。このような状況では，国内だけでなく国際的な競争政策の実施が不可欠となる。公正取引委員会も，他国の競争当局と連携し，国境を越えた競争制限行為に対処する必要性が高まった。

複数の国にまたがって行われる価格協定や市場分割などの国際カルテルに対しても，米国司法省反トラスト局や欧州委員会競争総局など，他国の競争当局と情報を共有し，協力して国際カルテルを摘発・取り締まる活動を強化した。また，M&Aが国際的に行われる場合，複数の国の競争当局がその影響を評価する必要もある。

近年では，デジタル経済の進展にともない，大規模なプラットフォーム企業が市場支配力を強める中で，新たな競争政策の課題が浮上している。プラットフォームサービスは，第9章で述べたように，両サイドのユーザー間に間接的ネットワーク効果があり，片方のユーザーが増えるともう一方のユーザーの増加が促され，さらにその増加によって片方のユーザーも増加していくという螺旋効果が生まれる。これにより，プラットフォームの独占力が高まりやすくなっている。さらに，このようなユーザーの増加は，データの集中をもたらし，そのデータを解析することでユーザーへの対応を改善するというデータのフィードバックによる螺旋効果もある。

　こうしたデータの独占に対する懸念の高まりに対し，公正取引委員会においても，データ活用が競争に与える影響を評価し，必要に応じた対応を行っている。例えば，2019年には「デジタル・プラットフォーム事業者と個人情報等を提供する消費者との取引における優越的地位の濫用に関する独占禁止法上の考え方」が公表され，プラットフォーム企業の市場支配的行為に対する規制や，データの収集・活用，透明性の確保に関する指針が示されている。

コラム1　巨大IT企業への規制強化

　現代のビジネスにおいては，競争力を維持・向上するうえでのデータの重要性が急速に高まっている。それにともない，巨大ITプラットフォーマーにデータが集中していることに対して国際的に批判が強まってきている。

　EUでは，いち早く個人情報（データ）の保護を目的とした「一般データ保護規則（GDPR）」を成立させた（2018年に施行）。これに基づいてGoogleは2019年から2020年にかけて2件で1.5億ユーロの制裁金を，Amazonも3500万ユーロの制裁金を科されている。

　他にも，EUでは競争法による制裁も積極的に行われている。Googleに対しては2017年から2019年の期間に3件で82億ユーロを超える制裁金が課されている。直近でも例えば2024年にはAppleに対し18.4億ユーロの制裁金を科した。日本でも2024年に公正取引委員会がGoogleに対して，インターネット広告の配信事業で競合するLINEヤフーの事業を不当に制限していたとして，独占禁止法に基づく行政処分を出している。さらに，アメリカでも2023年から2024年にかけて，司法省や連邦取引委員会などの規制当局がGoogle，Meta，Amazon，Appleそれぞれに対し，反トラスト法違反で訴えを起こしている。

こうした規制強化の流れは近年も続いており，欧州では「デジタル市場法」が2023年に施行され，日本でも2024年に「スマートフォンにおいて利用される特定ソフトウェアに係る競争の促進に関する法律案」が閣議決定された。これらの法律は，巨大IT企業による市場支配を防ぐことを目的としており，アプリストアの決済システムや検索エンジンで自社製品やサービスを不当に優遇する行為を禁止している。日本の法案では，規制対象企業が違反した場合，国内売上の最大20％に相当する課徴金が科せられる。また，欧州では世界売上の最大10％が罰金として科される規定があり，違反を繰り返す企業にはさらに厳しい処分が下される可能性がある。

実際，AppleやGoogleなどの巨大IT企業は，アプリ市場や検索エンジンにおいてデジタル市場法に違反している疑いで，EUの規制当局が調査を開始している。

◆ 練習問題

問14.1　1970年代に実施されたサンシャイン計画やムーンライト計画の内容と，その背景にあった経済状況について説明しなさい。

問14.2　我が国において公正取引委員会が行った行政処分にはどのようなものがあるか，公正取引員会のHPから調べなさい。

問14.3　我が国における課徴金減免制度の適用事例としてどのようなものがあるか，公正取引委員会のHPから調べなさい。

第15章

イノベーション政策

- ■15.1 イノベーション政策の目的
- ■15.2 科学技術イノベーション政策の変遷
- ■15.3 我が国の科学技術予算
- ■15.4 研究開発費の動向と支援
- ■15.5 ナショナル・イノベーションシステム
- ■15.6 イノベーション創出のための知的財産制度
- コラム1　イノベーションの測定指標

　この章では，日本のイノベーション政策の目的と変遷や，イノベーションシステムの捉え方などについて解説する。イノベーション政策は市場の失敗を補完するため，政府が介入し科学技術の進展や産業の競争力向上を目指すものである。特に，日本では科学技術・イノベーション基本計画を5年ごとに策定し，産学連携や技術移転の促進，研究開発への支援が行われている。また，イノベーションの創出と普及に対する知的財産制度の貢献についても説明する。

【Key Point】

- ●イノベーション政策は，社会的課題を解決しつつ経済成長を促進することを目的とし，ナショナル・イノベーションシステムと整合的な形で政策的支援を行うことが重要である。
- ●日本では，科学技術の進展と産業競争力の向上を目的として，5年ごとに科学技術・イノベーション基本計画が策定され，その方向性に基づき研究開発やイノベーションが推進されている。
- ●知的財産制度は，技術や知識を保護しつつ公開することで，イノベーションの創出と普及に寄与し，技術移転を通じて社会全体の競争力を高める役割を果たしている。

15.1　イノベーション政策の目的

　イノベーション政策とは，イノベーションの創生及び普及を支援するための公的な介入であり，経済成長や国際競争力の向上，社会的課題の解決等を目的とし，国の発展に寄与する主要な要素として位置づけられてきた[1]。これまで述べてきたように，イノベーション政策を含む，市場への公的な介入が必要になる理由として，経済学的には市場の失敗が挙げられる。競争市場において企業は利潤を最大化し，その結果資源は効率的に配分されるが，イノベーション活動に関してはその特性ゆえに市場が適切に機能しないことも多い。そのため，政府による政策介入が正当化される。

　まず，イノベーション活動には高い不確実性がともなう。例えば，研究開発（R&D）活動は，長期的な視点で取り組む必要があるにもかかわらず，成果が保証されるわけではない。新技術や新製品・サービスの開発に投資する企業は，失敗のリスクを負い，結果としてその投資が無駄になる可能性もある。仮に，得られる結果の確率分布が分かっており，企業がリスク中立的であれば，期待利潤を最大化することで，平均的には社会的に望ましい水準の投資が実現する可能性はある。しかし，イノベーション活動に対する投資は，研究開発の成果をはじめ，起こりうる結果が事前に予想しにくい。特に基礎研究の成果が，どのような製品・サービスに体化され社会に実装されるかといったことは，事前に分からないことも多い。こうした確率分布も分からないような不確実性はナイトの不確実性と呼ばれる。

　また，ミクロ経済学では企業はリスク中立的な存在として扱われることが多いが，実際にはリスク回避的な企業も多数存在するだろう。このとき，イノベーション活動への投資は，市場に任せておいては社会的に最適な水準に達しない。したがって，政府による直接・間接の支援が必要になる。

　さらに，研究開発活動の成果は，新たな知識といった無形資産の形をとることが多い。知識や技術は公共財の性質である非競合性や非排他性を持っている。他者が利用してもなくなるわけではないし，そのままでは対価を払わない人を排除することも難しい。このため，ある企業の投資の成果は，他の企業や社会全体に

---

[1]　この定義に基づけば，イノベーション政策は本来，科学技術政策のみならず，教育，能力開発，デジタル化等，イノベーションの創出のための多様な政策・制度を包含する。しかし，本章ですべてを取り上げるのは現実的ではなく，ここでは科学技術の振興を目的とした支援政策に焦点をあてる。

も波及し，広く共有されることになる。これはスピルオーバー効果と呼ばれ，イノベーション活動への投資に正の外部性があることを意味している。この場合，社会的便益は個別企業の私的便益を上回ることになるから，ここでも投資が過少となりやすい。また，投資の成果がこうした公共財的性質を持つことで，他者によるただ乗りが発生し，投資を行ったものが利益のすべてを享受することができなくなる（専有可能性の程度が低くなる）。このような状況では，企業によるイノベーション活動への投資インセンティブが弱まり，企業の成長や一国の成長にも悪影響が出る可能性がある。

　こうした市場の失敗を補うために，政府はイノベーション政策を通じて介入する。例えば，特許制度は，研究開発によって生まれた発明（自然法則を利用した技術的思想の創作のうち高度のものと定義される）に対して，20年間の独占権を与え，投資の回収を可能にすることで発明の創出・活用のインセンティブを高めている。他にも，政府による研究開発活動への直接的な支援や税制優遇措置などは，企業のリスク負担を軽減し，イノベーション活動を促進するための重要な手段となる。

15.2　科学技術イノベーション政策の変遷

　日本の科学技術イノベーション政策の変遷は，各時代の社会的・経済的ニーズや国際的な技術動向に応じて変化してきた（本節の最後に，表15.1として主な科学技術イノベーション政策の年表を掲載している）。

　第二次大戦直後の傾斜生産方式を経て，1950年から60年代の日本のイノベーション政策においては，キャッチアップのための海外の先進技術の導入，そして貿易自由化をはじめとした経済のグローバル化の中での国内産業の競争力の強化に焦点があてられていた。そして高度成長期を経て1970年代には，繊維，鉄鋼，自動車，半導体などの分野での日本の産業競争力の向上にともない，財政赤字と貿易赤字に陥った米国から基礎研究に対するただ乗りを指摘され，日本も基礎研究に積極的に投資するよう強く求められるようになった。これを受け，1980年代の日本のイノベーション政策は，基礎研究の支援に大きな資金が投入されるようになった。

●1990年代のイノベーション政策

　1990年代にはバブルが崩壊し，民間部門の研究開発投資も80年代と比べて伸びが低調であった。81年度から90年度の期間における企業の研究開発費の伸び率は9.2％であったが，91年度から2000年度の期間の伸び率はわずか1.2％である。バブル崩壊以降の全要素生産性の伸びも低調である中で，国による研究開発投資を拡充し，科学技術を活用して我が国の長期的な成長と諸問題の解決を図るという科学技術創造立国が目指すべき姿として提示されるようになった。

　そして，1995年には科学技術基本法が制定され，長期的視野に立って体系的かつ一貫した科学技術政策を実行すべく，5年ごとに国の科学技術振興の総合的な計画である科学技術基本計画を策定する仕組みが導入された。なお，2021年には「科学技術基本法等の一部を改正する法律」が施行され，科学技術の振興とイノベーション創出を一体的に図るべく，科学技術基本法は科学技術・イノベーション基本法に改正されている。1996年度からの第1期科学技術基本計画では，政府による研究開発投資の拡充や競争的資金制度の拡大などが謳われている。

　この時期には，TLO法（1998年）や日本版バイ・ドール制度（1999年）といった，産学連携や技術移転を促進するための重要な政策も導入されている。TLO法（Technology Licensing Organization法）は，正式名称を「大学等技術移転促進法」といい，大学や研究機関で生まれた研究成果を，民間企業に技術移転するための仲介機関（TLO）を認可・支援した。日本版バイ・ドール制度は，政府資金で得られた研究成果に関する知的財産権を大学や研究機関が保有し，企業にライセンスできるようにするものである。研究成果の商業化を容易にすることで，産学連携を促進し大学発技術の実用化とイノベーション創出を加速化する目的があった。

●2000年代のイノベーション政策

　2001年度からの第2期科学技術基本計画では，政府研究開発投資の総額を24兆円に拡充することや，基礎研究の推進，戦略的重点分野（ライフサイエンス，情報通信，環境，ナノテクノロジー・材料分野）の設定などが掲げられた。なお，2001年の中央省庁再編にともない，科学技術・イノベーション政策の推進のための司令塔として，我が国全体の科学技術を俯瞰し，総合的かつ基本的な政策の企画立案及び総合調整を行うための総合科学技術会議が重要政策に関する会議の一つとして内閣府に設置された。

また，2001年には，新規市場・新規雇用創出と我が国の事業環境の中長期的な競争力を向上させるべく，「新市場・雇用創出に向けた重点プラン」が発表された。そこでは，大学の持つシーズの実用化を支援することでイノベーションを創出すべく，大学発ベンチャー1000社計画が掲げられた。

さらに，この時期における重要な政策としては，2004年に実施された国立大学の法人化が挙げられる。国立大学が独立行政法人として運営されるようになり，各大学は財務や運営の自由度が高まり，外部資金の獲得や産学連携に対する自主的な取り組みが促進された。

2006年度の第3期科学技術基本計画では，第2期に引き続き政府研究開発投資の規模を対GDP比で1％（約25兆円）という目標が掲げられた。また，重点4分野に加え，推進4分野（エネルギー，ものづくり技術，社会基盤，フロンティア）が設定され，それぞれの分野における重要な研究開発課題を選定し，選択と集中により研究開発を効率化する旨が記載されている。他に，女性研究者採用の目標値（25％）なども掲げられている。

また，2006年には財政・経済一体改革会議から経済成長戦略大綱が発表された。これは，日本型経済成長モデルの実現に向けて，「グローバル戦略」（2006年5月18日），「新経済成長戦略」（2006年6月9日）をはじめとする成長力に寄与する政策を統合したものである。そこでは，「イノベーション・スーパーハイウェイ構想」が掲げられ，産官学が連携し，研究から市場，市場から研究へという双方向の好循環が起こる仕組みの構築が目指された。そのための規制の見直し，公的部門における調達の改善（新技術等の一層の活用），特許・標準での優先的取組等に政策資源を集中的に投入することが提言されている。

2007年には，2025年までを視野に入れた成長に貢献するイノベーションの創造のための長期的戦略指針「イノベーション25」が閣議決定された。そこでは，20年後の2025年までに目指す社会が提示され，その実現のために推進すべきイノベーションの分野と課題が示されている。

●2010年以降のイノベーション政策

2011年度（東日本大震災の影響で内容が大幅に見直され2012年に策定）からの第4期科学技術基本計画では，それまでの基本計画と異なり，まず我が国が取り組むべき課題を設定したうえで，それらの課題を解決するために必要な政策を設定するというアプローチに変わっている。そこでは，課題解決に向けて，科

学技術政策に加え，成果の利活用に至るまでのイノベーション政策も対象に含め，これらを一体的に推進する「科学技術とイノベーション政策の一体的展開」が基本方針として掲げられた。また，震災からの復興・再生の実現，グリーンイノベーションの推進，ライフイノベーションの推進を喫緊の課題として取り上げ，その実現のために科学技術イノベーションのシステム改革を推進することが盛り込まれた。これら諸政策を遂行するために，官民合わせた研究開発投資を対GDP比4％以上とし，政府研究開発投資の対GDP比1％及び総額約25兆円が目標とされた。

　また，2013年には，「官民イノベーションプログラム」や「革新的イノベーション創出プログラム」が発表された。前者は，官民の協力体制を築き，研究開発から商業化までのプロセスを支援することが目的であり，特に，成長分野に対して投資を集中し，イノベーション創出の基盤を強化するための資金面や技術面での協調を促した。後者は，革新的な技術を生み出すための研究開発を支援する施策であり，ライフサイエンスや情報通信技術，環境技術などを重点分野として，オープンイノベーション等を通じて，新産業の創出を促すことを目的としていた。

　さらに，2014年には，SIP（戦略的イノベーション創造プログラム：Cross-Ministerial Strategic Innovation Promotion Program）が導入された。これは，国家戦略として重要な研究開発を支援するプログラムであり，特に，省庁の壁を越え，総合科学技術・イノベーション会議を司令塔として，省庁横断的に課題に取り組む点で，それまでのプロジェクトとは一線を画する。分野横断的なプロジェクトを推進し，交通，エネルギー，医療などの多岐にわたる課題解決を目指し，研究成果の社会実装を促進することを目的としている。

　2016年度からの第5期科学技術・イノベーション基本計画は，2014年に総合科学技術会議が総合科学技術・イノベーション会議となってから初めての計画である。そこでは，科学技術イノベーション政策を強力に推進し，我が国を「世界で最もイノベーションに適した国」へと導くことが謳われている。また，計画の中では，世界に先駆けた超スマート社会（Society 5.0）の実現や，そのための競争力向上や基盤技術の戦略的強化も目的とされている。その他，オープンイノベーションを推進する仕組みの強化や，新規事業に挑戦する中小・ベンチャー企業の創出強化，国際的な知的財産・標準化の戦略的活用なども盛り込まれている。

　2021年度からの第6期科学技術・イノベーション基本計画は，これまで科学技術の規定から除外されていた人文・社会科学を加えるとともに，イノベーショ

15　イノベーション政策　　**265**

表15.1　主な科学技術イノベーション政策の年表

年　度	政　策
1995	科学技術基本法の制定
1996	第1期科学技術基本計画（1996～2000年度）
1998	TLO法（大学等技術移転促進法）の制定
1999	日本版バイ・ドール制度の導入
2001	第2期科学技術基本計画（2001～2005年度）
	大学発ベンチャー1000社計画
	総合科学技術会議の設置
2004	国立大学の法人化
2006	第3期科学技術基本計画（2006～2010年度）
	経済成長戦略大綱の発表
2011	第4期科学技術基本計画（2011～2015年度）
2013	官民イノベーションプログラムの発表
2014	SIP事業（戦略的イノベーション創造プログラム）の開始
2016	第5期科学技術・イノベーション基本計画（2016～2020年度）
2021	日本版SBIR制度の改正
	第6期科学技術・イノベーション基本計画（2021～2025年度）
2022	スタートアップ育成5か年計画の策定

ンの創出を柱の一つに位置付けた点に特徴がある。そこでは，第5期基本計画で掲げたSociety 5.0を現実のものとすることが大きな目的とされている。Society 5.0は「サイバー空間とフィジカル空間を高度に融合させたシステムにより，経済発展と社会的課題の解決を両立する人間中心の社会」と定義されており，第6期基本計画では，これを国内外の情勢変化を踏まえて具体化させていくことが記されている。その実現に向けて，イノベーション・エコシステムの形成や，多様で卓越した研究を生み出す環境の再構築，新たな研究システムの構築（オープンサイエンスとデータ駆動型研究等の推進），大学改革の促進と戦略的経営に向けた機能拡張（10兆円規模の大学ファンドの創設など）が計画として挙げられている。また，政府の研究開発投資の総額を30兆円に，官民合わせた研究開発投資の総額を120兆円にするという目標も記載されている。

　2021年には，日本の中小企業やスタートアップによるイノベーションと技術

開発を支援するため，日本版SBIR制度の見直しが行われた。元々，この制度は1999年に導入され，アメリカのSBIR（Small Business Innovation Research）をモデルとしているが，2021年の改正では，支援の対象分野がデジタル技術やグリーン技術といった成長分野に拡大された。支援金額の上限も引き上げられ，スタートアップ企業など，これまで支援を受けにくかった企業も対象に加えられた。さらに，官民連携を強化し，民間資金を呼び込む仕組みも導入された。

　2022年には「スタートアップ育成5か年計画」が策定された。この計画は，スタートアップ企業の成長を支援し，ユニコーン企業[2]の創出を目指すもので，特に研究開発型スタートアップへの支援を拡充し，社会課題の解決に貢献する技術の早期社会実装を促進することを目的としている。

15.3　我が国の科学技術予算

　日本の科学技術・イノベーション政策は，科学技術・イノベーション基本法に基づき，政府が5年ごとに策定する科学技術・イノベーション基本計画（以下，基本計画）に沿って推進されている。図15.1は，各期の基本計画における科学技術関係予算の推移をみたものである（単位は千億円）。

　第1期基本計画の5年間（1996～2000年度）の予算総額は補正予算等も含めて17.7兆円であった。5年間の推移をみると，当初予算は増加傾向にあり，補正予算等も多く組まれている。第2期（2001～2005年度）の予算総額は21.1兆円，第3期（2006～2010年度）の総額は21.5兆円，第4期（2011～2015年度）の総額は22.9兆円，第5期（2016～2020年度）の総額は25.1兆円と，徐々に予算が増えてきていることが分かる。なお，2020年度の補正予算には，第3次補正予算で措置された「グリーンイノベーション基金事業（2兆円）」及び「10兆円規模の大学ファンド（0.5兆円）」が含まれている。

　第6期（2021～2025年度）については，まだ計画の途中であり，2024年度の補正予算も確定していない。しかし，2021年度から2023年度については補正予算が大幅に増加していることが見て取れる。この要因としては，新型コロナウイルス感染症の拡大への緊急対応として，医療技術の開発，デジタル技術の普

---

[2]　評価額10億ドル以上，設立10年以内の未上場ベンチャー企業のこと。

図15.1 科学技術予算の推移

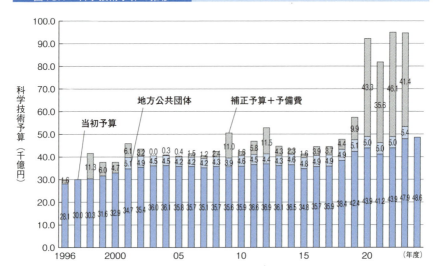

(出所) 文部科学省科学技術・学術政策研究所「科学技術指標2022」及び内閣府科学技術・イノベーション推進事務局「科学技術関係予算 令和6年度当初予算案 令和5年度補正予算の概要について」(令和6年2月) を基に筆者加工・作成

表15.2 科学技術関係予算の内訳 (2024年度当初予算)

		予算額(億円)	割合(%)
一般会計	科学技術振興費	14092	29.0
	教育振興助成費	10112	20.8
	公共事業関係費	3630	7.5
	防衛関係費	2667	5.5
	その他	5674	11.7
特別会計	エネルギー需給勘定	7728	15.9
	電源開発促進勘定	1904	3.9
	特許	1053	2.2
	その他	1696	3.5
	総額	48556	100.0

(出所) 内閣府科学技術・イノベーション推進事務局「科学技術関係予算 令和6年度当初予算案 令和5年度補正予算の概要について」(令和6年2月) を基に筆者加工・作成

及，社会全体のデジタル化推進に補正予算が組まれたことが挙げられる。また，気候変動対策やデジタル技術の活用が重要な政策課題となり，グリーンイノベーションとデジタルトランスフォーメーション（DX）を推進するための予算が拡充されたことも大きい。特に，脱炭素社会の実現に向けた「グリーンイノベーション基金」（2兆円）や，DXを推進するための投資が，補正予算の中で大きな割合を占めている。他にも，スタートアップ育成5か年計画などに関する予算が補正予算に組み込まれている。

なお，表15.2に，2024年度当初予算案における科学技術関係予算の内訳を示している。国の予算は大きく分けて一般会計と特別会計に分けられるが，科学技術予算で最も高いシェアを占めるのは科学技術振興費（29.0％）である。科学技術振興費は，科学技術の振興を主な目的とした経費であり，研究開発法人における必要経費や，研究開発活動に対する補助金・交付金・委託費等が含まれる。

15.4　研究開発費の動向と支援

●研究開発費の支出状況

イノベーション政策は，研究開発の各段階においてさまざまな手段を通じて，対象となる主体に対し包括的に実施される。イノベーションのプロセスは，アイデアの創出から市場導入まで複数の段階を経るため，各段階に応じた適切な政策支援が必要となる。また，支援のための手段とターゲットも多様化しており，それぞれが持つ役割と効果を最大化するための戦略が求められる。

イノベーション活動の中でも重要な位置を占める研究開発活動のプロセスは，一般に基礎研究，応用研究，開発研究に分けられる。その後，イノベーションの実現には，製品・サービスを市場に投入し，それらが消費者に受け入れられる必要がある。なお，このプロセスは単純に一方向に進んでいくとは限らないことには注意が必要である。

我が国の研究開発費は，図15.2の通り，長期的には増加傾向にあり，2019年度では19.6兆円である。研究開発費は，各主体の内部で使用した研究費と，委託費など外部で使用した研究費に分けられるが，図15.3は2023年度における内部使用研究費の主体別の内訳をみたものである。日本では，研究費の7割以上を企業が支出している。また，図15.4は2023年度における内部使用研究費の性格

図15.2　研究開発費の推移

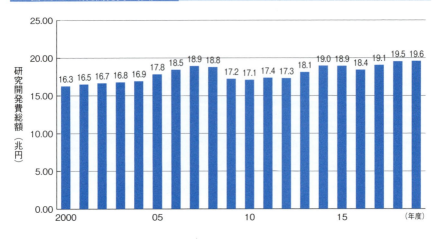

（出所）文部科学省科学技術・学術政策研究所「科学技術指標2021」より筆者加工・作成

図15.3　主体別内部使用研究

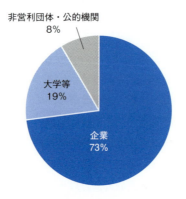

（出所）総務省「2023年（令和5年）科学技術研究調査」より筆者作成

別の支出割合をみたものである。開発研究の割合が最も高く65%であり、続いて応用研究が20%、基礎研究が15%となっている。

●研究開発の段階に応じた支援政策

　これまで基礎研究，応用研究，開発研究という用語を厳密な定義をせず使用し

図15.4　性格別内部使用研究費

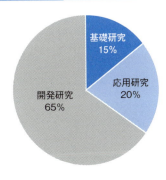

(出所)　総務省「2023年（令和5年）科学技術研究調査」より筆者作成

てきたが，総務省の「科学技術研究調査」において基礎研究は「特別な応用，用途を直接に考慮することなく，仮説や理論を形成するため又は現象や観察可能な事実に関して新しい知識を得るために行われる理論的又は実験的研究」と定義されている。すなわち，新たな科学的知見を得るための研究を意味し，この段階における政府の役割は，大学や研究機関への資金提供やインフラ整備が中心となる。基礎研究の段階では商業的な成功が不確実であり，民間企業が単独で投資するインセンティブが低いため，政府の支援が特に重要となる。

　応用研究は，「特定の目標を定めて実用化の可能性を確かめる研究や，既に実用化されている方法に関して新たな応用方法を探索する研究」と定義されている。この段階は，基礎研究の成果に基づくことが多いため，産学官連携が重要となり，政府はこれらを促進するためのプログラムやネットワーク構築の機会を提供する役割を果たす。研究成果を企業に移転するための技術移転プログラムなども重要な政策となる。

　開発研究は，「基礎研究，応用研究及び実際の経験から得た知識を活用し，付加的な知識を創出して，新しい製品，サービス，システム，装置，材料，工程等の創出又は既存のこれらのものの改良を狙いとする研究」と定義される。この段階では，プロトタイプの開発支援や，知的財産権のライセンスや技術商業化のための支援などが重要となる。また，新製品・サービスを市場に投入する際には，既存の規制が障害となることがあるため，政府は，開発研究段階の技術に関して規制緩和を行ったり，業界標準を整備したりすることで，イノベーションの実現を

15　イノベーション政策　　**271**

支援する。他にも，スタートアップを対象に，ベンチャーキャピタルによる資金調達の促進や，公共調達を通じて新技術の市場導入を支援することもある。

近年では，戦略的イノベーション創造プログラム（SIP）やグリーンイノベーション基金事業のように，課題解決に着目して，基礎研究から開発研究までのすべての段階を支援するような政策も実施されるようになってきている。

15.5　ナショナル・イノベーションシステム

一国のイノベーション政策を考えるうえでは，その国における経済主体間の関係や，成立している制度間の補完関係を考慮する必要もある。企業，大学，政府，投資家といった各主体が相互に関係し合い，それら主体間を経営資源（ヒト・モノ・カネ・情報）が行き来しながら，新たな技術・知識を創出・活用し，社会的な価値を生み出していく仕組みをナショナル・イノベーションシステム（National Innovation System：NIS）と呼ぶ。

イノベーション政策の効果はこのNISの違いによって大きく異なってくる。例えば，基礎研究に対して研究費を補助する場合，経済主体の中でも"大学"や"公的研究機関"の研究開発活動に対して，経営資源である"カネ"を提供することになる。この場合，大学の成果が大学発ベンチャーなどを通じて産業で活用されやすいシステムが出来上がっていれば，大学研究への補助金によるイノベーション創出効果はより大きくなるだろう。また，企業と大学の間，大企業とスタートアップの間など主体間でのシーズとニーズのマッチングを図る環境整備として，コミュニティの形成やデータベースの構築などを行う場合，主体間でやりとりされる"情報"の量や流れを調整することになる。

近年では，特にスタートアップに対して経営資源を補助するような政策が多く行われている。我が国でも，第6期科学技術・イノベーション基本計画において，イノベーション・エコシステムの形成という軸において，「スタートアップ育成5か年計画に基づく徹底支援」が謳われている。

米国型のナショナル・イノベーションシステム（NIS）においては，企業や大学からスピンアウトしたスタートアップがシーズを創出し，それらを大企業が買収等によって活用するというスタイルを特徴とする見方がある。対して，日本では戦後から高度成長期にかけて，いわゆる日本的経営システムが徐々に確立され

表15.3　付加価値額の従業員規模別構成比

	付加価値額				
	1980	1990	2000	2010	2020
4～19人	15.4%	13.8%	12.1%	9.1%	7.7%
20～99人	23.0%	23.3%	23.6%	21.8%	22.8%
100～299人	17.5%	18.4%	21.0%	22.4%	23.6%
300～999人	20.3%	20.0%	22.4%	25.4%	24.2%
1000人以上	23.9%	24.5%	20.9%	21.3%	21.7%
合計(百万円)	69,838,065	119,028,251	110,242,634	90,667,210	100,234,752

（注）　従業者29人以下は粗付加価値額で計算している。
（出所）　経済産業省「工業統計調査」から筆者作成

ていったが，そのNISは米国とは大きく異なる。そのため，イノベーションのシーズを提供する主体や，スタートアップの果たしうる役割もかなり違ったものであった。特に，日本では大企業のグループ企業（主に中堅企業）が，イノベーションシステムにおいて重要な役割を果たしてきた。

表15.3は，「工業統計調査」を用いて，日本の製造業を対象に，1980年から2020年までの付加価値額に関する従業員規模別の構成比をみたものである。この表によれば，4～19人の事業所の付加価値のシェアは1980年に15.4%であったのが，一貫して低下し続け，2020年には7.7%と約半分になっている。対して，従業員規模が100～299人及び300～999人の中堅事業所においては，その割合が長期的には上昇傾向にあることも見て取れる。小規模事業所における，価値の創出という意味でのイノベーションへの貢献は低下してきており，中規模事業所の貢献がますます大きくなってきている状況である。

近年重視されているオープンイノベーションも，NISの効率性を高める一つの仕組みであり，単なる連携の促進やスタートアップの支援だけでは，システムとしてうまく機能しない可能性がある。他の諸制度との整合性がとれない支援策は，その効果が持続しにくいためである。例えば，グループ企業間の長期的な取引慣行が支配的で，政府調達による売上もさほど期待できない環境においては，独立系のスタートアップの設立支援を行っても，そのスタートアップが存続し続けるのは困難だろう。したがって，そうした環境の中で，独立系のスタートアップを

イノベーションシステムの中心に据えようとするのであれば，さまざまな制度・慣行を同時に変革していく必要が生じる。あるいは，スタートアップを活用するにしても，大企業が新規事業の開発スピードを高めるなどの目的で自社の事業部門を切り出し，資本関係を持ったスタートアップを設立するカーブアウトのような形であれば，日本のNISとの整合性は高い可能性がある。

なお，スタートアップの新技術・知識を大企業が活用するには，大企業自身が外部知識を理解し新事業に生かせるような吸収能力を高めておく必要もある。理解できないものを活用することは難しいためである。それには，オープンイノベーションという名のもとに研究開発活動を完全に外注するのではなく，社内である程度の規模の研究開発を行っている必要がある。特に，技術水準が高まり，サイエンスの知見の活用が重要な場合には，基礎研究に対する投資が長期的な競争力に影響すると考えられる。

そのうえで，グループ企業あるいはスタートアップが創出した新技術・知識を大企業が積極的に活用・事業化することで，それがさらなる新技術・事業の創出インセンティブとなるような仕組み作りが必要だろう。

15.6　イノベーション創出のための知的財産制度

イノベーションを創出し，それを社会全体に普及させるためには，知的財産制度が極めて重要な役割を果たす。イノベーションの創出にはそれに投資するインセンティブを確保する必要があるためである。また，無形の経営資源である情報やそれを体化したヒト・モノをイノベーションシステムの中で移転・循環させるには，無形資産を知的財産権という権利で明確化しておくことのメリットが大きいということもある。

●先行者の利益と知的財産制度

企業がイノベーションに投資するインセンティブとしては，まず先行者の利益が挙げられる。これは，他社に先駆けて製品・サービスを開発し市場に投入することで得られる独占的な利益のことである。例えば，他社が参入する前に，特許化や標準化[3]を行うことで競争優位を獲得できたり，学習効果を通じて価格競争力を高めたりすることができる。また，他社の参入前にブランドの確立や顧客の囲

い込みを行うことで，持続的な競争優位性を築けたりもする。これには，顧客が別の製品に乗り換える際のスイッチングコストを高めることや，生産要素の供給先を確保するといったことも含まれる。さらに，技術や製品が市場で広く普及すると，ネットワーク外部性が働き，他社の製品よりも高い価値を持つことになる。

一方で，先行者が必ずしも長期的な競争優位を持ち続けられるとは限らない。先行者は追随者と比べて非常に高いリスクやコストを負う必要がある。それに対して追随者は，先行者が成功したのを確認してから（場合によっては生産・販売過程を改良して）市場に参入できるため，先行者の開発コストやリスク負担にフリーライドできる。

したがって，先行者の専有可能性が非常に重要となる。専有可能性とは，企業がイノベーションから得られる利益をどの程度確保できるかを指し，これを高めることが投資を促進する鍵となる。知的財産制度はこの専有可能性を高める手段としての役割が大きい。

知識には公共財としての性質があり，他者が対価を支払わずにその知識を使用できるという非排除性や，同時に複数の人が知識を利用できるという非競合性を持つ。先にみたように，このような公共財的性質を持つ財に対する投資は過小になってしまう。特許権のような知的財産権があれば，当該技術知識に対して一定期間の独占権を与えることで，専有可能性を高め投資インセンティブを確保することができるのである。

●知的財産権の種類と特徴

知的財産権には，特許権，実用新案権，意匠権，商標権，著作権，育成者権などさまざまなものがあり，それぞれが特定の対象を特定の範囲で保護している。知的財産権のうち，特許権，実用新案権，意匠権及び商標権の4つを産業財産権といい，特許庁が所管している。特許権や実用新案権は技術に，意匠権はデザインに，商標権はネーミングやロゴマークなどに独占権を与え，模倣を防止するこ

---

[3] ここでいう標準化とは，特定の技術やプロセス，仕様を業界や市場での共通の基準（標準）として定め，それを市場全体に広げることを意味する。ある技術が業界の標準として認められると，他の企業もその標準に従うことになるため，自社の技術が広く普及し，競争上の優位性が確立できる。また，後から参入する企業はその標準に対応しなければならず，技術や市場への適応コストがかかるため，参入障壁が高くなる。さらに，標準化が進むと，他の製品やサービスとも互換性が確保されやすくなり，消費者や企業がその標準に基づく製品を選びやすくなるという外部性も働く。

とで，研究開発へのインセンティブを付与したり，取引上の信用を維持したりすることによって，産業の発展を図っている。

　これら産業財産権は，公共財的性質を持つ知識に所有権を与え排除性を持たせている。すなわち，公共財をクラブ財[4]にすることで，市場取引が可能な財にしていると解釈することができる。これにより，目にみえない技術知識などの無形資産の対象や範囲が明確となり，技術供与などの市場取引を通じて，それらの流通が促進され活用の機会が広がるというメリットもある。したがって，知的財産制度は外部性の問題を市場メカニズムを使って解決するという外部性の内部化の手段を提供していると考えることができる。これは，政府が個別の事象ごとに調整を図っていくより，はるかに効率的な手法である。

　また，知的財産制度は，知識の共有と普及を促進する役割も担っている。例えば特許権には出願公開制度があり，出願後1年半で出願した発明の内容がすべて一般に公開される。この公開制度により，競合企業の研究開発動向を知ることもでき，同じ研究に対して複数の企業が重複して投資するような社会的コストを減らすことができる。また，公開された技術情報は他の研究者や企業にとって貴重な知識源となり，新たなイノベーションの基盤となりえる。したがって，特許制度は社会全体の知識の蓄積を増やすことで，技術の進展を促進するという効果もある。

●知的財産制度のデメリット

　しかし，知的財産制度にはデメリットも存在する。まず，独占権を与えるわけであるから当然，完全競争市場から遠ざかることになる。したがって，短期的には死荷重を発生させる。それ以外にも，独占によって新たな知識の創出や普及が制限される可能性もある。例えば，技術というものは累積的に進歩していくものであるから，ある基礎技術が特許化されると，他社がそれを基にした新技術・新製品の開発を行うことが困難となり，技術進歩のスピードが低下することも考えられる。

　さらに，コモンズ（共有地）の悲劇と逆の現象であるアンチコモンズ（反共有地）の悲劇が起こる危険性もある。コモンズの悲劇とは，囚人のジレンマの一種

---

[4]　競合性が小さく排除性が大きい財をクラブ財と呼ぶ。会員制のスポーツジムや映画館，大学の講義などは，利用者が限定されている点で排除性を持つが，一定の範囲内であれば非競合的に利用できる特性がある。他方で，排除性が小さく競合性が高い財は共有資源（コモンズ）と呼ばれる。

で，酪農家がそれぞれ自分の利益を増やそうと共同牧草地に羊を放つことで，過剰な放牧が起こり共同牧草地が荒れ果ててしまう現象である。これは，所有権が設定されていないことから起こる現象である。私有地であれば，草の生えるスピードも考慮して羊を放つので荒れ果てるようなことはない。

アンチコモンズの悲劇はこれとは逆に，所有権が乱立して起こる現象である。現代の製品は複雑で多くの要素技術から構築されているため，一つの製品に非常に多数の特許権が関係することも多い。家電や自動車などでは，一つの製品に関連する特許権が数百件，数千件に及ぶこともある。このような状況で，新製品の開発を行おうとしても，必ず誰かしらの特許権を侵害してしまうことになり，開発が進められなくなる（特許の藪現象という）。各企業が自社の利益のために特許権を主張することで，どの企業も新製品開発が行えなくなってしまうのである。これがアンチコモンズの悲劇と呼ばれる現象である。このような状況では，多数の特許をまとめて実施許諾し合うクロスライセンスや，特許権の開放などによって，開発や普及に支障が出ないような工夫が必要となる。

このように，知的財産制度はイノベーションの創出・普及を促進する一方で，適切に運用しなければ技術の発展を阻害するリスクもはらんでいる。そのため，政策当局は，独占権の強さを反映する権利の範囲や権利期間などを調整することで，競争と独占のバランスをとっていく必要がある。

コラム1　イノベーションの測定指標

イノベーションは，単一の活動として捉えることが難しく，基礎研究から応用研究，開発，製造，さらには市場に普及するまでの段階を経る複雑なプロセスである。それぞれの段階に適した測定指標を活用することで，イノベーション活動の進展状況を明確に把握し，戦略的な意思決定を支援することが可能となる。以下では，各段階における具体的な測定指標について説明し，指標の選定とその意義を考察する。

1）　基礎研究段階の指標

イノベーションプロセスの最初の段階である基礎研究では，新しい知識や技術の創出が主な目的となる。この段階では，学術論文の発表数や引用数，研究開発費が主要な指標として使用される。論文数は，研究者が新たに発見した知識を学術的に発表した量を示し，引用数はその研究が他の研究者に与える影響を測る指標である。これら

は知識の創出とその社会的な価値を示すために重要な役割を果たす。また，研究開発費は，新しい発見や技術の基盤となる基礎研究にどれだけのリソースが投じられているかを示すものである。

しかし，基礎研究段階では，研究成果が直接的に商業的な利益に結びつくことは少なく，したがってこれらの指標は長期的な視点で評価される必要がある。基礎研究が成功するか否かは，後の段階での応用研究や開発研究に影響を与えるため，この段階での指標は将来のイノベーションのシーズを評価するものであると考えられる。

これらの指標は，比較的入手しやすく，学術論文データベースや研究機関の予算報告から取得可能である。

2）　応用研究段階の指標

基礎研究の成果を実用化に向けて進展させる応用研究の段階では，技術の実用化可能性を測る指標が重要になる。特許出願件数や技術ライセンス収入が応用研究の主要な指標として用いられる。特許出願件数は，新しい技術の創出状況を表しており，技術ライセンス収入は，研究成果が商業的にどれだけの価値を持っているかを示すとともに，技術移転の進展度合いを測る指標としても用いられる。また，この段階でも研究開発費は引き続き重要な指標であり，特に技術の実用化に向けてどれだけの投資が行われているかを評価する要素となる。

ライセンス収入についてはアンケート調査等により把握する必要がある（そのうえ企業にとっては機密情報でもあり回答しにくい）が，特許出願件数については，統計分析用に整備されたデータベースも公開されており（例えば，IIPパテントデータベースやPATSTAT），入手も容易でイノベーションの分析に多く利用されている。特許出願件数やライセンス収入などはイノベーション活動の直接的な指標ではないものの，池内（2017）[5]によれば，これらの指標は，イノベーションとの相関が強いことが示されている。

3）　開発段階の指標

開発段階では，応用研究の成果をさらに発展させ，実際に製品やサービスとして市場に投入できる状態にすることが目的となる。この段階での指標としては，試作品の数やプロジェクト進捗率などによって測定される。試作品の数は，開発がどれだけ具体的な形に進んでいるかを示し，プロジェクトの進捗状況を把握するための目安となる。プロジェクト進捗率は，開発プロセスがどの程度進んでいるかを測定し，計画に対してどの程度順調に進んでいるかを評価するための指標である。いずれも一般には公開されていない情報であり，アンケート調査等が必要になるため，測定・入手が比

---

[5]　池内健太（2017）「企業のイノベーション・アウトプットの多面的測定」NISTEP DISCUSSION PAPER, No.149.

較的難しいイノベーションプロセスである。その他，商標の出願件数が代理指標として用いられることもある。企業が製品・サービスを市場に投入する前に，その候補となるロゴや製品・サービス名を商標出願することが多いためである。

4）製造段階の指標

　製造段階では，製品やサービスを市場に投入するために，製造プロセスの効率化とコスト削減が重視される。この段階の指標としては，生産量，設備投資額，生産効率が重要である。生産量は，製品がどれだけ製造されているかを示し，市場の需要に対応するための能力を評価するための指標である。設備投資額は，企業が新しい技術や製造ラインの導入にどれだけ投資を行ったかを示している。また，生産効率は，投入されたリソースに対してどれだけ効率的に製品が製造されているかを測る指標であり，インプット（労働投入量等）に対する生産額や販売額などのアウトプットの比率で測定されることが多い。これらの指標は，財務報告書や製造業の統計データから入手・計算できる。

5）市場普及段階の指標

　最後に，市場普及段階では，製品やサービスが実際に市場に出回り，消費者にどの程度受け入れられているかを評価する指標が必要となる。ここでの主要な指標としては，売上高，市場シェア，市場浸透率などが挙げられる。これらの指標は，企業の業績や市場での競争力を評価するために不可欠であるが，成功の要因にはマーケティング戦略や顧客サポートなど他の要素の影響も大きい。そうした補完的要素の影響を考慮した分析が必要になる。

6）指標の総合的活用の重要性

　ここで挙げた指標はイノベーションプロセスを測定する指標のごく一部ではあるが，それでもプロセスに応じて適切な指標が異なり，また，各指標で測れる範囲もさまざまであることが分かる。したがって，イノベーションプロセスにおいて測定したい活動に応じた適切な指標の選択とその解釈が重要となる。特に，指標間の相関関係やノイズの存在に留意しながら，総合的な視点でイノベーション活動を評価することが求められる。例えば，池内（2017）によれば，特許出願件数と市場での成功の間には相関がみられるが，それが必ずしも高収益や大きな市場シェアにつながるわけではない。同様に，論文数が多い分野であっても，商業的な成功がともなわない場合がある。
　したがって，各指標は単独ではなく，複数の指標を総合的に評価することで，イノベーション活動の全体像を正確に把握することが重要といえる。

◆ 練習問題

問15.1　日本のイノベーション政策が市場の失敗を補完するためにどのような役割を果たしているか，具体的な事例を挙げて説明しなさい。

問15.2　日本の科学技術・イノベーション基本計画が策定される目的と，その計画がどのようにイノベーションを促進するかについて，具体的な要素を含めて説明しなさい。

問15.3　知的財産制度がイノベーションの創出と普及にどのように寄与しているか，知識の共有や技術移転における役割に触れて説明しなさい。

問15.4　我が国のスタートアップ支援策としてどのようなものがあるか，経済産業省のHPなどから調べなさい。

索　引

あ 行

アバーチ・ジョンソン効果　233
新たな販路の開拓　118
アンチコモンズ（反共有地）の悲劇　276

イノベーション　67
イノベーション・エコシステム　266
因果関係　2, 83
インクリメンタル（漸進的・累積的）・イノ
　　ベーション　118
インセンティブ（誘因型）規制　228
インセンティブ・コスト　203
インセンティブ整合性　107

後ろ向き帰納法　213
売り手寡占市場　34
売り手独占市場　33
上澄み吸収価格　110

エージェンシー・コスト　175
エッセンシャル・ファシリティ　230
演繹的思考　2

オープンサイエンス　266

か 行

外部・国際的成長　188
外部・垂直的成長　188
外部・水平的成長　188
外部性　130, 228
　　――の内部化　276
外部成長　188
外部・多角的成長　188
外部不経済　228

科学技術・イノベーション基本法　263
科学技術基本計画　263
科学技術基本法　263
科学技術創造立国　263
価格競争　54
価格差別　97
価格支配力　136
価格受容者　35
学習効果　41, 72, 190
囲い込み　194, 219
過剰参入　72
寡占市場　46
仮想的独占テスト　32, 33
カテゴリーキラー　160
過度な市場支配力の集中の防止　250
ガバメント・リーチ　248
可変費用　12
空脅し　211
下流統合　191
カルテルの内在的不安定性　250
関係特殊資産　171, 192
監視　233
間接規制　228
間接的ネットワーク効果　164
完全価格差別　99
完全競争市場　11, 34
完全情報　35

機械工業振興臨時措置法　245
機会主義的　171
機会費用　15
起業　68
企業グループ　179
企業結合　188
企業数　82, 83
企業統治　169

281

企業の境界　170
規制改革　227
規制緩和　227，257
帰納的思考　2
基盤型　163
規模の経済　14
規模の不経済　14，202
逆選択　151，229
逆淘汰　151，229
吸収能力　274
供給　21
　——の価格弾力性　24
　——の交差価格弾力性　31
供給拡大効果　70
供給曲線　21
供給縮小効果　75
競争政策　74，221
競争パターン　82
競争優位　207
競争優位性　131
共謀　57，87
共謀仮説　88

クールノー・ナッシュ均衡　40，52
クールノー・モデル　48
クラブ財　276
グループ企業　273
クレディブル・コミットメント　211

経営資源　1，42
経験曲線価格　110
経済主体　2，11
経済成長戦略大綱　264
経済的規制　227
傾斜生産方式　244
ケイパビリティ理論　207
系列取引　191
経路依存性　204
ゲーム　46
ゲームツリー　212
決定遅延の利益　192
限界効用　18

限界効用曲線　18
限界効用逓減の法則　18
限界支払意思額　18
限界収入　12
限界費用　13
原材料等に関する新しい供給源の獲得
　118
現地固有の優位性　197

公共財　228
公正取引委員会　249
公正報酬率　232
公正報酬率規制　232
構造改革　248
構造的障壁　208
効用　2
効率性仮説　88
コーポレートガバナンス　169
顧客奪取効果　70
国際化　60，197
国際的成長　187
国立大学の法人化　264
コスト・スプレッディング　14
固定費用　12
コブ=ダグラス型　127
コミットメント戦略　211
コモディティ化　114
コモンズ（共有地）の悲劇　276
コンテスタブル市場　74

さ　行

サーチコスト　155
財・サービス　11
最小効率規模　15
最小最適規模　15
最適反応　48
差別化最小原理　143
差別化最大原理　144
参加制約　107
産業構造転換円滑化法　246
産業合理化政策　244

産業財産権　275
産業政策　242
サンクコスト　15
サンシャイン計画　246
参入　67, 68
参入障壁　37, 82
参入阻止価格　209
参入阻止価格戦略　68, 209
残余需要関数　49

死荷重　40
資金調達　173
シグナリング　218
資源の共有　190
自己資本　173
死重損失　40
市場開放　257
市場構造　3, 30
市場行動　3, 87
市場シェア　11, 82
市場支配力　5, 36
市場集中度　82
市場成果　3, 30
市場占有率　11, 82
　――の変動　85
市場の画定　31
市場の失敗　228
市場分割　101
市場閉鎖　219
自然独占　229
私的収益率　86
私的独占　250
シナジー効果　189
資本構成　173
資本集約的　123
資本増大的な技術進歩　125
資本分配率　128
社会関係資本　173
社会的規制　227
社会的収益率　86
社会的余剰　24
終身雇用制　173

出願公開制度　276
出所表示機能　155
需要　16
　――の価格弾力性　19, 137
　――の広告弾力性　154
　――の交差価格弾力性　31, 138
需要規模の大きさ　37
需要曲線　16
シュンペーター仮説マーク1　132
シュンペーター仮説マーク2　132
上位N社集中度　83
上下分離　238
状態依存型ガバナンス　179
消費者余剰　18
情報の非対称性　41, 229
情報の不完全性　57
上流統合　191
所得効果　18
所有権固有の優位性　197
所有と経営　175
新規参入　67
新結合　118
新産業組織論　91
浸透価格　110
信頼できる脅し　211

垂直的製品差別化　141
垂直的取引　187
垂直統合　191
垂直連鎖　187
垂直的成長　187
スイッチングコスト　219
水平的成長　187
水平的製品差別化　141
水平統合　194
数量競争　48
スクリーニング　105, 141
スタートアップ　67
ストック・オプション　175
スニップ・テスト　32, 33
スピルオーバー　190
スピルオーバー効果　262

スピンアウト　272

静学的効率性　86
生産関数　125, 169
生産者余剰　23
生産費用効果　72
正常利潤　232
成長の手段　187
成長の方向　187
製品　138
製品差別化　35, 54
製品多様化　139
製品バラエティ　124
政府による参入規制　37
政府の失敗　234
先行者　211
　　──の優位性　218
　　──の利益　274
潜在的参入、67, 68
宣伝広告機能　155
専有可能性　139, 193, 218, 275
全要素生産性　126
戦略　157
戦略的行動　208
戦略的障壁　208
戦略的代替性　51
戦略的な補完性　182
戦略的補完性　63

総括原価方式　42, 232
相関　83
創業　68
相互依存関係　46
総合科学技術・イノベーション会議　265
総合科学技術会議　263
総費用　12
総余剰　24
組織イノベーション　118
組織能力　199
ゾンビ企業　75

た　行

第一種価格差別　99
大学発ベンチャー 1000 社計画　264
第三種価格差別　100
対称均衡　53
代替効果　18
代替財　31
ダイナミック・プライシング　111
第二種価格差別　99
多角化　68, 188
多角化度　189
多角的成長　187
抱き合わせ　107
多国籍企業　197
ただ乗り　228
他人資本　173
段階的値上げ方式　109
探索費用　35, 155

逐次決定ゲーム　47
知識生産関数　129
知的財産権　139
中小企業基本法　245
超スマート社会　265
直接規制　228

追随者　211

データ駆動型研究　266
テリトリー制　162
展開型ゲーム　212
電子工業振興臨時措置法　245
電子商取引　160

動学的効率性　86
同時決定ゲーム　46
ドーフマン・スタイナー条件　155
独占企業　36
独占禁止法　221, 243
独占的競争　73
独占的競争市場　34, 136

独占度指標　39
独立財　31
特許の藪　277
ドミナント戦略　217
囚われ理論　233
トリガー戦略　157
トレードオフ　11
問屋　161

な　行

ナイトの不確実性　261
内部化誘因の優位性　197
内部化利益　199
内部・国際的成長　188
内部・垂直的成長　188
内部・水平的成長　188
内部成長　188
内部・多角的成長　188
ナショナル・イノベーションシステム
　272
ナッシュ均衡　48

二重構造　245
二重マージン　192
ニッチ市場　141
二部料金　105
日本的経営システム　179
日本版SBIR制度　267
日本版バイ・ドール制度　263
日本標準産業分類　32

ネットワーク効果　164, 219

は　行

バージョニング　108
ハーフィンダール指数　83
媒介型　163
発明　262
ハブ・アンド・スポーク型　161
バラエティ　141

パレート効率的　2
範囲の経済　125, 189
バンドリング　251
反応関数　50
汎用化　115

比較優位　198
非競合性　228
非排除性　228
標準化　274
費用逓減産業　230
費用の対称性　50
費用優位性　37, 197
品質　141

付加価値　126
不可逆性　130
不確実性　130
不可欠設備　230
不完全競争市場　34
複製可能性　130
複占競争　49
複占市場　34
不公正な取引方法　250
不当な取引制限　250
負の生産費用効果　72
部分ゲーム　213
部分ゲーム完全均衡　213
プライスキャップ規制　235
プライス・コスト・マージン　39, 138
プライス・テイカー　35
プライス・メイカー　98
プライスリーダーシップ・モデル　223
ブランド　139
ブランド間競争　194
ブランド内競争　193
フリーライド　193, 228
プリンシパル・エージェントモデル　175
プロセス・イノベーション　118
プロダクト・イノベーション　118
分割不可能性　190
分業　14

索　引　　**285**

平均費用　14
平均費用価格規制　231
ベルトラン・ナッシュ均衡　55
ベルトランの逆説　56
ベルトラン・モデル　54

包絡線　123
ホールドアップ問題　171, 192
補完財　31
補完的資産　132, 139
ポジショニング　148
ポジショニング・スクール　207
ポジショニング・ビュー　207
ホテリングの立地モデル　141

ま　行

マークアップ　39, 116
マークアップ率　39
マーケットパワー　5, 36
マーケティング・イノベーション　118
マーケティングの4P　152
埋没費用　15

ムーンライト計画　246
無形資産　129, 199, 261

メインバンク制度　179

モニタリング　233
モラルハザード　174

や　行

ヤードスティック規制　236

誘導型規制　228
ユニバーサル・サービス　232

余剰　2, 18
余剰最大化条件　18
余剰分析　42

ら　行

ラーナー指数　39, 137
ラーナーの公式　39
ライバルのコストを引き上げる戦略　219
螺旋効果　258
ラチェット効果　236
ラディカル（急進的）・イノベーション
　118
ラムゼイ価格　232
ラムゼイ最適　232

リードタイム　218
利潤　11
利潤最大化条件　11, 16
リスク分散　189
リソース・ベースト・ビュー　207
利得　46
リニエンシー制度　254
略奪的価格　210
略奪的価格戦略　209, 210
両罰規定　252

レートベース　232
劣加法性　229
レント・シーキング　42

労働集約的　123
労働生産性　126
労働増大的な技術進歩　125
労働分配率　128
ロックイン　219
ロックイン効果　164
ロングテール　163

わ　行

割引因子　157
割引率　157

286

数字・欧字

10兆円規模の大学ファンド　266

Damaged goods　97
EC　160
HHI　84
ITプラットフォーマー　160
NIS　272

OLIフレームワーク　197
PCM 39
RRC戦略　219
SCPパラダイム　3, 87
SIP　265
Society 5.0　265
TFP　126
TLO法　263
X非効率性　41

著者紹介

西村　淳一（にしむら　じゅんいち）

学習院大学経済学部教授，博士（経済学）

2007年，一橋大学大学院経済学研究科修士課程修了，2011年，同大学院経済学研究科博士課程修了。一橋大学イノベーション研究センター助手，学習院大学経済学部准教授等を経て，2018年より現職。専門分野は実証産業組織論，イノベーションの経済学。

主要業績

『研究開発支援の経済学 ——エビデンスに基づく政策立案に向けて』（岡室博之との共著），有斐閣，2022年.

"Making university and industry research collaboration: Evidence from co-inventions in Japan" (co-authored with Sadao Nagaoka, Shinichi Akaike, and Mitsuaki Hosono), *Science and Public Policy*, vol.49 (2), pp. 268–288, 2022

"Subsidy and networking: The effects of direct and indirect support programs of the cluster policy" (co-authored with Hiroyuki Okamuro), *Research Policy*, vol.40 (5), pp.714–727, 2011.

山内　勇（やまうち　いさむ）

明治大学情報コミュニケーション学部准教授，博士（経済学）

2002年，一橋大学大学院経済学研究科修士課程修了，2010年，同大学院経済学研究科博士課程単位取得退学，2012年，一橋大学経済学博士号取得。知的財産研究所研究員，文部科学省科学技術・学術政策研究所研究員，独立行政法人経済産業研究所研究員，明治学院大学経済学部専任講師等を経て，2019年より現職。専門分野はイノベーションの経済学，知的財産制度の実証研究。

主要業績

『イノベーション＆マーケティングの経済学』（金間大介・吉岡（小林）徹との共著），中央経済社，2019年.

"Information constraints and examination quality in patent offices: The effect of initiation lags," (co-authored with Sadao Nagaoka), *International Journal of Industrial Organization*, vol.82, 102839, 2022.

"Does the Outsourcing of Prior Art Search Increase the Efficiency of Patent Examination? Evidence from Japan" (co-authored with Sadao Nagaoka), *Research Policy*, vol.44 (8), pp.1601–1614, 2015.

●ライブラリ 経済学への招待—9

産業組織論への招待

2025年2月10日©   初 版 発 行

著　者	西村淳一	発行者	御園生晴彦
	山内　勇	印刷者	篠倉奈緒美
		製本者	小西惠介

【発行】　　　　　株式会社　新世社
〒151-0051　東京都渋谷区千駄ヶ谷1丁目3番25号
編集 ☎(03) 5474-8818(代)　　サイエンスビル

【発売】　　　　　株式会社　サイエンス社
〒151-0051　東京都渋谷区千駄ヶ谷1丁目3番25号
営業 ☎(03) 5474-8500(代)　　振替 00170-7-2387
FAX ☎(03) 5474-8900

印刷　(株)ディグ　　　製本　(株)ブックアート
《検印省略》

本書の内容を無断で複写複製することは，著作者および出
版者の権利を侵害することがありますので，その場合には
あらかじめ小社あて許諾をお求め下さい.

サイエンス社・新世社のホームページのご案内
https://www.saiensu.co.jp
ご意見・ご要望は
shin@saiensu.co.jp まで.

ISBN 978-4-88384-403-6

PRINTED IN JAPAN

入門ミクロ経済学
第 3 版

井堀利宏 著
A5 判／440 頁／本体 2,900 円（税抜き）

大学学部レベルで学ぶべき項目を網羅し，確固たる信頼と評価を得てきた書の最新版。今改訂では初学者の親しみやすさを配慮して導入部分をより丁寧に解説し，各章末の練習問題を拡充した。さらに関連する経済問題についてのコラムを挿入し，巻末の補論で行動経済学などを紹介して一層豊かな内容としている。ビジュアルに学べる 3 色刷。

【主要目次】
ミクロ経済学とは何か／需要と供給／消費の理論／消費理論の応用／企業と費用／生産の決定／市場と均衡／要素価格と所得分配／独占／ゲーム理論／寡占／外部性／不完全情報／ミクロ経済学にかかわる最近のトピックス

発行 新世社　　発売 サイエンス社

新経済学ライブラリ 4

新版 ミクロ経済学

武隈愼一 著
A5 判／416 頁／本体 2,980 円（税抜き）

初級から中級へ的確に導くことで定評あるミクロ経済学テキストの新版。金融に関する議論を追加して新たに「証券市場」の章を設け，さらに随所に記述の補充を行い，説明の仕方や構成に工夫を施して，より分かりやすく充実した内容としている。本文・図版の組版も一新し，一層の読みやすさを図った。ミクロ経済学への理解を深めることができ，大学院入学試験や公務員試験の対策に必須の書。2 色刷。

【主要目次】
基礎概念と分析手法／消費者行動／企業行動／競争経済の均衡／経済厚生／不完全競争／公共経済／不確実性と情報／証券市場／国際貿易／ゲームの理論／投入産出分析

発行 新世社　　発売 サイエンス社

ライブラリ経済学への招待 2

ミクロ経済学への招待

島田 剛 著

A5 判／264 頁／本体 2,450 円（税抜き）

ミクロ経済学のもっとも易しいレベルに設定しつつ，そこで終わることなく中級，あるいは経済学の他の関連分野にも興味が湧くように作られた入門テキスト。経済学を初めて学ぶ人，政策やビジネスの実務家で経済学を勉強したい人，またデータ分析について興味がある人を想定して，それぞれに役立つ知識をできるだけ直感的に理解できるよう解説を心がけた。読みやすい2色刷。

【主要目次】
経済を見る眼
1 市場がうまく動く時，経済はどう動くか 経済を3つのレンズから視る／需要・供給と価格の関係／値段が上がっても買うもの，買うのをやめるもの／満足できる買い物とは／企業の行動／企業はどうしたら利潤を大きくできるか／なぜ完全競争市場が望ましいのか／完全競争市場への政府の介入
2 市場が「失敗」する時 市場の失敗①／市場の失敗②
3 ミクロ経済学のもっと先へ 国際経済／武器としてのミクロ経済学

発行 新世社 発売 サイエンス社